没有那千千万万在任何岗位上都默默无闻、忘我劳动的人,就没有我们的事业。

——杜鹏程《在和平的日子里》

共和国科学拓荒者传记系列

铸国基石 享受辽阔
——杜祥琬传

刘恒涛／著

中国青年出版社

图书在版编目（CIP）数据

铸国基石　享受辽阔——杜祥琬传 / 刘恒涛著 . — 北京：中国青年出版社，2019.8（2024.12 重印）

ISBN 978-7-5153-5749-2

Ⅰ.①杜… Ⅱ.①刘… Ⅲ.①杜祥琬—传记 Ⅳ.① K826.11

中国版本图书馆 CIP 数据核字（2019）第 173577 号

原版责任编辑：方小玉
本版责任编辑：彭岩
书籍设计：刘凛　刘黎立
出版发行：中国青年出版社
社　　址：北京市东城区东四十二条 21 号
网　　址：www.cyp.com.cn
编辑中心：010 - 57350407
营销中心：010 - 57350370
经　　销：新华书店
印　　刷：三河市君旺印务有限公司
规　　格：710mm×1000mm　1/16
印　　张：25.5
字　　数：250 千字
插　　页：13
版　　次：2019 年 11 月北京第 1 版
印　　次：2024 年 12 月河北第 2 次印刷
定　　价：58.00 元

如有印装质量问题，请凭购书发票与质检部联系调换
联系电话：010 - 57350337

杜祥琬,摄于2007年3月

杜孟模(1904—1974),河南杞县人,中国共产党早期党员之一

1940年,南阳夏馆。左起:父杜孟模、哥祥琳、姐祥瑛、祥琬、母段子彬

幼年祥琳（杜琳）与父亲

母亲和她的孩子们

杜家五兄妹。右起：祥琛（小弟弟）、祥琬、杜琳（哥哥）、祥瑛（姐姐）、祥玙（大弟弟）

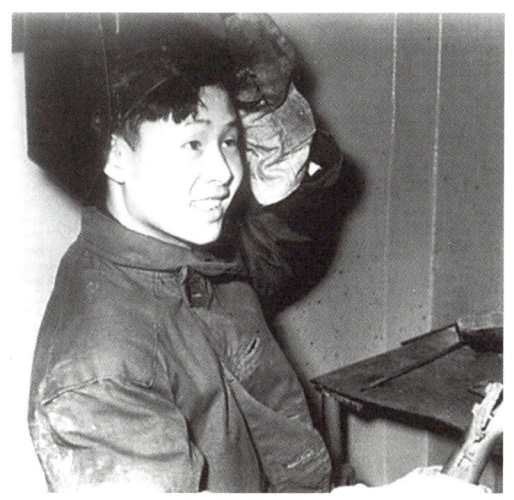

1959年,在莫斯科留学时上动手训练课:做电焊工

1960年2月,在莫斯科郊外冬令营

与激光研究组中青年科研人员讨论技术问题

与陈能宽(右)在实验室

与于敏(左)在"863"激光专家组会议上

与王淦昌(右)在一起

杜祥琬(前排左二)与中子物理学研究室部分科研人员

在核试验场

与周光召（右）

与朱光亚（左）在美国加利福尼亚州参加军备控制会议时

与李政道（右）在哥伦比亚大学

杜祥琬（右二）与美军控专家等

攻坚时刻

在试验现场

2019年6月,杜祥琬院士荣获科学中国人年度人物特别奖——终身成就奖。图为在颁奖典礼现场与颁奖嘉宾全国人大常委会副委员长张宝文(左)

在四川风景秀丽的山水边

杜祥琬与毛剑琴

杜祥琬和妻子、岳父母

儿子毛大庆

父与子

与夫人毛剑琴、儿子毛大庆在海边

与孙女怡霖在黄河边

重回母校莫斯科工程物理学院

在母校开封高中与学生们亲切握手

杜祥琬（左二）、杨振宁（中）等在邓稼先塑像旁

2012年气候变化专家委员会调研青海瓦里关大气本底观测站

与夫人毛剑琴在长城

序

父亲，是我一生读不完的书。我无比幸运，能够成为父亲的孩子，能够在父亲一生之中，读到源源不断的爱、信心与力量。

我出生在1969年，长大后才知道，在那段家庭蒙难的岁月，我的出生给全家带来了无比的欢乐。尽管物质匮乏，姥姥和父母依然尽其所能使我拥有一个愉快的童年。看小人书、养蚕、斗蛐蛐、玩打仗，还有一起抗震都是我的童梦京华。

小时候，我住在父亲工作的大院，这是个保密单位。大院一部分为办公区，其中也有少量住户；多数人住在大院的另一部分，即纯居住区。办公区的大院戒备森严，门口哨兵荷枪实弹。因为受电影的影响，所以接近这些威严的哨兵时，我都是哆哆嗦嗦的。

大院是父亲工作的地方。我当时不知道他具体做什么，但有一种本能的敬畏，知道他做的是很神圣的事情。三岁前，我只对父亲有印象，而关于被下放干校母亲的记忆，几乎是没有的。我记得第一次见到飞机,就是和父亲去机场迎接从新疆试验基地归来的母亲。

大院的居住区是孩子们的乐园,孩子们经常走家串户、吃百家饭。那些后来在媒体上鼎鼎有名的人物,如周光召、邓稼先、朱光亚、于敏等大科学家,都是前后院的邻居。平日里,我看着他们去买菜打酱油,见识到了伟大人物的平凡日常。

所以,在我逐渐长大懂事的过程中,对于牺牲、奉献、国家利益、人生价值这些抽象概念,在我看来却是具体的、可触摸的。对这些概念的理解,我确实比我的同龄人,甚至比我年纪大的人要直观得多。

男孩都崇拜英雄,所以他们都是我最初的偶像。通过观察父母和父母身边的人,我明白,英雄主义不一定要去冲锋陷阵、

孩子们的乐园

流血牺牲，英雄主义是一种敢于面对挑战，敢于在挑战面前奋起的精神和行为。这种精神会让一个人的气质、气量、思维的空间全面产生变化，而最重要的是一种活着的态度。

我的父亲也在这些奋斗者的队伍里。这对一个男孩子来说，是一种莫大的骄傲，激励作用可想而知。我认为，我的许多人生抉择，都有这些因素的推动作用。

关于父亲，有几件事情我一直印象深刻。

记得那一年高考结束，我跟着父母去大连出差。父母坐软卧，实际上也可以帮我买一张软卧，但是父亲却给我买了一张硬座，说白天可以在软卧车厢玩儿，晚上睡觉必须回到硬座车厢。

那时候的火车，硬座车厢环境很差，和软卧车厢比，简直是两个世界。因为白天没在，我的座位被人占了。我只得拿两张报纸坐在车厢厕所门口。地板很硬，人又拥挤，厕所的味道不时钻进鼻孔，让人根本无法入睡。我只好看车厢里面的人来打发时间，却意外发现大家都是满脸的"不高兴"。

第二天，我跟父亲说起自己在硬座车厢的观察。父亲说："你看的角度很好，中国很多人其实是不高兴的。为什么呢？因为还有很多人是贫穷的，生活很糟糕，很多人的生活和你大不同……"

父亲的教育，让我开始关注社会，并努力地让自己去思考。

在我大学二年级的寒假，去老家的一次经历，也对我的人生产生了很大的影响。

那是我第一次坐飞机，飞到郑州，我找到我的小叔叔。小叔叔花了几天的时间跟我讲爷爷的故事。我坐上那种车窗玻璃都已经脱落了的破旧公共汽车去看嵩山少林寺。行进在黄河沿岸，我看到一个一个残破的窑洞，之前真的没有见过这么穷的地方，也很难理解那时的国家怎么会是这样的情景。

小叔叔还把我带去当地革命烈士陵园，去拜谒我的祖父。

我的祖父杜孟模是一位老革命、地下党员。在烈士陵园第一室最核心的位置上，放着爷爷的骨灰盒，上面覆盖着党旗。我看了很感动，内心生出一种敬佩。负责人介绍，烈士陵园一室里，有多少骨灰盒是杜家的（父亲姓杜，因为特殊原因，我随母姓毛）。在陵园一室，小叔叔告诉我，这个是我的什么爷爷，那个是什么奶奶。他们都是革命先烈。烈士陵园里跟爷爷同辈的还有杨靖宇、彭雪枫这些名将。我看了以后又敬佩又自豪。

从河南回来以后，我写了一封长信给父亲，大概有11页纸。我在信中提到，爷爷这些革命者，当时为了革命事业轻生死重大义才换来这个国家、这个社会。为什么到今天国家还这么穷，老百姓生活还这样苦？当时我确实有很多的困扰。

父亲给我回了一封长信，首先告诉我，"你看到了这些问题，思考这些问题，包括问这些问题，本身是非常好的，说明你有了时代的使命感、责任感，这正是我们要致力于国家强盛的原因"。

大学期间去河南的这趟行走，是我内心变化最重要的一课。我第一次觉得自己应该去主动寻找，主动思考，主动探索，希望明白自己的人生应该如何度过，不再只听人家给我讲。那是

父子俩

一次很大的内心变化,也可以说是我人生的一个起点。从那以后,我开始有自己的思想。

父亲对我的影响润物无声,从不指责,从不说教,但是我对英雄主义、对民族、对家国天下的认知,并形成自己的责任感、使命感,都是由于他的言传身教。我们的书信来往会谈到民族,谈到国家,谈到世界,我知道,父亲是真的很关心我们这个国家和民族。最起码,从祖父那一辈开始,这是一个家族流传下来的一种精神。

在生活上,父母传递给我的观念是要永远做一个普通人,一个人要把自己对生活的适应能力作为最大的财富,要告诉自己你能够过最普通的、条件最差的生活,而且时刻要记住这是最大的本领。

我给父亲写这封信的时候，正读大二，我们班几乎都在考托福，全要出国。我告诉父亲，我不想出国。我觉得中国有太多的事儿可以干。那时候也不知道为什么有这个劲，就觉得我应该待在中国，出去干什么！中国这么多事儿，这么落后，还有这么多要发展的地方！父亲很高兴地给我回了信，特别支持我，并肯定我，"你能够这么独立思考，真的是太好了"。

实际上，我求学、读学位和参加工作之初的几次大的转折，父母都起了重要的导向作用。我满12岁的时候，父亲为我写了一首长长的自由体诗：我心中的希望——写给庆庆的歌。我把它工整地抄写在笔记本上，其中的深意是后来才逐渐理解的。

父亲很忙，但是为了我，他是不吝啬时间的。游泳、骑自行车都是他带我学会的。母亲留英期间，我在外婆家那边上小学的一年多时间内，每周二、四、六，他下了班就骑车来看我。周六晚上带我坐公共汽车回他住的塔院过周末，周日晚上再坐公交车送我回外婆家。那年春节，我们爷俩过。父亲做了八菜一汤，还听了妈妈托人从英国带回来的录音。我上中学时，父母分工辅导我的功课。一天晚上，功课都做完了，我说，还有一首歌不会唱，明天要考试。父亲就拿起简谱，教我唱会了。我睡下了，他们才开始忙各自单位的事。

1989年元月，在我20岁生日会上，父亲把他为我写的一首诗送给了我，作为我的生日礼物。这首诗回顾了我从出生到20岁的"英雄事迹"，我感受到父亲浓浓的爱意。其中，我印象深刻的是"昔日小东西，今日已青年，社会多培养，已非私有产……历史要前进,愿儿多奉献"。他认为我成人之后就不是"私有产",而是社会的一分子,劝我多为国家做贡献。这首诗,我很长一段时间都放在身边。

直到现在,我在实现自己的人生价值与目标时,总是努力将自己的价值与使命和时代同频率,考虑自己能够为时代做些什么,而且这是让我特别兴奋的事情,包括三年前辞职创办优客工场,我发自内心地感受到了时代的号召,也是自己的梦想所向。

父亲青年时代从事核物理研究,是王淦昌、邓稼先之后的那一代核物理学家,参加了我国"两弹一星"中氢弹的研制,主持中国核试验诊断理论和核武器中子学的系统性、创新性研究。之后,他转向激光领域,出任"863计划"强激光主题专

父亲杜祥琬在查阅资料

家组首席科学家，在较短时间内把中国强激光技术研究推进到国际先进水平。2002年，64岁的他又转向能源和气候变化研究，一干就是十多年，还担任了国家气候变化专家委员会主任。近几年，他又担任了军民融合学会联合体主席团主席。他已经80岁高龄了，仍然孜孜不倦，经常去九院工作。

父亲生生不息的人生之路，给了我奋力向前的信心与动力。在创业路上，也会遇到各种各样的困难与彷徨，但是，每每想起我的父亲，总有源源而来的动力涌上心头。在我当年创办优客工场的时候，父亲对我说：人生60岁后可以重新开始。我当时还只有46岁，相比父亲，我的创业之路与人生之路，才刚刚开始。

诗经云："父兮生我，母兮鞠我。拊我畜我，长我育我。"父亲不仅生我育我，而且，他的精神一直激励着我，让我的人生充满爱、信心与力量。

祝愿我的父亲与天下的父亲健康长寿，延续人类生生不息的父爱，如同我们目光所及的高山大川！

本书历时十年，涉及重要历史事件、人物众多。在此特别感谢作家慈冰先生的早期大量采访和文字底稿。感谢刘恒涛先生坚持不懈的艰苦努力，以及中国青年出版社和杜祥琬院士学术成长资料采集小组严谨求实的编辑工作。

毛大庆
2019年10月

目 录

第一章　少年时代：激荡家国　/1

　　南阳生琬玉　/1

　　逃亡路上的爱国主义教育　/6

　　文学和哲学的启蒙　/10

　　难忘开封高中　/18

第二章　从北京到莫斯科　/25

　　留苏没去成，去了北大　/25

　　在北大　/30

　　在莫斯科的学习和"斗争"　/38

第三章　理论部来了批年轻人　/50

　　　　进了九院理论部　/50

　　　　稚嫩热情的"四清干部"　/61

　　　　被派到青海221基地　/66

第四章　突破氢弹　/70

　　　　多么热烈的学术气氛啊　/70

　　　　氢弹原理试验　/76

　　　　聂荣臻说：三百万吨，够了　/81

第五章　风雨中的坚持——重振中子物理学研究室　/86

　　　　辞官做学术　/86

　　　　周恩来去世、九院风波　/94

　　　　理论来自实践　/99

　　　　核军备控制研究　/102

第六章　走向开放——九院的学术交流　/109

　　　　加入国际物理联合会　/109

　　　　美国海关风波　/116

　　　　热情的俄罗斯同行　/120

　　　　瑞典、台北的启发　/129

第七章　为了那一束光　/132

　　"863计划"启动了　/132

　　在求索中前进　/135

　　开创通向成功之路　/145

　　人才培养和交流　/154

第八章　能源战略与学术道德　/161

　　意外当选副院长　/161

　　主持能源发展战略研究　/169

　　反恐丛书、ITER项目、特高压　/182

　　科学道德建设的"树木与森林"　/186

第九章　那是一种精神　/199

　　群星璀璨　/199

　　精神传承　/221

第十章　"结缘"气候变化　/229

　　"能源惹的祸"　/229

　　从哥本哈根到巴黎　/241

　　为中国承诺论证　/254

　　"上接天气、下接地气"　/263

第十一章　琴瑟和谐　相濡以沫 /274

　　"斗争性不强"埋下爱情伏笔 /274

　　爱情结晶 /289

　　琴瑟和谐　比翼双飞 /295

第十二章　父辈的旗帜 /309

　　冒死去看父亲 /309

　　永远的妈妈 /316

　　爱、勤、俭 /331

第十三章　永远的家国情怀 /340

　　"院士诗人" /340

　　革命、铸基、发展——三代人的关键词 /363

附录一　杜祥琬年表 /369

附录二　杜祥琬主要论著目录及部分参考文献 /380

第一章

少年时代：激荡家国

南阳生琬玉

1938年4月29日，河南南阳，镇平县石佛寺镇，从省城开封高中迁来的一位教书先生家里，新添了一名男婴。教书先生姓杜，在这个孩子之前，已有一儿一女。南阳产玉，石佛寺又是玉雕的发源地，雅好文字的父亲琢磨推敲，为新生儿取名祥琬。

《康熙字典》注：琬，犹圆也。玉地有弄璋之喜，又得名"琬"，冥冥之中，杜家的第二个儿子和玉似乎有了某种奇特的缘分。

为什么开封高中的教书先生却到了石佛寺？这就不得不提

当时的国家形势。

时逢战乱，抗日战争刚刚打响。1937年底，山东省政府主席韩复榘拒绝执行军事命令，不战而退，把山东西部拱手让给了日本人。日本华北方面军数十万兵力长驱直入，一举攻占豫北重镇安阳。安阳是河南的北大门，唇亡齿寒，省会开封岌岌可危。为避战乱，1937年冬，河南省立开封高中18个班632名学生，在校长王芸青的带领下迁往伏牛山麓的石佛寺镇。1938年春，开封高中在原"建国中学"校址开学，全体师生就这样来到了石佛寺。

石佛寺镇位于南阳镇平县城西北10公里，这里最早是一座名叫"石佛寺"的寺庙，建于元朝年间。围绕寺庙，人烟渐聚，小镇因此得名。

南阳产玉，本地独山玉是中国四大名玉之一，石佛寺镇是闻名遐迩的"玉雕之乡"。据《镇平县志》记载，元、明时期，玉雕技术和工艺由北京、苏州等地相继传入南阳地区。明洪武年间，大量外来民迁入镇平，人口骤增，各行业呈大发展势头，为玉雕业的发展繁荣带来了前所未有的机遇，制玉水平迅速提高，玉器品种也大为增加。

清代晚期至民国初年是石佛寺玉雕业鼎盛时期。清光绪年间，南阳城内的长春街、察院街经营的玉制品商行，均由镇平珠宝商们领办。1914年秋，南阳镇守使吴庆桐，看到本县玉雕大师仵永甲雕制的精美玉雕品后，便派人将仵永甲请到南阳为其雕刻玉器三年，雕刻了如意钩、鼻烟壶、偏正花、玉石牌坊、福禄寿三星、十八罗汉、双凤朝阳等。这些玉雕精品参加了当时在美国旧金山举办的万国商品赛会，现场销售一空，产生很大轰动，南阳玉雕蜚声中外。1915年12月，袁世凯复辟帝制时，镇平官吏曾献上一套由仵永甲制作的玉石酒具，深为袁氏喜爱。

时局动荡，一个多月后，开封沦陷。教书先生夫妻俩牵着两个大的，抱着襁褓之中的新生儿，同开封高中的师生一起，在南阳的镇平、内乡等地辗转，颠沛流离。

这家人的籍贯应该是河南杞县。教书先生杜孟模光绪三十年（1904年）生于河南杞县柿园乡万寨村，家境殷实，其父杜元圃是前清秀才，抗日战争期间病逝于开封，新中国成立后被划为小地主。所以杜祥琬未见过自己的爷爷，抗战胜利返回开封后，他只是在家中看到过爷爷的牌位。他见到过奶奶杜袁氏：一位清瘦的老人，爱动手做家务活儿。每年夏天奶奶都会做西瓜酱豆豉，非常可口。过大年的时候，家里又会炸绿豆面菜丸子，包很多的菜肉包子，装在竹篮子里，吊在屋顶。想吃时拿些下来，在炭火盒上用一个铁丝网支着，用慢火将包子烤成金黄色，热乎乎，香喷喷。

杜孟模，字宏远，幼读私塾。他的老师孟照朴，是当时省内较有名气的进步塾师，向生徒精讲《天演论》，并把《四书》《五经》中的古人爱国思想传授给学生。杜孟模受到老师的影响，受到改革图强思想的启迪，少年时代便立下宏伟的志向。1921年，他以优异的成绩考入省立开封二中，与进步学生吴芝圃、张海峰等人交往甚密。他们学习《共产党宣言》《新青年》等进步书刊，小小年纪就成为马克思主义的忠实信仰者。1924年，他们在开封共同组织了河南省最早的研究马克思列宁主义的学术团体——河南社会科学研究会，团结中州大学（今河南大学）和开封二中进步学生，宣传共产主义和反帝反封建的爱国主义思想，迎接北伐军进兵中原，打倒军阀政府。

1925年，杜孟模考入北京大学数学系，继续参加北京大学的马克思主义研究会。同年，由马培义介绍，杜孟模加入中国共产主义青年团，不久之后担任了团支部书记。1926年，杜孟模由共青团转入共产党，组织学生运动，后来成为北京大学第九任党支部书记，之后还当过东城区党支部书记。1926年"三一八"惨案发生当天，杜孟模组织同学参加国民示威大会和游行，他的同乡、后来的妻子段子彬，当时在北京师范大学读书，和刘和珍是同学，也参加了那场运动。1931年，杜孟模大学毕业，和段子彬回到开封母校，成为开封高中的一名数学教师，两人于当年结婚。

从北京回到家乡之后，杜孟模继续开展党的地下工作，发展革命力量。在杜孟模的影响下，大家庭几乎所有的兄弟姐妹都走上了革命道路。

1935年12月9日，北平爆发了"一二·九"运动，在杜孟模的组织下，由开封高中的学生带头，全市学生热烈响应的学生示威游行活动，对北平和全国的学生运动形成声援之势，在当地影响很大。后来杜孟模还组织学生罢课，几位学生代表被国民党当局抓捕，杜孟模等人多方营救，终获成功。1936年夏，通过党内同志张宇瑞的介绍，杜孟模接待了来开封的北大同学王实味。两人回忆起北大时的生活，王实味愤懑地倾诉了自己被粗暴处理及脱党的经过，并表达了重新回到党组织的渴望。杜孟模让王实味先参加一些党外活动，接受党组织的考验。经他和范文澜等同志的帮助，1937年5月，王实味经过组织考验，重新加入了中国共产党，并于同年10月奔赴延安。

1938年底，河南光山、潢川已成为游击区，武汉失守，平汉沿线各县情势严重。河南省教育厅下令伏牛山以北各校抓紧做好向洛阳西部迁移的准备；伏牛山以南、南阳以东各省立学校，限电文到达三日之内，向内乡、淅川西部迁移；原在镇平的学校，也要候令西迁。

1939年春，盘踞在鄂北的日寇北犯新野、唐河。南阳吃紧，危及学校。省教育厅遂令南阳、镇平原迁入的学校，均向内乡、嵩县后方迁移。当年4月，开封高中从石佛寺再迁内乡县夏馆镇安乐洼。杜孟模夫妻牵着两个大孩子，抱着刚满周岁的杜祥琬，又走在了逃难的路上。

夏馆镇是伏牛山中的一个小镇，隐在万山丛中，距石佛寺约百里。当时迁到这里的有三所学校：开封高中、开封初中和开封女师。在夏馆镇东北二里地处，就着山岗的地形，学校在山坡上盖了大片草房，作为三校的临时校址。开封高中在山岗正中处，山脚下左为开封女师，右为开封初中，三校鼎立，遥遥相对。

1940年南阳夏馆。左起：父杜孟模、哥杜祥琳、姐杜祥瑛、杜祥琬、母段子彬

逃亡路上的爱国主义教育

到现在，杜祥琬仍然记得儿时在内乡县夏馆镇那些艰苦而难忘的岁月。

当时日寇紧逼，地处深山的夏馆也不得安宁。夏天的晚上，母亲段子彬常带着几个孩子，坐在残缺的石头寨子上，领着他们吟唱抗日歌曲《伟大的吕梁》。

"伟大的吕梁，伸出你的拳头，把敌人消灭在祖国的土地上——"时隔七十多年，杜祥琬已近耄耋，轻声哼起这首歌，仍然会情不自禁地握紧拳头，儿时那些经历，就是活生生的爱国主义教育。

在这期间，杜孟模作为地下共产党员，与徐干青、马子任等同志，仍坚持在开封高中的进步师生中领导"社会科学读书社"活动，组织大家阅读进步书刊，积极宣传革命真理。

1943年元旦，因为叛徒通风报信，国民党中统局伏牛山调统室（"伏牛山工作团"），在伏牛山区搞了一次大逮捕，到2月，中统镇平分区在内乡、镇平、淅川三县逮捕中共党员、进步青年和教员180人之多。

设有共产党地下组织和许多外围进步社团的开封高中成了搜捕的重点。杜孟模、晁松亭、马子任等三人和60名学生被捕，拘押在夏馆镇就地审讯，部分学生遭到严刑拷打，绝大部分于三日后由学校保释。杜孟模、马子任等教师被押往镇平。

父亲的被捕是杜祥琬童年时期经历的第一件印象深刻的事，那天凌晨带给全家的白色恐怖气氛令他至今记忆犹新。母亲段子彬带着四个孩子（杜孟模在1943年又得一子），一时没有了主心骨。后经校长王芸青及社会各界多方营救，杜孟模等人获释。这件事在幼小的杜祥琬心中留下难以磨灭的印象。

杜孟模虽然被释放了，但是和党组织失去了联系。因为当时的地下党都是单线联系，过了很长一段时间，他和组织的联系才得以恢复。

1945年2月，日军侵犯宛西，迫近伏牛山脚的马山口（距夏馆镇约60里），开封高中师生被迫停课，部分教师和大部分学生离开夏馆再往西行，其余留在夏馆的则躲往深山，以避来犯之敌。西行师生由教导主任李子平率领，经湖北北部，沿汉水逆水而上，至安康、汉中，又辗转到陕西宝鸡广福村、韩家村会集。这时学生已经不能按正常秩序上课了。

杜孟模一家就在西行的队伍里。从界岭到陕西，全部家当挑在脚夫担子的一头，另一头坐着两岁的小儿子，当时杜祥琬不满七岁，跟着家人跑在后面。杜祥琬后来开玩笑说，他的大脚板就是那时候爬山跑路跑出来的。

毕竟是孩子，兵荒马乱中也能找到童趣。杜祥琬印象最深的就是沿途的农舍和山水，他还记得当时吃的黄豆芽汤浇锅巴。大铁锅煮饭时粘锅的米饭锅巴，浇上盐水煮的黄豆芽汤，吃起来很香。有一段时间，全家人住在乡村的农舍里，也给他带来了从未体验过的新鲜感。找一个竹筒，前面扎一个眼，灌上水就是一把自制水枪，几个小孩一起打水仗。当地产柿子，刚摘下来不好吃，要放在麦垛里面暖暖才会变软变甜。山上长有苔藓类植物，还有人放羊。这些他都记得很清楚。

逃难的队伍从湖北翻山越岭到陕西，杜祥琬至今还能清晰地回忆起当时的情形。爬山过河，不时还看到国民党军队开着大卡车驶过。逃难队伍过界岭的时候，大兵用刺刀扎行李包，进行"过关检查"，这种令人胆战心惊的检查方式让他记忆深刻。

在湖北北部郧县一带，按照计划，本来是要继续往南方躲的，但是因为听说战争要结束了，逃难的队伍改变了方向，沿汉水逆势而上，改道陕西，想绕回河南。因为逆流，需要纤夫在岸上拉船，船主在船尾的高台上对他们高声吆喝。多年后，留学苏联的杜祥琬在唱伏尔加船夫曲时，总是会想起那一幕。

汉水很干净,到浅滩的地方船走不动了,船主就让船靠岸,人下来,让空船漂过去。杜祥琬记得,有一次靠岸,岸边有一棵枇杷树,上面结满了黄色的果子,味道酸酸的,非常可口,他第一次知道,原来枇杷是可以吃的。到了汉中,一家人坐马车进城,看见路边的电灯,幼小的杜祥琬感觉很新奇。因为他从出生起一直在农村,没有见过这种神奇的东西。

逃难过程中,让幼小的杜祥琬印象深刻的,是时局虽然动荡,背井离乡,但学校作为一个组织,在逃亡路上一直坚持教学。他的家庭也是如此。一家人住在茅舍里,母亲段子彬唱歌很好听,经常给孩子们唱歌,这些歌给孩子们留下深刻的抗日印记。杜孟模、段子彬夫妻的文艺天赋遗传给了杜祥琬,多年以后,杜祥琬参加工作,在同事中以多才多艺小有名气,不但会唱歌,还经常情到深处、兴之所至,写几首脍炙人口的诗歌。后来,这种文学艺术的天分,又遗传给了他的儿子,曾任万科高级副总裁、现在创办优客工场的毛大庆。毛大庆不但喜欢业余时间舞文弄墨,还和七位海归精英组建了大海合唱团,曾经在北京保利剧院演出。

在陕西的半年时间里,母亲段子彬坚持自学革命书籍,教学生和子女唱《太行山》《吕梁山》等革命歌曲,给孩子们讲述吕梁英雄儿女等故事,在杜祥琬幼小的心灵播下革命的种子。杜祥琬对孟二愣、武二娃栩栩如生的形象一直记忆犹新,岳飞的《满江红》也是那时学会的。

在逃亡途中领会的家国概念,深刻影响了杜祥琬。日本投降之后，杜家和学校另外一家共乘一辆马车返回河南，路过洛阳，七岁的杜祥琬看到日本兵踢足球，心里非常气愤：他们投降了，在中国的土地上还是那么张狂。

幼年逃亡的经历，是杜祥琬在农村生活最长的一段时间，虽是逃亡，沿路的山水风光，也在默默陶冶着人，给人以山河壮美的感受，身后的战火又让他幼小的心灵模模糊糊根植了国家、民族的概念。多年以后，杜祥琬无论求学苏联，还是归国之后从事核弹、激光等国防技术的研究，及至后来遭遇"文革"，民族自强、国家尊严系于己身，从未改变。

文学和哲学的启蒙

1945年8月，随着美国原子弹在广岛、长崎爆炸，日本宣布无条件投降。

当年10月，避难到陕西宝鸡的开封高中师生返回河南，回到了离别八年的开封。就这样，杜祥琬回到了自己真正的家。这个时候他已经七岁了。

七年灾难及流亡生活总算结束了，年幼的杜祥琬虽然还没有成熟的思维，但是和国人一样，心里总有说不出的高兴，甚至连开封的风沙都让人觉得亲切。

回到开封，杜祥琬一家人先住在双井街，后来搬到双龙巷。杜孟模在教学的同时，继续从事地下革命活动。他的家成了掩护革命活动的联络点。

开封古有"七街八巷"之说,双龙巷便是八巷之首。双龙巷原名"鸡儿巷",后来改名为"双龙巷",品貌与开封古城诸巷一样,但其中有一段奇妙的传说,代代相传,历经千年,听来颇为有趣。

五代时期,天下大乱,民不聊生。据说当时有个名叫陈抟的读书人隐居山中,潜心修道,终于得道成仙。有一天,银发白须的陈抟下山远游,在路上遇到了一位逃难的汉子。汉子肩挑两个箩筐,箩筐的两头坐着两个孩子。陈抟一见,不禁又惊又喜,哈哈大笑,竟然笑得从驴背上摔了下来。行人问陈抟为什么大笑?陈抟说:"我道天下无真主,一挑担着两盘龙。天下自此定矣!"他给了那汉子一些银两,叮嘱他好好抚养两个孩子。告别陈抟后,汉子挑着箩筐继续前行,不久来到开封。由于举目无亲,汉子只好带着两个孩子在开封的鸡儿巷里找了一座破庙住下来。庙里的和尚做了一个梦,梦见有两条龙飞进了庙内。和尚惊醒后,诧异地问那个逃荒到这里的汉子:"你的两个孩子是龙?"

逃荒的汉子名叫赵弘殷,他的两个孩子,大的叫赵匡胤,小的叫赵光义。后来,陈桥兵变,赵匡胤黄袍加身,成了大宋的开国皇帝,是为宋太祖。他去世后,他的弟弟赵光义继位,也当上了皇帝,是为宋太宗。皇帝是真龙天子,有两位皇帝在开封的那条小巷里生活过,小巷就成了风水宝地。于是，人们就把"鸡儿巷"改成了"双龙巷"，还在巷中立了两尊龙头石雕，修了牌坊，以示对潜龙之地的纪念。

因为传说，双龙巷成为"开封第一巷"，历史上一直是达官贵人聚居之地。巷子西口，有座朱柱灰顶的牌坊，双龙飞盘其上，气度不凡。在牌坊的旁边，还有一尊龙头石雕半隐墙中。

因为掩护过革命活动，杜孟模在双龙巷的居所颇有历史意义和纪念意义。后来，子女们出外求学工作，杜孟模夫妇去世，房子住进了别的人家，但是房屋所有权还是杜家的。2004年，杜孟模一百周年诞辰，杜祥琬的夫人毛剑琴提议，由儿子毛大庆设计，把故居大门做了修葺，并且挂上了"杜孟模故居"的牌子。如今，因为城市改造，双龙巷很多房屋都面临拆迁，但地方政府把这里当作爱国主义教育基地保留了下来。杜祥琬的姐姐杜祥瑛和兄弟们协助收集父亲当年的革命史料，在"杜孟模故居"陈列展览。

幼年杜祥琬就在双龙巷往西的文庙街上小学。每天上学放学都要穿过半条不长的巷子，看那朱柱灰顶的牌坊，双龙飞盘其上，仿佛在诉说历史，冷清、静谧，却不乏温馨。小学校原是孔庙，祠堂很大，里面还摆着牌位，他们就在祠堂里上音乐课，老师弹琴唱歌，学生们歌声嘹亮。新中国成立后，文庙街小学曾经一度改名为"武训小学"。

抗战胜利，全国人民精神为之一振。关于当时的情景，著名作家雅科夫在他的著作《一个普通中国人的家族史》中，正好写到了这个时期的开封，写得很生动，这里摘录一段。

……抗日战争胜利的最初一年，是中国人民真正开心的一年。随着战争胜利、中国国际地位的提高和租界的相继收回，人们对建设新生活充满了希望。

那一段时间在开封城内，无论贫富，人人脸上喜气洋洋；每个店铺旁边都备有免费的茶水，供行人解渴。当年离开开封的人们回来后，只要见到认识的人，哪怕仅仅有一面之交、连名字都叫不上来，也都热情洋溢，嘘寒问暖。

1946年春节，开封城内鞭炮齐鸣，家家户户门前都悬挂着自己动手扎的灯笼，还自发地比赛，胜出的人都觉得自己很有面子。而一些读书人，则在自家灯笼上写上自己设计的灯谜供行人猜。如果有人猜中，猜谜者便叩开主家的大门。宾主双方落座后，猜谜者会很谦虚地对主人说："贵家的灯谜，我想试一试，猜不中别见笑啊！"如猜谜人说对谜底，主人就立刻献上酒菜，二人从此便引为知己。

开封龙亭附近有一大一小两个湖，小的比较浑浊，叫潘家湖；大的比较清澈，叫杨家湖。当地老百姓说这两个湖的湖底，分别就是当年潘仁美和杨继业的府邸。开封光复后的那个元宵节，在潘、杨两湖举行了放河灯活动，附近几十里地的人都来观看，人山人海、盛况空前。由于人多，经常还有站在湖边的人被后面涌来的人挤到湖里的情形。当时天气还颇冷，掉到水里的人爬上来就狼狈不堪地往家里赶,边上的人就哈哈地笑。总之一句话:普天同庆,其乐融融。

虽然抗战胜利了,但是随着重庆谈判的失败,内战已不可避免,阴云再次袭来,街头巷尾议论纷纷。这时又爆发了通货膨胀,社会经济状况迅速恶化,一大袋"金圆券",只能买一小袋面粉。1946年6月,国民党发动全面进攻。人民解放军中原军区部队突围,全国解放战争正式开始。共产党只用了一年的时间,就从起初的战略防御转入战略进攻。1947年6月底,刘邓大军强渡黄河,8月挺进大别山,随后,陈毅、粟裕带领的华东野战军挺进豫皖苏边区,开辟了广大的中原解放区。

开封的战略地位十分重要,因此成为争夺的重点,从1948年6月11日起,国民党的部队与解放军围绕开封城的争夺越来越激烈。国民党欲胁迫开封大、中学校南迁,杜孟模暗中串联教师抵制,开封高中大部分教师因此没有离开。

这时候,杜祥琬已上小学四年级,解放开封那一仗打得很艰苦,父亲杜孟模在家里焦灼不安,来回踱步,这是杜祥琬从未见过的情形。后来才知道,父亲是急切关心战事的进展,但是当时人们都不敢出门,又没办法打听。枪声四起,流弹乱飞,有一天杜祥琬刚打开房间的门,一颗流弹猝不及防地打到门上,如果开门再快一点,就打到他腿上了。

1948年6月22日,开封解放。没多久,本着"以歼灭敌人有生力量为主,不以保守地方为主"的战略方针,粟裕部队主动撤出开封城,国民党反扑回来。但是没过多久,1948年10月24日,穷途末路的国民党行政机构和军队自行撤出了开封,逃往徐州。解放军兵不血刃解放了这座古城。

开封解放第二天,时任中共中央华中分局宣传部部长、中共开封市委书记吴芝圃就来到杜孟模家,跟杜孟模进行了一次秘密谈话,建议他仍不公开身份,以民主党派的身份继续从事党的工作。当时杜祥琬十岁,对带着两名警卫到访的吴芝圃印象很深。

事实上,直到杜孟模去世,全家人都不知道他是共产党员。1979年,在胡耀邦的主持下,"文革"中受到冲击的杜孟模得以平反,全家人这才知道家里有位老共产党员。

杜孟模被任命为新中国成立后开封高中的第一任校长,一两年后,作为民主党派人士,杜孟模成为开封市副市长,后来又兼河南大学的教授。1956年河南省会改为郑州,河南大学被分出去了一部分,杜孟模被调到新乡,在新建立的新乡师范学院担任副院长兼教务长;没多久就调回郑州,做郑州大学数学系教授,并担任省级领导工作,任中国民主同盟河南省委员会副主任、主任,此后,担任河南省政协副主席、河南省副省长。

开封解放时,杜祥琬上小学四年级。新中国成立后,他学会的第一首歌:"你是灯塔,照耀着黎明前的海洋;你是舵手,掌握着前进的方向……"唱着它,少年心里一片光明。

刚一解放,杜祥琬家里就得到了一批来自解放区的书,像春风吹进了家门。他如饥似渴地阅读着,印象最深的是《刘胡兰》，他废寝忘食，读得热泪盈眶，母亲几次喊吃饭，他都没听见。"生的伟大，死的光荣"八个大字和刘胡兰从容就义的高大形象，深深地印入了杜祥琬的脑海。从这时起，他幼小的心灵仿佛开始对"崇高"有了模糊的认识。现在看来，童年经历和这些来自解放区的书，为他之后的事业埋下了伏笔。

小学六年级的一件小事，使杜祥琬开始对作文有了兴趣。他嘴角的伤疤，就是那件小事留下的。

有一天，杜祥琬和同学站在长凳上，在教室后面的墙报上贴文章，那位同学先贴完跳下凳来。失去平衡的凳子一下子翘起来，另一头猛地撞在杜祥琬的嘴角，顿时鲜血直流。学校师生马上把他送到医院，医生给他缝合了伤口，让他住院休养了几天。住院期间，老师同学都来看他，送来了鸡蛋、水果等补品，他第一次感受到了集体的温暖。回到学校后，杜祥琬以此为题写了一篇作文，受到了语文老师的表扬，红笔画出了不少可圈点之处。杜祥琬由此认识到，只要有动人的生活，就能写出好文章。

受父亲杜孟模的影响，杜祥琬从小学习刻苦，成绩优秀。当时小学升初中分春季和秋季两次招考，上六年级的杜祥琬，提前半学期参加了招生考试，并以优异成绩被录取，但是他却主动放弃了提前上初中的机会。放弃的理由很简单，数学考卷上有一道因式分解题是六年级下学期要学的内容，他不会解，想学习六年级下半学期的功课。

当时的杜祥琬人小主意大，他认为楼盖多高要看地基打得有多牢,一块砖头也不能少。

杜祥琬上小学时,在学校教数学的父亲杜孟模有一次把学生的考卷拿回家批改,好奇的他注意到那些卷子都是用英文写的。也就是那时,他记住了 differential equation(微分方程)这个词,也种下了对数学感兴趣的种子。杜祥琬的母亲段子彬在开封高中教书,当过杜祥琬的历史老师。讲台上是老师,讲台下是妈妈。她非常温和,深受学生爱戴。杜祥琬经常看到妈妈在家备课,那时候老师备课是用方格纸写教案。她非常认真,一笔一画写得工工整整。

杜孟模夫妇的共同爱好是文学,家里有很多小说,还有一些诗歌作品集。中国几大经典名著,杜祥琬都是那时在家里看

段子彬和孩子们

的，像《儒林外史》，郑振铎的《中国文学史》，杜祥琬当时看得似懂非懂，但这些书对他起到了启蒙的作用。毕竟是男孩子，杜祥琬觉得最有趣的还是《水浒传》一百单八将的故事。后来他又读了巴金、冰心、丁玲、赵树理、闻一多、艾青、臧克家、魏巍等作家的作品，还在班会上朗诵过峻青《黎明的河边》短篇小说中动人的片段。《卓娅和舒拉的故事》《钢铁是怎样炼成的》，对他的人生观、价值观的形成产生了重大的影响。艾思奇的《大众哲学》，杨献珍的哲学论著，其中唯物论的基本概念和辩证法的基本内容要点，则对他后来的工作学习、处事为人都有很大影响。

难忘开封高中

1950—1956年，杜祥琬在开封度过了中学时代，先后就读于开封初中和开封高中。

1956年之前，开封一直是河南省会，它是六朝古都，也是一个重文化、重教育的地方。开封高中是一所历史悠久的名校，有"小北大"之称。原因是学校的教师当年许多是北大的毕业生，这不仅给开封高中带来了高质量授课和严谨的学风，也使它素有尊重"德先生、赛先生"的传统。

建校一百多年来，从这里走出了一大批党政高级领导干部，如焦若愚、冯纪新、赵修业、于友先、杨振杰等；两院院士秉志、李恒德、朱晓东、王光远、魏宝文、张勇传、沈兰荪等人；

作家师陀、姚雪垠、柏杨、张一弓;著名学者张志公、阎纯德、顾德麟;音乐艺术家赵讽、王震亚;还有博士生导师张学庸、张效房、王复周、康沫狂、郭鹗、杨宏禹、苏勉曾、冯增昭、罗国杰等为代表的一大批知名人士。

杜祥琬当年就读的开封高中,经过五十多年的发展,已经形成了成熟的办学体系。老校长王芸青曾经三次担任校长,对开封高中的发展有不可磨灭的贡献。尽管王芸青是北大毕业生,所聘教员绝大多数是北大同学,但是他对北大同学的聘用也是慎重选择,唯才是用。对于教员的教书情况,他并不侧重于亲自听课,而是以学生的反映为主要标准,只要是学生普遍赞成的教员,王芸青便认为是好教员,优礼相待。如果学生对某教员在教学上意见大,学期终便予以解聘。这种教学理念,在今天仍属领先。

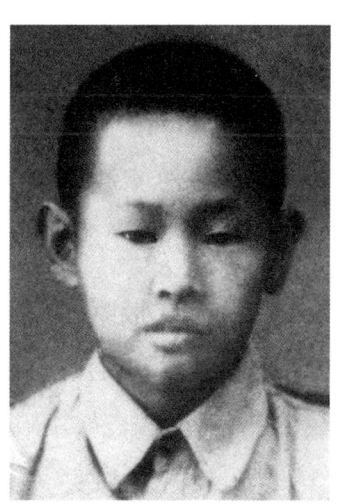

在开封上中学的杜祥琬

要求严，是王芸青办学思想中的第一要义。这种"严"主要表现在三个方面：一是学生入校录取严。二是对学生成绩考核严。学校规定，不及60分的学科满7学时者退学，因而在一个学年中，如国文、英文、数学有一门不及格者就得退学，不许留级。平时考试，事前不通知，考场纪律严，评卷严，半分之差也不将就。三是对学生管理严。无论课堂上还是课外活动，学校都实行点名制度。学生不参加活动者，事先必须请假，批准后方能离校，否则以旷课论。

在这种理念下，老师教学都极为负责，学生也非常刻苦。开封高中几位老师的教学给杜祥琬留下了深刻的印象。

教室里有一个木制的讲台，上有一个小讲桌，老师在讲台上踱步讲课，不时在黑板上演板。数学老师韩静轩在第一天给他们上课时就说："当我讲到重点内容的时候，我的脚步会加重，甚至会跺脚，这时你们要特别注意听、注意记。"脚步声中，是老师对学生的殷切之情。这小小的动作设计，大大加深了学生对知识点的记忆。

从初一开始，开封初中就教授俄语。杜祥琬至今记得郝守勤老师一开始念俄语字母时的姿势。这位老师的专业性，杜祥琬当时没意识到，后来去莫斯科学习，他才体会到郝老师教授的是标准的莫斯科音。老师标准的发音教学，让初到莫斯科的杜祥琬很快适应了苏联的俄语环境，同时对恩师郝守勤更多了一份尊敬和怀念。

当时教化学的是经验丰富的女老师李天心，她对授课内容极为娴熟,自己的家里还有一个化学实验室。杜祥琬去过她家,那些瓶瓶罐罐、试管试剂,就和生活用品紧挨着。这些爱岗敬业负责任的老师,至今温暖着杜祥琬的记忆。还有教地理、历史等课的老师,都是名校的毕业生,且十分认真敬业。反右期间,有几位优秀的高中老师被打成了右派,杜祥琬听说之后,黯然伤神。

杜祥琬在这样的学习环境中刻苦读书,为之后的求学和工作打下了坚实的基础。

开封高中的学生同样优秀。杜祥琬的同桌,当时就在写小说,并不时见报。他用方格作文纸,字写得工工整整,后来成了图书馆界的专家。

开封高中有藏书丰富的图书馆,学生除了在课堂上或自习室学习外,许多时间都是在图书馆度过的。因为家离学校很近,杜祥琬假期经常泡在阅览室看书。除几部古典名著外,巴金、冰心的小说,艾青、臧克家的诗,使他在中学时就对文学产生了兴趣。

"有的人死了,他还活着;有的人活着,他已经死了……有的人把名字刻入石头,想'不朽'……名字比尸首烂得更早……"这是诗的语言,更是对人生观深刻的揭示,在少年杜祥琬心中留下了不凡的影响。

读中学时,杜祥琬还学会了一首歌:《王二小放牛》——歌颂一位抗日小英雄。最后两句描写被鬼子杀害的少年:"他的脸上带着微笑,他的血染红了蓝的天。"动人的歌曲感人至深。几十年后,正在上小学的杜祥琬的孙女,在学校学了这首歌,回家唱给爷爷听，全家人非常高兴。半个多世纪，这首歌历经三代传唱至今，王二小短暂的一生，就这样镌刻在民族的史册上。杜祥琬觉得，这正是"有的人死了，他还活着"的典型代表。

阅览室里的《知识就是力量》杂志最令杜祥琬爱不释手，课外活动时经常与它相伴，上面刊登的星际、太空方面的知识，使杜祥琬萌发了研究天文学的愿望。

在中学时期，杜祥琬阅读了《共产党宣言》中译本，开篇就被它的第一句话深深吸引："一个幽灵在欧洲游荡着——共产主义的幽灵。"一本政论性的著作，却以这样富有诗意的语言开头，吸引他一口气读完。

开封高中鼓励学生活跃思想、独立思考，学校的数学墙报经常会出一些习题征集答案。一道题常有多种解法，大家一起切磋，不仅能启迪思维能力，而且十分有趣。父亲杜孟模曾送给杜祥琬一本书，是一个日本作者写的《平面三角题解》，书很厚，对他很有帮助。

开封高中有一个很不错的操场，杜祥琬也常去练一练单双杠。在校期间，学校组织操场改建的劳动，杜祥琬乐于参加。有一次，同学们一起刨地，才刨了不到一米深，就刨出很多已生锈的古钱币，像挖开了阿里巴巴宝藏。后来才知道开封古城曾多次被水淹沙埋，是个"城摞城"。

开封高中非常注重素质教育，培养的学生多才多艺。当时社会上正流行几部印度电影，班上一个同学在联欢时，清唱了《拉兹之歌》，丝毫不逊于电影原唱，赢了个满堂彩。杜祥琬所在的班级,全班都会拉二胡。全校文艺会演时,全班集体上台,几十把二胡合奏《良宵》《步步高》,阵容齐整,弓法有板有眼。可惜后来由于各种原因,把这点"手艺"荒废了,再后来买的一把新二胡也被束之高阁,至今思来,杜祥琬仍觉遗憾。

初三满15岁,杜祥琬加入了共青团,高三满18岁,他就入了党。开封高中的三年,对杜祥琬的一生有很深的影响。多年以后,杜祥琬在发表于《光明日报》"母校礼赞"专栏"回忆开封高中"一文中,曾经这样写道:中学阶段不仅是学知识、打基础的重要阶段,而且对人的品德素养、人生观、世界观的形成也有重要影响。

2002年开封高中百年校庆时,杜祥琬回到了阔别46年的母

2012年回母校,与开封高中学生热情握手

校，见到了高彩云老师，还见到了当年的高三数学老师——坐着轮椅的常亚青老人，内心激动不已。会上，学校安排他作为老校友代表发言。在表达了对母校的怀念和感激之情后，杜祥琬动情地说：几十年来，无论走到哪里，当有人问我是哪里人时，我都会毫不犹豫地回答，我是河南开封人！这七个字用地道的开封话说出来，感情真挚，打动人心，全场师生报以热烈掌声。

2003年，杜祥琬随中国工程院课题组去河南交流，在即席发言中，他首先用地道的河南话说：我"生在南阳，长在开封"，之后又情不自禁地谈了自己的感想——"如果没有中州这块土地的滋养，如果没有家乡父老的培育，如果没有在开封受到的初等和中等教育，就没有今天在工程院工作的我。这个根、这个本，我是永远不会忘记的"。

第二章

从北京到莫斯科

留苏没去成，去了北大

1956年，杜祥琬高三毕业，填报志愿的时候，他报考了南京大学天文系。杜家孩子多，很讲民主，杜孟模充分尊重杜祥琬的意见。

之所以报考南京大学，跟一本杂志有很大关系。

高中时期，杜祥琬课外活动除了锻炼身体之外，就是泡阅览室。阅览室有一本苏联杂志叫《知识就是力量》，经常介绍天文学的知识，星座、太阳系、银河系，让杜祥琬觉得奥妙无穷、非常有趣，对天文的兴趣，就这样培养起来了。当时整个中国只有南京大学设有天文系，杜祥琬于是选择了南京大学。

高考成绩下来，杜祥琬的成绩相当不错，但却没能去成南京大学，因为他被选为留苏预备生了。留苏生的选拔可谓万里挑一，整个河南当年只有两个名额。

1956年8月，18岁的杜祥琬到了北京。在北京，杜祥琬和全国各地选拔来的留苏生住在鲍家街43号，就是现在中央音乐学院所在地。那里是北京俄语学院留苏预备部，留苏生要先在这里学习一年的俄语。

说到成立留苏预备部的起因，中间还有一段小小的插曲。

1951年7月，解放战争的硝烟刚刚散尽，中国便派出了第一批留苏生，来自四面八方的375名优秀青年云集北京。这里面，既有战功卓著的红军将领，也有意气风发的高中学生；既有踌躇满志的年轻干部，也有经验丰富的技术人员。年龄最大的已经40多岁了，年龄最小的还不到20岁。这批学生只在北京集训一个月，简单了解了苏联国情，就匆匆踏上了开往莫斯科的火车。到了苏联之后，他们分别被安置进莫斯科第一医师进修学院、莫斯科机床工具学院、莫斯科铁路运输工程学院、莫斯科运输经济学院、列宁格勒（今彼得格勒）铁道运输工程学院、萨拉托夫汽车公路学院等高等院校学习。

有的学生俄语基础几乎为零，而苏联方面对如何接收大批留学生也没有足够的经验，学生到达后，苏联方面没有安排哪怕是短期的俄语培训，就直接将他们送到了各高等院校的课堂。既要从头学习一门语言，同时又要完成专业学习和研究，还要适应完全不同的生活习惯和文化，这批留学生面临前所未有的挑战。由于对当地生活不适应，学习压力大，个别学员出现了消极情绪，身体状况也受到影响。

这段时间，恰好时任中央政府秘书长的林伯渠在苏联进行短期的疗养和考察。其间，林老与这批留学生进行了密切的接触，详细了解了他们的学习和生活情况。归国后，他立即给刘少奇、周恩来写信反映情况，并且建议，以后若再派学生去苏联，须先在国内进行预备教育六个月或更长时间。一是学语言。二是让学生对苏联的气候和生活有初步了解。最重要的是，让学生意识到赴苏学习的必要性，增强责任感。

林老的意见引起了周恩来总理的高度关注，1951年12月初，留苏预备教育的筹备工作开始了，经研究，国家决定将留苏预备学校设在北京俄文专修学校（简称北京俄专）内，由俄专校长统一负责，因此又被称为俄专二部，后来被正式命名为留苏预备部。1955年，借着中苏友好的大潮，留苏生越来越多，留苏预备部在海淀区魏公村兴建新校，之后，由于留学政策调整，留苏预备部在读人数锐减，设施和资源出现富余。1956年8月，留苏预备部又回迁到鲍家街原址，直到1958年2月才再次回到魏公村。

杜祥琬当时在鲍家街校址，入校以后，学校组织俄语摸底考试，经过口试、笔试，根据分数高低，600名留苏生分了21个班。

杜祥琬分到第21班，是摸底考试成绩最好的班。由中国和苏联两国的老师共同授课。能进21班，跟杜祥琬在开封初中接受的俄语教学有很大关系。

杜祥琬后来才知道，开封初中当时的俄语老师郝守勤来自哈尔滨，俄语是跟俄罗斯人学的，所以口语非常标准。杜祥琬到现在还记得郝老师讲授26个俄文字母时的情形，脚尖站着、脚后跟踮起来，动作很生动。

初二的时候，杜祥琬有一次去开封新华书店，河南大学两名苏联留学生在书店用俄语聊天。杜祥琬支着耳朵听，想看看自己能听懂多少。两名留学生看到这个小弟弟专注听他们说话，就问他能否听懂。杜祥琬听懂了他们的问话，却用俄语回答"我听不懂"，两名留学生夸他的发音很标准。

在留苏预备班学了不到一年，1957年5月，轰轰烈烈的整风运动就开始了。整风运动的序幕是大鸣大放，大学也受到波及，留苏预备部的领导组织大家敞开了提意见。而且那个时候，中苏友谊已经开始出现裂痕，受两国关系大气候影响，6月，本应去苏联的学习宣布取消。当时的高等教育部部长杨秀峰亲自到预备部动员，让大家顾全大局，遵从组织安排。根据组织决定，留苏生重新填报志愿，按照之前的高考成绩进行再分配。

既来之，则安之，杜祥琬想，既然已经到了北京，不如就留下来。他觉得数学跟天文比较接近，于是填了北大数力系。因为成绩优异，他被录取了。巧合的是，他的父亲杜孟模也毕业于北大数学系（当时数学和力学合在一起），也许是冥冥中的缘分吧。中国少了一位天文学家，但是多了一名优秀的核武器专家。

俄专二部解散了，北大的事也已经确定，这个时候才6月，北大入学要在9月初，中间是一个长长的暑假。和杜祥琬一块被选到俄专学校的，有一位高中同学孙希桐，老家在河北定县农村，杜祥琬就跟着孙希桐去了乡下。当时铺天盖地宣传知识分子要自觉改造、自觉锻炼，杜祥琬也决定"改造自己"，跟着同学去乡下收麦子。

当时的农村麦收，工具都非常原始，是重体力劳动。虽然杜祥琬小时候因为逃难在乡下待过几年，但是并没有做过农活。这是杜祥琬第一次真正干农活，连镰刀都没有，只能徒手连根拔麦子，一天下来腰酸背痛。麦子拔下来之后，因为没有脱粒机，要人工往石头上甩，几天下来，整个人精疲力竭。但是年轻人有激情，"锻炼自己"的意念很强，杜祥琬干得很带劲。

那个时候，杜祥琬已经萌发了对文字的兴趣，业余时间，喜欢看看书、写写东西，他在定县图书馆借了一本屈原的《橘颂》，读得津津有味。同学家有一块自留地，种了黄瓜、西红柿，味道很好，加上乡下特有的怡人空气，都给杜祥琬留下了美好的印象。

杜祥琬在河北乡下待了两周。有一天，他又到定县图书馆看报，翻到第一版吓了一跳，头版就是那篇毛泽东主席写的著名的反对"章罗联盟"的文章。之前的"大鸣大放"风向大变。杜祥琬事后才知道，这篇文章拉开了反右的序幕。他觉得不能在河北待着了，但是学校还没开学，于是他回到了开封老家。

在北大

假期结束，北大的学生生活就开始了。

尽管这批考入北大数力系的学生成绩都很优秀，但是大学一年级的三门基础课——解析几何、数学分析和高等代数，还是一下子把他们从中学数学带进了高等数学的殿堂。这是一个很大的台阶，如果没有老师的精心教导，是不可能在短时间内完成这一跨越的。

数力系大一的教师阵容堪称强大。解析几何由北大一级教授裘光明先生主讲，他已年过半百，可见当年北大对基础课教学的重视。由于学校当时尚无成熟的教材，裘先生就自编油印讲义发给大家。教授数学分析的是张锦炎老师，一位30岁出头的女老师，她讲课循序渐进，逻辑十分严密，板书和讲解都非常清晰。

燕园风景秀丽，有山有水。有著名的未名湖、博雅塔，跟地处中原的河南大学相比，是另外的一种风格，杜祥琬非常喜欢。

在北大，杜祥琬在温习俄语的同时，开始学习英语。日常的学习主要是基础课，有高等数学、普通物理等。基础课一学完，就开始学计算机。1959年，中国开始研制计算机，数力系也在进军计算机专业。

北京大学是学术圣地，学术氛围非常浓厚。当时学校有六个院，数力系的办公室在六院，张锦炎老师正式开课前，带着学生在六院的门口草地上，师生席地而坐，一起讨论本学期的课怎么上。教室用的都是黑板，在一百多人的阶梯教室上大课，老师的演板非常工整、雅致，在阶梯教室的黑板上经常从这头写到那头，杜祥琬记忆犹新。

杜祥琬的宿舍分在28斋4楼。当时反右运动已经如火如荼，数力系是右派大本营，杜祥琬发现同房间居然有个右派，名叫谈谈，是高年级的学长。数力系学生党员屈指可数，学校有规定，党员有批判右派的任务，杜祥琬在开封高中就已经入党，尽管他很不情愿，却不得不参与。当时是一边批判右派，一边上课，白天上课，晚上批判。

虽然一直在说反右，但是直到现在，杜祥琬也不知道右派到底是什么罪行，至于怎么批判，就更不懂了。但是又得发言，只能是东拼西凑，言不及义。有一次批判会，后来成为杜祥琬妻子的北大女生毛剑琴也在现场。多年以后，她回忆杜祥琬给自己留下的最初印象，觉得他发言特别温和，对于右派的批判，不像别人那么趾高气扬。虽然当时还不认识，但是杜祥琬给她留下的这个印象，为他们几年后的感情发展打下了基础。因为太过温和，杜祥琬被支部批评"斗争性不强"。

那是个疯狂的年代。同学们写大字报反右，作为党员的杜祥琬自然要带头，尽管内心矛盾，但又必须参与，因为谁不参加就是不革命，马上就要挨批评。有位同学对"大跃进"有些疑虑，杜祥琬就贴了他的大字报，认为他不够革命，这事杜祥琬至今说起来仍然深感愧疚。其实杜祥琬自己对"大跃进"也"认识不够"。

参加工作以后，杜祥琬慢慢明白了一些问题，特别是"文化大革命"结束后，他一直在反思，觉得自己犯了错误，对此耿耿于怀。20世纪80年代初，杜祥琬曾经去找这个同学，但他肄业后已不知去向，后来终于在大兴农村找到了他。原来这位同学北大肄业后，去农村当了干部，改革开放后，他办了一个生产土豆条的工厂，还开了一家生产巧克力的公司。两人见面后，他笑着说：老杜，你看我把工农商都结合起来了。杜祥琬诚恳地向他道歉，说自己当年不该贴他的大字报，这位同学对这段历史早不介怀。后来，数力系每次同学聚会，杜祥琬都会把他请来，两人相处得很好。

反右还没结束，"大跃进"就开始了。全民大炼钢铁，北京大学也未能幸免。北大南墙外建了很多土高炉，学校让同学去北京各地找废铜烂铁，杜祥琬骑自行车从郊区到工地上，找到废铜烂铁，就拴到自行车上带回来。人人热情高涨，高喊超过"1070"——英国每年的钢铁产量是1070万吨，中国要在15年内赶过英国。结果这些废铜烂铁扔进高炉，炼出来的都是毫无用处的铁渣子。

除了炼钢，高校教学也要炼"纲"——炼共产主义纲。当时因为批判修正主义教育，教学大纲要重新改写。老师带着学生们，写出来一套新的教学大纲。炼"纲"成功，大家在小食堂排着队，转圈游行，庆祝共产主义之纲炼成。但其实内容没什么大改，只不过是盖了个帽子。

当时的反右倾大潮认为，教育必须与劳动相结合，知识分子劳动化，师生要"红透专深"，四肢不勤、五谷不分的大学生们要劳动。在这种氛围之下，每个人都要参加劳动。杜祥琬参与修建了北大第一个风洞，因为力学系需要风洞来做飞机实验。到现在，北大工程力学系还保留着这个风洞。

此时的杜祥琬已开始显露他的文学天分。当时大家一起干活，场面热烈，激发了他的创作热情，如是写了一首诗歌颂劳动：身架半空／头顶石壁／战斗在风洞工地／劳动紧张热烈／决心向国庆献礼／向上望／茉莉花开满石壁／向下望／汗水泥浆混一起／左右看去／小伙子变成少白头／姑娘们变成白毛女／劳动多风趣。

风洞建成之后，在系里的庆功大会上，他还朗诵了这首诗，引起强烈共鸣。在之后的岁月里，闲余时间写写文章，成为杜祥琬的一大爱好。

虽然荒诞，但是这项劳动运动还是唤起了人们那种天然的热情。1959年寒假，杜祥琬回到郑州。父亲杜孟模已在郑州大学任教，郑大生活区周围都是农村，杜祥琬主动到村里参加劳动。村子里有磨豆腐的作坊，每天天不亮他就起床，和一个农村小伙子一块磨豆腐，感受农村"大跃进"的气氛。回校后，杜祥琬还写了一篇文章——《让"大跃进"的战鼓敲得更响吧！》。这篇文章被登在学校黑板报上。

他们还参与修建了十三陵水库，一伙大学生用肩挑土，用独轮车推土，劳动强度特别大。晚上住帐篷，吃窝窝头和咸菜，白饭和馒头很少。当时政府总是说，劳动锻炼是知识分子改造的根本道路，现在看来，这种方式有点劳动改造的意思。

白天去劳动，晚上回来，吃完饭还要接着赶麻雀，这是除"四害"的一项"光荣任务"。人们挥舞着树杈子、竹竿，四处奔走吆喝，让麻雀无法落地，只能不停地飞，直到累死。当年北大校内还养过猪，猪圈就在现在的勺园。

因为白天的劳动量太大，晚上又缺乏休息，学生们疲惫不堪，上课的效果打了折扣。有一次上数学大课，一百多人的阶梯教室，教数学的钱敏老师问，上一课大家有什么问题吗，有问题就问。结果谁也不吭声。老师左看右看，杜祥琬正好坐在中间的座位上，就被点将了，只好站起来说：

"有问题。"

"有问题你怎么不问呢？"

"问题太多了，不知道从哪问起。"

虽然回答引得哄堂大笑，但杜祥琬说的是实话。因为当时学生根本没时间复习功课，老师教得挺好，可是学生参加劳动太累了，学不进去。北大这两年的时间就这样浪费了。如果没有后来再次被选中留苏，杜祥琬青年时代的知识体系也许就无法建立了。

在北大，杜祥琬被选为年级学生会主席。担任主席期间，他印象深刻的就是和另外一个同学组织了年级运动会。在北大老操场，组织数力系全年级办运动会，锻炼了杜祥琬的组织能力。后来，杜祥琬当了北京大学学生会生活部长。生活部的工作，一方面是关心同学们的饮食，比如学生对食堂卫生有意见，生活部就跟食堂反映，或者发现食堂有浪费现象，也要去督促。大食堂有一个广播电台，生活部经常给他们提供稿件。

另一件主要任务，是检查卫生。当时正开展爱国卫生运动，杜祥琬带人准备一块干净的白布，到各个宿舍，在桌子、床上抹一抹，看有没有黑颜色，甚至连北大养猪的猪圈也要专门检查，标准可谓相当高。杜祥琬后来觉得这种方式有些吹毛求疵。表现优秀的，发一面红旗。因为这个职务，北大当时的餐厅和学生宿舍，学校的各个角落，杜祥琬都去过。

1959年8月的一天，适逢暑假，当时数力系已经有计算数学，开始研制计算机，杜祥琬正在北大北阁摆弄计算机元件。计算机就像大柜子，堆满了好几个房间。杜祥琬突然接到上面通知，要他和另外一个同学到外语学院报到。留苏的事又有眉目了，要整理行装赶快离校去北外接受集训。杜祥琬匆忙收拾了行装，乘公交车在魏公村站下车，穿过东校区赶到西院，出了一身汗。

因为要去苏联，要抓紧处理一下个人用品，原来的被子褥子都用不着了，杜祥琬就送给了同班的一个同学。这个同学是农村的，生活比较困难。几十年之后，同班同学聚会，他特地给杜祥琬带了一盒茶叶，表示对那一年赠送被褥的感谢，可是杜祥琬全忘记了。

因为留苏，杜祥琬要卸任生活部长，在交接中，同学们的热心让他感动。当时著名作家杜鹏程的小说《在和平的日子里》

很有名，小说记述的是宝成铁路的建设情况。蜀道难，修蜀道更难，和平的日子也有牺牲，杜鹏程在小说里歌颂了那些默默无闻的工人。小说扉页那句话，杜祥琬觉得非常好。离开之前，他给大家留了一个笔记本，在笔记本的扉页抄下了这行字。

没有那千千万万在任何岗位上都默默无闻、忘我劳动的人，就没有我们的事业。

这句话给杜祥琬留下的印象很深，对他的人生观有很大的影响。后来，他不止一次跟别人提这句话。两年北大生活，在"德先生"和"赛先生"的熏陶下，加上自己的阅读，青年杜祥琬的世界观慢慢形成了。

从接到通知到踏上行程，时间非常仓促，杜祥琬背着自己随身的行装和一些书，到了外语学院。这次留苏，一共有30名学生，男生25名，女生5名，彼此之间并不熟悉。集训的内容，除准备行装外，每天的集体活动主要是学习苏联生活，了解出国的注意事项，留学生们称之为"八条"，"八条"要逐字逐句学习，每个人随身带上，作为留学期间生活学习的指南。

当时中国国力薄弱，却为留学生们提供了最好的生活条件。出国前，每个学生领到两只崭新的衣箱，从春夏秋冬的服装到生活必备的小物什，准备得十分齐全，可以五六年不买衣服。提起那沉甸甸的皮箱，杜祥琬感受到祖国对自己寄托的沉甸甸的希望。

这次留苏生的仓促召集，跟当时中苏关系的大环境有很大关系。1955年4月，中苏双方在莫斯科签订了《关于为国民经济发展需要利用原子能的协定》，确定由苏联帮助中国进行核物理研究以及为和平利用原子能进行合作。正是在这次访苏期间，中方跟苏联有关方面达成了一个合作协议，苏联方面帮助中国培养核物理技术人才。1957年，双方又签订了《国防新技术协定》。时任第二机械工业部副部长的钱三强其间跟苏联签订了一个独立合同，苏联帮助中国培养30名原子能方面的技术人才。但是到了1959年，中苏关系恶化，苏联方面有毁约的迹象。但当初承诺培养30名人才的合作协议却奇迹般地保留下来。所以，在有关部门的通力合作下，高等教育部迅速从北大、清华等全国著名高校中抽调了30名原留苏预备部的、现已大学二年级的学生留苏，成绩优秀的杜祥琬被选中了。

钱三强来给大家送行。他当时还是中国原子弹研制的技术总负责人，钱三强没有讲留苏的背景、意图，只是要大家出去学习工程物理。在讲台上具体讲的是什么，杜祥琬不记得了，只记得他在黑板上画了几道横杠，还写了"提高科学技术水平"几个字，杜祥琬还清楚地记得。

就这样，1959年8月20日，30名学生坐上了北京到莫斯科的专列。因为时间仓促，杜祥琬都没来得及回家和父母道别，父亲托人给他带来一块手表。这块手表伴随杜祥琬度过了异国他乡五年艰苦、紧张而又充实的学习生涯。

呼啸的列车驶出北京，穿过广袤的西伯利亚平原，满载着学子们对未来的憧憬与求索的渴望、奋斗的激情，从北京驶向他们心中的无产阶级革命圣地——莫斯科。

在莫斯科的学习和"斗争"

国际列车的条件比国内的列车要好很多，都是软卧包厢。汽笛声响，火车徐徐启动，车厢里播放着歌曲《莫斯科—北京》，这是一首专门为1950年《中苏友好同盟互助条约》签订而谱写的曲子，在当时是一支极为热门的流行歌曲，连中小学生都能唱上几句。

中苏人民是永久弟兄
两大民族友谊团结紧
纯朴的人民欢唱向前进
斯大林和毛泽东在听我们！在听我们！在听我们！
……

当时的留苏生，都有着奋发图强、报效祖国的热切心情，这源于毛泽东在之前会见留苏生的一次演讲。1957年11月17日，毛泽东访苏之际，在莫斯科大学礼堂向3000多名留学生、实习生发表了著名的讲话："世界是你们的，也是我们的，但归根结底是你们的。你们青年人朝气蓬勃，正在兴旺时期，好像早晨八九点钟的太阳，希望寄托在你们身上。"这句话鼓舞了一代留苏生，每一位留苏生都焕发出昂扬的斗志。

从北京到莫斯科，坐火车要六天六夜的时间，要经过整个西伯利亚，还要绕过贝加尔湖的南端，光那一段就走了大半天，贝加尔湖像是明亮的月亮，非常美。

整个西伯利亚几乎被森林覆盖，农民住的都是木头盖的房子，非常精致。每家窗户纱窗配上纱帘，可以看见里面的鲜花，非常讲究。这段旅程给杜祥琬留下了美好的记忆，留苏期间，六天六夜的火车后来坐过多次。参加工作之后，中苏恢复交流，杜祥琬带着同事去开会，回来的时候特地买了火车票，让年轻人体验一下俄罗斯的自然风光。

因为就读的莫斯科工程物理学院没有宿舍，这批中国留学生住在莫斯科动力学院。宿舍离莫斯科工程物理学院比较远，每天早上的时间就显得很紧张。起床做早饭，吃完赶公共汽车，然后转地铁到学校，午饭在学校吃，晚上回来还要复习、做作业。一是天冷，一是要赶路，杜祥琬走路快的习惯就是在那个时候养成的。莫斯科女士爱美，冬天再冷也穿裙子，和当时国内同胞一片黑蓝的着装形成了强烈的对比。高跟鞋敲在马路上，嗒嗒嗒走得飞快。夏天柏油路软化，细细的高跟会在路上扎出一个个小洞。

莫斯科工程物理学院跟北京的清华大学是姊妹学校，校长吉利洛夫-乌格留莫夫很友好，在校长办公室接待了远道而来求学的30名社会主义阵营的"小朋友"。杜祥琬还记得，在校长办公室里，挂着两所姊妹学校的协议书。因为大家讲俄语还不熟练，校长第一次接见时，由另外一所学校的高年级留苏生担任翻译。

中国学生被分配到各个班级，住宿也分配到了不同的宿舍。宿舍大概十七八平方米，四张床，三个苏联学生，一个中国学生，这种条件非常有利于学习俄语。每个宿舍有个小喇叭，每天晚上莫斯科广播电台12点整停播，以苏联国歌结束，广播一结束大家就睡觉。因为饮食习惯差异，虽然共居一室，中国学生和苏联学生还是各吃各的。但是中午的饭在食堂吃，就只能入乡随俗了。有一次不知道中国学生从哪里弄来的松花蛋，苏联同学不敢吃，说是"化学蛋"。

9月初开学，一个月之后就是中国国庆节，1959年是十年大庆，学校领导老师特地为本校30名中国学生举行了一个隆重的国庆节晚会，准备了丰盛的晚宴。领导讲完话之后，需要中国留学生代表出来讲话，大家你看我我看你，都不好意思出头。作为团支部书记的杜祥琬，硬着头皮站起来，用磕磕巴巴的俄语讲了几句，学校参加晚会的苏方人员好像还听懂了。双方共同为两国友谊干杯，学校的领导还给每一个留苏生发了校徽。

在莫斯科工程物理学院，杜祥琬的一个突出感受是，苏联人的个性比较强，学生比较活跃。而且，苏联的高校非常尊重知识、尊重人才。在这些高校，权力最高的不是领导而是教授，教授非常受尊重。不仅如此，成绩优异的学生也很受尊重，照片会挂在走廊的墙上，因为学习刻苦，中国学生的照片经常"上墙"。

在莫斯科工程物理学院上学时

莫斯科工程物理学院是一所理工科高校,成立于1942年,专门培养核武器及核技术人才,是当时苏联最重要的从事原子能研究教育的学府,集中了苏联一批最优秀的物理学家。这是一所保密的高等学府,之前没有接收过任何外国留学生。中苏关系破裂之后,也就再没有招生中国留学生,杜祥琬那一批,是到这所学校留学的唯一一批中国学生,也是唯一一批国外来的学生。

该学校以淘汰率高而闻名苏联,教材非常讲究,课程很重,质量很高,也很难。苏联方面虽然知道这批留苏生在国内上了两年本科,学过基础的数学物理,但他们不认可中国的教育质量,要求从头学起,所以杜祥琬大学一二年级的课学了两遍。工程物理学院的严谨可见一斑。多年之后,杜祥琬去俄罗斯访问,遇到俄罗斯同行,提到自己的毕业院校,对方马上就说,他们很尊重莫斯科工程物理学院的毕业生,这个学校出来的学生都很优秀。

第一堂课是解析几何，上大课，老师在黑板上用俄语授课，一堂课下来，杜祥琬感觉懂了70%。这个时候，他想起了开封初中的俄语老师，老师纯正的俄语教学让他受益匪浅。

莫斯科工程物理学院的校舍和教学楼散落在莫斯科城市的多个地方，杜祥琬每天上课经常得乘公共汽车、地铁辗转奔波。一位同学很形象地概括了他们的生活：上课坐飞机（听不懂），下课坐汽车，乘地铁，晚上开夜车。他们每天早上6点多起床，坐车转车，到一处校舍上完课后，中午再坐一个多小时的车，转到另一处上课，没时间吃午饭，就在地铁口买两个小饼当午餐，边跑边吃。晚上回到住处，同学都赶紧查书，互相对笔记，写作业，一般都要学习到深夜12点播放完苏联国歌后才能就寝。

因为30个同学俄语水平参差不齐，学校要求他们继续学俄语。当时学习俄语的方式也很有趣，老师让同学用俄语编故事，然后现场纠正。学了不到一年，老师对杜祥琬说，杜，你的俄

莫斯科工程物理学院证件照

语可以免修了。

老师建议杜祥琬再学一门外语，当时苏联学生的第一外语是英语，杜祥琬就在莫斯科学了四年的英语。改革开放后跟欧美做学术交流的时候，有人问杜祥琬在哪儿学的英语，他说在莫斯科，大家都很奇怪。

莫斯科工程物理学院的老师都很权威。教核物理的是苏联科学院通讯院士波米兰楚克，不修边幅，衬衣从来都是皱皱巴巴的，但是讲课条理非常清晰。讲习题课的老师是通讯院士米格达。讲理论物理的教授是康巴涅茨，他写了一本作为教学用的《理论物理学》，还译成了中文。教授把中译本送了一份给杜祥琬。物理学的参考教材，用的是朗道和栗弗席兹这两位世界著名理论物理学家出版的《理论物理学九卷》，囊括了理论物理学的全部，从力学、电磁学、场论、流体力学，一直到弹塑性理论等九卷，每一章后面有习题，习题非常艰深。杜祥琬还记得，当时有位老师叫列维奇，是朗道的朋友。1962年，朗道出了车祸，因为在学界的地位举足轻重，所以牵动了整个物理学界。这位老师每次上课前都要给同学们通报一下朗道的健康情况，然后再讲课。那一年，朗道获得了诺贝尔物理学奖，颁奖仪式专门为他破例在莫斯科举行，由瑞典驻苏联大使代表国王授奖。

除了上课之外，学校还鼓励学生动手实习，电焊工、车工都要学一点，还要学制图学，因为工程物理学是以理科为主，但是还要修工科部分的课程。莫斯科工程物理学院学习任务重，就重在这个方面。

与此同时，苏联方面规定，留苏生必须跟着苏联学生学习政治课程。苏联人的马克思主义课程比较纯粹，系统阐述了马克思主义的来源和组成，哲学、政治经济学和科学社会主义。这种理论构建的分析，使得杜祥琬对哲学的认识，在中学的基础上变得更加系统化，对他之后的工作起到了很好的指导作用。

联共党史就比较政治化了，当时中苏分歧越来越深，从1963年到1964年，中共中央以《人民日报》和《红旗》编辑部的名义，相继发表九篇评论，批判"赫鲁晓夫修正主义"，后称"九评"。当时，杜祥琬他们有个任务，每篇评论文章出来，驻苏大使馆都发给各个学校的中国学生学习。不仅如此，上政治课的时候还要表态，以此影响苏联同学。1963年暑假，这批留苏生还特地被统一召集回北京，进行反修教育。按照当时的规定，留学期间，毕业前不准请假回国。但是因为这次反修教育，给了大家回国探亲的机会，杜祥琬和未来的妻子毛剑琴就是在这个暑假相见、相恋，并在四年后走到了一起的。

当时在莫斯科工程物理学院的30名留苏生是一个团支部，杜祥琬是团支部书记，加上俄语比较好，就担起了表态的任务。几名中国学生有意坐在后面，老师在讲台上讲了不同的观点，他们会就某个问题写条子进行反驳，从后面往前传，通过传的过程影响苏联同学。老师看完条子并不说话，课间休息的时候点杜祥琬的名字，师生当面辩论，苏联同学围观，还时不时有人插话。辩论涉及的内容很广泛，有社会科学问题、政治问题。这些辩论观点，如今难说谁是谁非，但是辩论却极大地锻炼了杜祥琬的俄语水平。

苏联人热情奔放，虽然有针锋相对的辩论，但是并不相互攻击。十月苏联国庆节，学校举行晚会，政治老师照样拉着杜祥琬他们跳舞。而且苏联人重人才、重艺术、重文化，人们送礼都是送艺术品，比如一个印制精美的画册，或者是艺术家的作品。虽然上层分歧越来越大，但是中苏友谊因为深入人心，加上中国留学生勤奋，苏联老百姓都非常喜欢中国学生。

身在国外，留苏生一直在关注国内的情况。国内的反右运动轰轰烈烈，正如火如荼地开展起来。刚到莫斯科一两个月，"庐山会议"举行，国外党支部、团支部向留苏生传达了"庐山会议"精神，彭德怀、黄克诚、张闻天、周小舟被打成"彭黄张周"反党集团，同时被撤销了实权职务。

包括杜祥琬在内的留苏生都很震惊，也很疑惑。彭德怀、黄克诚、张闻天、周小舟都是身居高位的领导人、老革命，怎么一夜之间成了"反党集团"？支部的人告诉大家，不能公开讨论这类事件。学生们也不好说什么，只能把疑问憋在肚子里。杜祥琬有一种隐隐的忧虑。

苏联人非常重视休假，认为休假权神圣不可侵犯。所以，杜祥琬他们的课余生活有声有色。在第一个寒假，他和同学被安排去莫斯科郊外冬令营滑雪，留下了非常美好的印象。在一个暑假，他还和同学们去了黑海边的克拉斯诺达尔夏令营，并和当地的少先队员联欢。

有一次，学校安排去莫斯科郊外的农庄，跟农民一块体验生活。苏联农民都住木房子，家家户户在木板底下有地窖，地窖里

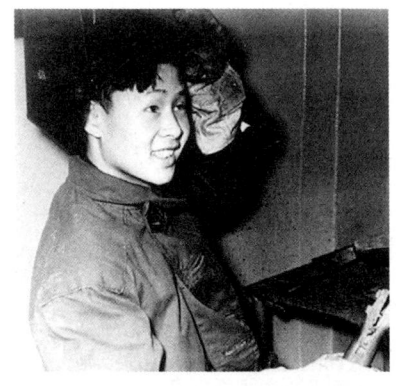

在莫斯科留学时上动手训练课：做电焊工

1960年2月在莫斯科郊外冬令营

有很多土豆。土豆是苏联人的主食，土豆泥加点洋葱末，稍微炒一下就很香。杜祥琬在农庄参加劳动，和农民一起收土豆。

在劳动的时候，杜祥琬发现了问题。苏联农民偷偷暗示他们，不要收得很干净。原来大家一起收的土豆要上交集体农庄，不是农民自己的财产，他们只能到地里去捡剩下的，所以才会故意多留，等收完土豆，把剩下的捡回来放在自家地窖。赫鲁晓夫狠抓玉米种植，规定农民必须种植玉米，但种植玉米收益低，农民没有动力，就敷衍，搞表面文章，在一块田地的四周种植玉米，里面种自己想种的农作物。和中国的人民公社一样，苏联集体农庄的弊端也已经显露无遗。

在学习期间，杜祥琬和同学们不时接到国内的指示。国内曾经通过中国大使馆转达，学理论物理的同学要注意学好"中子在宏观介质当中的输运"。留学生对这些指示背后隐藏的含义并不理解，杜祥琬只是隐约感觉，回去肯定是干核工业，但具体会怎么样，并不清楚。

毕业的时间到了，杜祥琬的导师为他定的选题是"反质子原子寿命的理论计算"，他下了一番功夫，把选题做完，经过几次修改，老师也通过了。准备答辩之前，杜祥琬预估出了29个可能会问到的问题，并做好应答的准备。当时主持杜祥琬论文答辩的，是在学校很有威望的康帕涅茨教授。杜祥琬一讲完，教授就连续提了两个问题，涉及定性和定量，难度很大，但正好在杜祥琬准备的29个问题之中。杜祥琬的导师很年轻，在一边有点着急，怕杜祥琬答不上来，想给他解释，被教授阻止了。杜祥琬却不慌不忙，把脑子里已经想好的答案讲出来。答辩非常顺利，教授听完给了一个字的评价：优。

颁发毕业证书的仪式在卡希尔斯基大街的新校舍进行。杜祥琬拿到的是红皮毕业证书，上面写的是"优等生"，而一般毕业证书是黑色的。一年留苏预备部，两年北大，在苏联又学了五年半，杜祥琬经常半开玩笑地说，自己的大学读了八年半。

在答辩前，杜祥琬还遇到了一件事，让他印象深刻。那天中午在学校吃饭的时候，有一位苏联同学和杜祥琬坐在一起，这位苏联同学问："杜，你在这里学原子核物理，回中国之后有啥事可干吗？"在这位同学的脑子里，中国人还是留辫子、小脚女人的形象。杜祥琬反问："你毕业以后干吗？"苏联同学说，他毕业以后肯定要进"信箱"。所谓信箱，就是要做保密工作。这位同学当时的口气，让杜祥琬颇不舒服。

答辩的前一天晚上，每晚播放到12点钟的莫斯科电台，播出了一则惊人消息：中国爆炸了第一颗原子弹！第二天，《真理报》上也刊登了这条消息。一大早，杜祥琬在走廊里，还没有进教室答辩，那位苏联同学看到他，兴冲冲地跑过来："杜，祝贺你，我知道你回去干吗了。"苏联同学这种前后巨大的态度反差，给杜祥琬留下了强烈的印象，他认识到，无论是个人还是国家，要获得尊重，自强是唯一出路。

在莫斯科，还有一件事，也给了杜祥琬同样的感受。莫斯科郊区杜布纳联合核子研究所，是当时苏联、中国、捷克等社会主义阵营国家联合创办的核物理研究所。杜祥琬留苏期间，王淦昌正担任研究所副所长，亲自领导一个实验小组，开展高能实验物理的研究。1959年3月，王淦昌带领的团队，发现了超子的反粒子——反西格马负超子，经过分析之后，于1960年发表论文，引起了学界巨大的震动。莫斯科的报纸上都刊登了消息。杜祥琬作为学生曾参观核子研究所，还见到在一个纪录片里，王淦昌在讲坛上讲解，几个苏联学者站着，规规矩矩地听讲，并请教问题。苏联人的自尊心很强，对于中国这样落后的国家是看不起的，而在纪录片里，他们都毕恭毕敬地听王淦昌讲课，这个镜头给杜祥琬留下了很深的印象。

后来回国之后，杜祥琬在王淦昌领导下工作，听王淦昌曾经在多个场合说过：中国人不比外国人差。每次听到这句话，杜祥琬都会想到纪录片里那个镜头。国家的强盛，在海外的国人通过周围的反映，会带来极强的感受。自强才会赢得尊重。这个观念就是在那个时候慢慢成形的。

1964年10月底，经过五年多的学习生活，杜祥琬毕业了。虽然苏联老师也在试图挽留，有意做他们的工作，要他们留在苏联。杜祥琬觉得，国家送自己出来，回国是当然的，他毫不犹豫地做出了选择。

当时国家每个月发给留苏生50卢布作为生活费，最后剩余的钱，杜祥琬买了一个列宁头像，其余全部上交给了中国大使馆。杜祥琬留苏期间，正是中国艰难的时期，三年天灾人祸，整个中华民族在受难。

火车在苏联境内走了五天五夜，天一直阴沉着，见不到一缕阳光。到了蒙古国南部，太阳出来了，杜祥琬的心里顿时亮堂起来。窗外的蒙古一片苍凉，火车一路驶过，只看到十多个人、两匹马和一只野兔，在车上吃了一顿半生半熟的肉，列车到达二连浩特，立刻就是一派生机勃勃的景象。

祖国，多灾多难的、我深深眷恋的祖国，我回来了！

第三章

理论部来了批年轻人

进了九院理论部

回国后,这批学生很快就被安排到高等教育部报到,紧接着在第二机械工业部进行为期三个月的学习,主要是了解中国核工业的形势。当时中国刚刚爆炸第一颗原子弹,但是关于氢弹的基础研究,已经在1960年12月开始了。原子弹成功爆炸之后,大家开始把主要精力和人力投入氢弹的研究上来。因为美国和苏联早在十年前就试验成功了氢弹,英国则是在1957年5月进行了第一次氢弹实验。当时的国家领导人指示,一定要尽快造出氢弹。

氢弹的研制在理论和制造技术上比原子弹更为复杂。原子弹是用中子轰击铀235或钚239的原子核产生核裂变反应，氢弹是一种核聚变反应。它的基本概念，简单说，就是利用原子弹爆炸的能量点燃氢的同位素氘（D）、氚（T）等质量较轻原子的原子核，发生核聚变反应，瞬间释放出巨大能量。如果说原子弹是用中子做火柴去点燃裂变材料，那么氢弹就是用原子弹当火柴去点燃聚变材料。氢弹的杀伤破坏因素与原子弹相似，但威力比原子弹大得多。原子弹的威力通常为几百至几万吨级 TNT 当量，氢弹的威力则可大至百万吨甚至几千万吨级 TNT 当量。而且氢弹的好处还在于其可调节性，可通过设计增强或减弱其某些杀伤破坏因素，战术技术性能比原子弹更好、更强。

科研人员当时也只清楚氢弹这些基本概念，对其他几乎一无所知。如果说原子弹的理论设计最初还有一点苏联专家的引导和帮助，那么，氢弹的原理，则需要自己从头摸索。

在当时的国际环境下，各国对氢弹的技术严加保密，没有任何外部资料和信息可以参考借鉴。美国曾有一位记者在一期科普杂志上发表了一篇文章，讲到了氢弹的问题，结果受到美国当局的审查，认为他泄露了氢弹的秘密，但实际上文章引用的资料全部来自公开出版物。由此可见保密的紧张程度。

归国学习期间，杜祥琬印象最深的，是二机部刘杰部长的那次接见，刘杰介绍了正在紧张进行的核武器研制工作的情况，让杜祥琬感受到了国家突破核武器的决心。

在学习之余，这批留苏生还有一个任务，就是翻译自己的毕业论文，存入国家档案馆再做毕业分配。当然，政治学习也是免不了的。关于国内外的形势，当时的重要领导人讲话和重要政治资料，如"双十条"，两种教育制度和两种劳动制度，关于"四清"的讲话，青年的革命化、劳动化和培养接班人的问题等，这批留苏生回国后都"补上了课"。通过政治学习，他们了解了"国内阶级斗争形势"，杜祥琬记住了一句话，"要革命化必须劳动化，把阶级的根扎得更深"。借着做毕业鉴定的机会，杜祥琬对自己做了全面"检查"，找到了自己身上的缺点，决心在今后的工作和学习中加以克服。

当时的那种爱国主义行为，因为时代原因，有些地方现在的人觉得难以理解，但是，那一代的年轻人对国家无限忠诚的一腔热血是不可置疑的。

高等教育部还对这批留苏生进行了一次毕业分配思想教育。当时杜祥琬很想到西部更艰苦的地方去。他在莫斯科留学期间，了解很多苏联研制原子弹的故事，库尔恰科夫那样的科学家可歌可泣无私奉献的精神，和前辈王淦昌等科学家在杜布纳的风采，让杜祥琬很为这样的先辈和战友自豪，决心学习他们的精神和事业心。

1965年1月，毕业分配的决定仍然没有公布，赶上春节，高教部宣布这批留苏生放假一个月，回家过春节。杜祥琬决定到郑州郊区的公社去劳动，"把阶级的根扎得更深"。

回到郑州的第二天，杜祥琬顾不上休息，就到距离家不远的焦家大队，践行"革命化必须劳动化"。冬天的农村，地里已没有什么活，看到生产队豆腐房还在加班赶任务，杜祥琬就给做豆腐的社员当徒弟，挑豆腐渣喂猪，每天干活9～10个小时，他希望自己不只是一个"帮忙的"，而是要成为"主人"。有一次，在捞豆子时，不小心掉了几粒，他第一反应是用脚踢到一边，突然察觉自己是在伤害劳动人民对粮食的感情，感到这样做很不好，就弯下腰把豆子一粒粒捡了起来。

在豆腐房里，杜祥琬一直干到除夕，焦家大队的社员对他印象很好。临走前，队长要给杜祥琬写表扬材料，但他坚决不要，认为自己是来学习锻炼的，还有很多缺点，希望队里能够给自己提提意见。七天的劳动让杜祥琬觉得，无论是在精神状态上，还是在思想感情上，都缩小了与劳动、劳动人民的距离，对劳动消除了顾虑。

1965年春节，杜家过了一个团圆的春节。杜祥琬留苏五年，因为国家规定，一直未能回家，杜孟模夫妇非常想念儿子，如今学成归来，加上其他几个孩子也回到家里，团团圆圆，两人的喜悦难以言表。

这个春节，杜家的兄弟姐妹难得聚在了一起。

大年初五，全家人开了一次家庭会。这次家庭会开得十分认真，一直开到午夜12点，大家还不想散。杜祥琬后来认为，那次家庭会议对他之后的工作影响很大。

在家庭会上，杜祥琬比较全面地向全家汇报了自己几年来的情况，检讨了自己的问题。杜孟模对孩子们提出了几点意见，让杜祥琬记忆很深。杜孟模教育孩子们，要在顺境和逆境中都能保持高涨的情绪，认识问题要注意抓住本质，要保持相当的业务水平并逐步加强。杜祥琬学的是核物理，杜孟模也许对儿子之后的工作有了隐约的预判，特别对杜祥琬语重心长地说：你心里要永远装着党，在党的领导下工作，但又不能做庸人，要有出息，动脑筋，有主动精神。

杜孟模夫妇言传身教，五个子女都被培养成才并在各自的岗位创出了佳绩。兄妹五人，杜祥琬是居中的一个。他的哥哥杜祥琳比杜祥琬大四岁，是兄弟姐妹的主心骨。1948年开封解放时，全城沉浸在"解放区的天是明朗的天""我们的队伍向太阳……"的喜悦之中，初中三年级的哥哥决定投笔从戎，改名杜琳，随军南下，加入解放全中国的大军行列。当时虽然觉得他年纪太小，心里有万般不舍，但深明大义的父母，毅然选择了支持。参军南下不久，父母发现了他写的一张字条："一心想参军，唯恐母伤心"，可见他参军是深思熟虑的。没多久，杜琳寄回家里一张在南京总统府的照片，杜老爷子想念孩子，捧着照片直掉眼泪。

南下后，杜琳成了十八军的干部，参加了接管总统府、湘西剿匪、修康藏公路，成为第一批进藏的军人，担任军区《战旗报》的副主编，在西藏一干就是二十年，为建立和保卫新中国做出了自己的贡献。他和爱人经历了十年的鸿雁传情才结婚，后来被调到北京工作，晚年的杜琳夫妇顽强地与病魔做斗争，为弟弟妹妹做出了榜样。

杜祥琬的姐姐杜祥瑛高中毕业考入清华大学水利系，大学毕业后做了一机部的二级情报师，后来到日本进修，日文、英文水平都很高，一直做科技情报工作。

大弟弟杜祥玙读的是河南大学物理系，毕业以后担任中学物理老师，曾经担任《中学生学习报》总编辑。当时这份报纸订户上百万，对指导中学生高考起了很大作用。

小弟弟杜祥琛，考取了北京工业学院（今北京理工大学），毕业以后回郑州工作，曾经担任郑州空气压缩机厂厂长，郑州市经济开发区主任，后来调到深圳，给企业做咨询。

这年的春节在家住了二十几天，年轻的杜祥琬已经急不可耐了，他希望赶快走上工作岗位，到战斗的前线去。在回北京的火车上，杜祥琬回味这个假期，觉得自己收获很多，在郑州的点滴

1990年杜家兄妹在北京。右起：祥琛（小弟）、祥琬、杜琳（哥）、祥瑛（姐）、祥玙（大弟）

见闻对他有不少的鞭策，从公社的贫农社员到因表演节目唱哑了嗓子的演员，从学校辛勤育人的老师到自己的爸爸、妈妈、兄弟、姐姐，他觉得自己接受了一次深刻的"贫下中农"再教育。

> 毛主席的战士最听党的话，哪里需要哪里去，哪里艰苦哪安家。祖国要我守边卡，拾起枪杆我就走，边防线上来安家。

在假期，杜祥琬学会了这首《毛主席的战士最听党的话》，他爱听也爱唱，决心以这种态度对待毕业分配。

2月25日，高教部公布了这批留苏学生的分配决定，杜祥琬被分到了第二机械工业部。

第二机械工业部，也就是人们惯称的"二机部"，前身是1956年11月16日成立的第三机械工业部，1958年2月11日改名为二机部，主管中国核工业的建设和发展工作。这批留苏生基本上都分在二机部的有关单位。

听说分配方案是周恩来总理亲自批的，杜祥琬受到极大的鼓舞和鞭策，也感到党和祖国对自己的期望。在那一天的日记中，杜祥琬写道：

> 我们是在大好的国内外形势下，也是尖锐的国内外阶级斗争形势下走上工作岗位的，任务光荣而艰巨。党要求我们挑担子，出成果，这里有革命、建设两副担子，要用

两个肩膀挑起来,要赶世界的先进水平,为祖国和世界革命人民争气……

留苏之前,在俄语学院的留苏预备班学了一年,北大学了两年,后来去苏联又重新学,某种程度上说,这批留苏生被"耽误"了几年。考虑到这个情况,国家相关部门发文,按照五年制毕业,这批人参加工作的时间定为1961年,那个时候要算工龄,相当于把工龄给补上了,按研究生待遇算。

因为专业不同,进入二机部的这批留苏生分到了不同的所,有搞实验的,有搞计算机的,还有一些分在核仪器厂,有的分在搞核材料的单位,有的分在搞加速器的单位。这批同学后来组成了欧美留学会留苏分会的莫斯科工程物理学院中国同学会,并多次聚会。

杜祥琬和几名同学分配在二机部第九研究院,大家习惯称"九院"。杜祥琬进的是1964年刚刚成立的理论研究部,主任是日后大名鼎鼎的"两弹一星"元勋邓稼先,第一副主任是周光召,还有于敏、黄祖洽、周毓麟等多位副主任。3月10日,在二机部报到那天,二机部部长刘杰亲自给他们讲话。到理论部,院党委书记、支部书记和党小组长都来看望新员工,并提出了殷切期望。

刚一报到,研究室的领导就给了杜祥琬一本参考书,是格拉斯登的《中子输运理论》,杜祥琬这时才恍然大悟,原来自己的工作是搞核武器研究。原子弹是核裂变,要靠中子轰击原子核,从这个意义上来说,中子是核能的钥匙,研究中子的重要性不言而喻。杜祥琬心头涌起一股庄严的情绪，他忽然感觉，作为一个普通人，自己的命运已经和国家发展、民族振兴紧紧联系在了一起。

九院前身是二机部九局，原西藏军区副司令兼参谋长李觉少将是第一任局长，因为核工业涉及国防，主抓核工业研究的国务院副总理聂荣臻又是戎马出身，和部队有着千丝万缕的联系，杜祥琬所在的九所，有浓厚的部队文化，而且非常讲政治。作为年轻人，杜祥琬很喜欢这种有一说一、干脆利落的文化。部门好多同事都是二三十岁的年轻人，但已经有工作经验，都是"老战士"，杜祥琬虚心向他们学习。不久后，杜祥琬又被选为研究室的团支部书记，感觉肩上的担子更重了。他觉得，自己应该勇敢地挑起来，依靠党、依靠群众把工作做好。

2002年看望李觉老院长（右）

当时的九院刚刚于1964年组建完毕，是在原核武器局（九局）与核武器研究所（九所）基础上合并组建的，公开的有理论部、实验部、设计部、生产部四大部，在杜祥琬报到前，其他几个部已经搬到青海，只有理论部留在北京，因为理论部需要计算机。后来，随着发展，理论部变成理论研究所，大家喜欢称为"九所"，当然这是后话了。

按照当时的说法，搞核武器，理论是龙头，理论设计做不出来，后面就无从加工，实验就没法做，生产就跟不上。杜祥琬被分到了龙头。二机部刘杰部长曾经提过一个说法，造氢弹就要抓"龙头的三次方"。因为搞氢弹、核武器的龙头在二机部，二机部的龙头又在九院，九院的龙头在理论部。

杜祥琬被分配到了理论部一室，也就是搞核武器的设计，当时已经开始突破氢弹原理。

这是有时代大背景的，原子弹爆炸后，法国也在抓紧研究氢弹，氢弹原理的研究已成为当务之急。1962年12月，周恩来总理领导制订出1963—1972年科技发展规划，部署了氢弹的研究试验工作，我国第一颗氢弹的代号叫作639。周恩来总理清楚由原子弹到氢弹的飞跃，关键是理论上的突破。他指示二机部要把氢弹的理论研究放在首要位置上，并注意处理好理论和技术、研制和实验的关系。

1964年5月、1965年1月，毛泽东在听取国家计委关于第三个五年计划和长远规划设想的汇报时，曾两次谈到核武器发展问题："原子弹要有，氢弹也要快。"

其实，早在1960年，钱三强就受二机部党组的委托，在科学院原子能研究所组织了以黄祖洽、于敏为首的研究小组，开始做热核材料性能和热核反应机理的探索性研究，为氢弹研制做了重要的理论准备。原子弹成功爆炸之后，二机部决定将原子能研究所原班人马调到九院，两支队伍合二为一，集中合力，共同攻克理论难关。

1964年10月，原子弹首次试验成功后，周总理询问二机部部长刘杰，"氢弹研制能否加快一些？"并要求二机部就核武器发展做出全面规划。周恩来代表党中央和国务院下达任务：把氢弹的理论研究放在首位。此时，九院开始抽出部分理论研究人员全面开展氢弹的研究。理论部主任邓稼先，副主任周光召、黄祖洽、于敏、周毓麟等科学家带领着一批热情洋溢的年轻人，开始了探路者的艰难历程。

杜祥琬来到一室，第一件事就是做情报调研。研究人员讨论认为，在当时核国家的学术技术报道中，总会出现某些讨论和炫耀的文章，哪怕是侧面点点滴滴的报道，对研究氢弹都会有所启发。于是安排人对国际上有关的论文、杂志、学术报道等刊物进行全面搜索。杜祥琬被派到新华社，翻阅苏联的《真理报》等报纸杂志，寻找关于氢弹的蛛丝马迹。因为当时美国、苏联都已经研制氢弹成功，但是中国一点信息都没有。

氢弹靠的是核聚变，核聚变要有燃料引爆，高温高压才能形成。这就是氢弹的基本原理。如何创造这样的条件？当时的理论家和实验家都不得而知,找不到突破点。所以,理论部分出人,专门去研究美国和苏联的报纸杂志,试图从中受到些启发,但是能找到的有用信息几乎为零。

比如当时赫鲁晓夫曾经公开说,要弄一个六千万吨TNT当量的超大氢弹,杜祥琬就被领导委派,看看这句话的背后有没有什么具体的内容,研究了半天,结论认为,这就是一句空话,虽然真的有这回事。

事后证明,想从美国和苏联的报刊资料里找到有用的信息是不可能的,苏联和美国的保密工作做得很好。

稚嫩热情的"四清干部"

刚刚在理论部工作了五个月,杜祥琬就被派到了河南,参加四清运动。

四清运动,简称"四清",是1962年底在中国农村逐步推开的一场政治运动,意图"反修防修",防止演变。所谓"四清",最初是"清工分,清账目,清财物,清仓库",后来扩大为"大四清",即"清政治,清经济,清组织,清思想"。农村的"四清运动",与城市的"三反""五反"运动,合称"社会主义教育运动",当时大家都习惯称之为"社教"。

虽然事后证明这场运动没有收到好效果,但是当时大家怀着一腔热血,觉得这是一项有益的运动。在研究所里,能当工作队员参加"四清运动"是一种光荣。作为团支部书记的杜祥琬当然不甘落后，他积极申请，最终得到批准。院里的团总支部书记是一位女同志，由她带队，杜祥琬和九院的其他九位同志到河南省洛阳专区的灵宝县（今灵宝市，余同）参加"四清"，杜祥琬把这当作锻炼的宝贵机会。

1965年8月，坐了30小时的火车，杜祥琬到达灵宝县。灵宝历史悠久，山清水秀。春秋时期著名思想家老子出关处，就在灵宝境内，因此灵宝号称"道家之源"，也是著名的观光胜地，当地的枣、苹果和黄金很有名。

到了灵宝之后，九院的干部，会同其他县一些干部、公社社长，一块混编成"四清"工作组。在灵宝县委招待所集训了一段时间，然后就分到各大队的各生产队。由于工作需要，在分配之前，联合工作组曾经到史村大队进行分组学习，听地方的同志讲体会，杜祥琬感到地方干部很能干，自己很受启发。

公社下面有大队，大队下面是生产队。杜祥琬一行分到的武家山大队属于山区，从山底往上头划分，有八个生产队。杜祥琬和另外一名女同志作为一个工作小组，分到位置最高的第八生产队。那名女同志只有19岁，中专毕业，之前在开封做农艺师，因为杜祥琬年龄大，又是党员，工作组就由杜祥琬主导。

进到生产队，首先要解决吃住的问题，当时称为"三同"：同吃、同住、同劳动。生产队长接待了这两位"上头"来的"四清干部"，把杜祥琬安排到一个会计家，条件当然比较好，那位19岁的女农艺师安排到了副队长家，而且是在一个院里。

杜祥琬觉得不合适，自己应该住在最贫困的农户家里才对。当地人住的是窑洞，条件好的人家，窑洞有很漂亮的门，设施当然要好很多，但经济条件不好的人家，窑洞就比较简陋，很多都没门。杜祥琬在队里转了一圈，发现了一个"窑洞没有门"的五保户。于是队长找到贫代会，让杜祥琬搬到了这个五保户的窑洞里。

五保户是位年龄接近80岁的老头，少言寡语，曾经给地主做过40年的长工。他的家里只有一张床，找处空地放一块门板，就成了杜祥琬的床。窑洞里很干燥，堆着柴火，到处是跳蚤，好在他年轻，晚上照样睡得着。当天下午，杜祥琬就跟一帮小伙子用架子车送粪，曾经熟悉的农村生活又开始了。

除了跟贫下中农同劳动外，根据上级指示，杜祥琬和女农艺师一起，组织开座谈会、查账、开批判会，按照"四清"的内容，清政治、清经济、清组织、清思想，晚上还要找人开会，讲"四清"的意义。因为第八生产队在山顶上，非常缺水，杜祥琬还试图为村子修个小水库。杜祥琬认为"四清"对农村有好处，所以热情高涨。

农村的生活很艰苦。当时缺粮食，本地人的主食是柿饼糊上玉米面蒸成的一种食品，味道不好，而且天天吃，难以下咽。有一次到县里去办事，杜祥琬买了一个白面馒头，咬一口下去，面食的香味令他难忘。那半年之中，杜祥琬在各家吃派饭，其中在一个上中农家吃过韭菜花，味道很棒，也是难忘的味蕾记忆。其他家连盐都没有，就是吃点辣椒，杜祥琬真正了解了农村的艰苦。

工作到最后，要清理生产队的领导，经过调查，工作队认为当时的生产队队长是个"四不清"干部，懂生产，有领导能力，但是有点"不太正经"。杜祥琬他们的工作队觉得应该换掉这样的干部。于是他们主持了一场民主干部表决选举，给生产队的每个队员发一张小纸片，盖上杜祥琬的章当作选票，大家来投票。杜祥琬已经在心里"钦定"了一位老实巴交的农民，但是发现村里农民不吃这一套，农民讲的是生活质量的提高，对别的缺点其实不太计较。最后选举的结果，还是原来的队长当选。杜祥琬宣布选举作废，重新选举，知趣的队员们最终选了那位农民。现在想起来，杜祥琬觉得当时真是太荒谬了，自己内定了人，还美其名曰民主。

"我们这些工作队的人一拍屁股走了，对人家负责吗？！心里很愧疚啊！"他说。包括当时的一些别的做法，杜祥琬回想起来，也觉得存在很大的问题。

当时的一项工作是清经济查账目，他们哪懂账本？两位年轻人就用仅存的一点常识查账，两眼一抹黑，最后还真查出了一点小问题。是一笔35元的苹果采购，账目有些不清。当时已经到了1966年1月，根据二机部指示，杜祥琬不再参加下一期的"四清"，春节后要回部里工作。年轻气盛的杜祥琬较真，坚持要把这件事处理完，天天找生产队的负责人调查情况，结果被领导狠狠批评了一顿。领导的意思是，你都要走了，把这事结束就完了。杜祥琬觉得自己不被理解，还为此哭了鼻子。

认准道理，来不得马虎，也许这是杜祥琬作为科技工作者特有的性格，因为在科研中，失之毫厘便会差之千里。但以此搞"四清"在当时却遇到了"阻力"。

杜祥琬在灵宝农村待了半年。1月12日，"四清"工作组给九院的几位同志开了鉴定会。杜祥琬谈了体会，特别提到了自己的缺点。讨论会上，大部分人说的是杜祥琬的优点，只有一位姓宋的同志给每人提了一条希望，对杜祥琬的希望是，在工作中要注意方法，灵活些。

工作组组长给杜祥琬写的评语是：

> 杜祥琬同志在"四清"工作中，生活艰苦，劳动卖力，"三同"坚持好，工作积极，肯吃苦，希望今后继续发扬这些优良作风。

离村前，杜祥琬还帮社员干了活，扫院子，挑水，但没有告诉他们离村的时间。人都是有感情的，何况同吃同住同劳动，感情建立得更加深厚，彼此都觉得依依不舍。半夜里，杜祥琬和工作组的同志们起来，打点好行李，天不亮就离开了村子。走了很远还回首看村子，心里恋恋不舍。

通过半年的农村工作，杜祥琬对农村、贫下中农加深了认识，从主观世界的改造上来说，他自我批评，觉得自己知识很少，毛病很多。

"四清"结束后，杜祥琬从灵宝直接回到郑州过年，见到了家人，心里别提有多高兴。不过，几个月"劳其体形"的农村生活，确实把这个年轻人累坏了，回到家躺下就睡，一睡就是11个小时，梦里还是生产队的事。

1966年的春节，杜孟模的孩子们从天南海北赶回郑州团聚，杜家又是其乐融融。杜祥琬没有在家待多长时间，大年初三就赶回了北京。假期还有五天，他决定提前上班。

被派到青海221基地

回到北京不久，杜祥琬就被派往青海。他坐上西去的火车，到青海221基地报到。

杜祥琬等人被派往青海221基地，是要参与"含有热核材料的核试验"分析。要获取这些热核材料的数据，是不是点燃了？点燃到什么程度？燃烧到什么程度？跟理论预估是不是一样？通过物理的、化学的方法去测，测完以后去分析试验结果。

221基地是我国第一个核武器研制基地，九院的实验部、建设部和生产部等设在那里。还在原子弹和氢弹做理论准备的同时，远在青海金银滩草原，就是西部歌王王洛宾《在那遥远的地方》赞美的地方，一个名为221的基地已经开始建设，这是苏联专家帮助选定的地方，对外称青海省第五建筑工程公司。第一颗原子弹和第一颗氢弹都是从这里研制组装后运往试验基地罗布泊的。核研制基地于20世纪70年代迁往四川后，这里留下了一个展览馆和一些工号，被定名为"原子城"。

1966年5月9日，含有热核材料的原子弹，即加强型原子弹空爆试验获得成功，为氢弹理论研究提供了实测数据。但是正当杜祥琬他们做分析实验的时候，"文化大革命"爆发了。因为是党员，杜祥琬被从青海召回来，参加"文化大革命"。

当时是1966年7月，全社会包括九院，都在抓走资派，理论部也未能幸免，被抓了三个人，一个是党委书记，一个是政治部主任，还有一个，就是带队去参加"四清"的那位团总支部书记，一位姓裘的女同志。

批判他们，需要给他们安黑材料，针对那位姓裘的大姐，当时一起搞"四清"的一些人，生搬硬套地给她编了一些材料，通篇没有说出什么实质性的内容，无非就是城里人到农村一些不太适应的事。所党组织负责人要杜祥琬站出来，批判这位团总支部书记。

这对杜祥琬来说可是大难题，因为参加"四清"的时候，他跟这位书记不在一个生产队，对于编的那些材料，他也全都不了解。杜祥琬想推开这个差事，说自己不了解情况。单位领导说，给你准备好发言材料，你念就行了。

为什么一定要杜祥琬去批判呢？因为他是党员，又是技术骨干，说话有分量。领导还对他说，这是党组织对你的要求和考验，要划清界限。杜祥琬就这样，非常不情愿地干了一件违心的事。他拿着稿子念那些批判团总支部书记的话，都是一些鸡毛蒜皮的破事，念完之后自己感觉非常恶心。

批判完，这三个人就算被打倒了，被安排劳动改造，在院里拔草。昔日的领导、大姐,一夜之间成了被批判的对象,落到在院子拔草的境地,作为被动参与的批判者,杜祥琬感觉非常有愧。团总支部书记和杜祥琬住在一个小区,都生活在塔院,她的丈夫是九院试验部的一位领导。几年之后,这位团总支书记被平反了,杜祥琬特地登门向她道歉。可敬的大姐告诉杜祥琬,她非常理解杜祥琬,而且也听得出来他"是在念稿子"。

在这场运动中,因为党员的身份,杜祥琬被当成了工具,被迫参与了好几次批判。所里有个同事说了一句"希特勒是流氓无产者",不知道被谁揭发了。因为这么一句议论,他被批判,工宣队派了某厂的一个工人到九院管他们研究室,说希特勒怎么能是无产者,这个说法要批判。让杜祥琬跟他谈话。

杜祥琬又得硬着头皮上,在谈话中,作为一个严谨的科学工作者,他试图找到批判的逻辑,指出那位同事以流氓无产者这种说法概括希特勒,有点不准确。批判内容汇报上去之后,上面反映说杜祥琬太温和,斗争性不强——这个帽子从北大开反右批斗会的时候杜祥琬就被戴过。这种种说辞,其实就是要逼着杜祥琬对同事上纲上线。

这种上纲上线在后来越来越严重,波及的人越来越多,严重影响了氢弹试验。因为总是在大气层做试验影响环境,国家核试验转到地下。第一次地下核试验是在1969年,是平洞试验,在山里面挖一个很深的平洞,把装置放在里面,安排好测试的项目,通过放入电缆传递信号。安排好以后把洞口封闭,保证爆炸物不外泄。做这种实验,从外面只能看到做平洞试验的山

在核试验场

头动一下,基本上没东西出来,安全性比较高。

第一次平洞试验,准备在洞里放置核装置之前,探测器一进去就开始响,大家都很疑惑。王淦昌毕业于清华大学物理系,做论文时对氡气有所了解,他推测可能是山里面有氡气。氡是有放射性的,对人体有害。大家测了一下,证实了王淦昌的推测。王淦昌就向军管提了一个建议,建议减少在洞内的工作时间,尽可能在洞外把准备工作做好。这是一个很有建设性的意见。结果军管一听,立刻给62岁的老先生扣了两顶帽子:活命哲学、蛊惑人心。王淦昌很委屈,但是顾全大局,还得接着干,一大把年纪照样进洞。当时针对知识分子罗织罪名,可谓信手拈来、随心所欲、无法无天。

第四章

突破氢弹

多么热烈的学术气氛啊

仿佛一夜之间,九院就被大字报贴满了。理论部大楼的灰色砖墙上、走廊里,糊着密密麻麻的大字报,每一张大字报都足以把一个人打入惨痛的命运深渊,甚至剥夺生命。

年轻的杜祥琬刚刚参加工作,除去半年在灵宝的"四清"运动,他在九院上班满打满算不到一年,理论部的工作多么热火朝天!在这里,年轻人也能畅所欲言、大鸣大放,火热的激情才刚刚点燃。

为突破氢弹原理,首先需要对热核材料的性质做研究,于是,部里经讨论决定,做一次"含热核材料的核试验"。当时,于敏、黄祖洽是杜祥琬的直接领导。杜祥琬还记得，1966年初去青海做热核材料试验分析，结果都测出来了，需要分析跟理论的差距，进一步讨论如何处理这些差距，以及如何进一步创造条件，让热核材料充分燃烧，涉及原理问题。为了解决这些问题，理论部开了多次"鸣放会"。

没有人见过氢弹，没有人参与过，没有人有经验，这是一条尚无人走过的路，需要自己去摸索，去验证，去调整。理论部搞的"鸣放会"，大鸣大放，其实就是学术民主，让每个人贡献自己的想法，然后大家一起讨论。大鸣大放借用了之前整风运动时提的政治语汇，用现在的说法，这叫"头脑风暴"。

理论部的报告厅里，最前面是块黑板，部主任主持，台下二十几岁的、三十几岁的和四五十岁的科研工作者们，谁有想法就上台在黑板上写出来，如果能做点计算就做点初步的演算。没有权威，没有谁受限制，大家公开讨论，现场论证。温度行不行？压力够不够？一个个模型、原理被否定了，又重新提出来，年轻人边讨论边运算验证。最后归纳出来几个模型再去计算机上验证。于敏提出，要抓紧时间在计算机上模拟计算几个新的模型。验证再验证，中国的氢弹理论就是在这种切磋当中逐步完善、逐渐形成的。

但是当时北京没有能够胜任这一计算任务的计算机。科学院上海华东计算机研究所有国内先进的J501和X-2电子计算机，于是，1965年9月，经上级批准，于敏带着一批年轻人，风风火火赶到上海。

在上海，经过几个月的奋战，于敏小组发现了热核材料自持燃烧的关键，解决了氢弹原理方案，这是氢弹原理最重要的课题。于敏当时在电话里高兴地对邓稼先说："我们终于牵住牛鼻子了。"

经过九院专家研究，确定了这套原子弹引爆氢弹的原理切实可行。作为一个科学试验的步骤，需要先进行氢弹原理试验，也就是减当量试验，验证理论的准确性。

20世纪80年代，国家开始有奖励制度，氢弹原理突破被授予自然科学一等奖，这是当时的最高褒奖。老科学家彭桓武是当时主管理论的副院长，成为这个奖项的第一获奖人。但是彭桓武表示自己不愿意领这个奖，他说，这个是大伙干的事，我不该领这个奖。

老一辈科学家的业务水平，他们的胸怀和境界，激励和感染了杜祥琬这样的年轻人。

到现在，杜祥琬还怀念那种自由的学术气氛。在几位科学大家的领导下，当时的学术气氛是多么浓厚，大家的热情是多么高涨啊。现在的九院，还保留着开"鸣放会"的那一栋楼，会议室非常简单，前面是一块黑板，下面是一张课桌，但是做出的工作却是卓著的、富有成效的。

当时的计算机不像现在这样，可以显示各种数据，每个时刻、每一个空间点，一层层的材料都随着时间在变化，材料质量、温度、密度、压力、速度、加速度等，这些物理量每隔一个时间都会打出一张纸来，各种空间点、各种物理量，下一个时刻量的变化，看这些变化，就可以看出来它是不是按照理论部理解的规律在变。

计算机用的加法器就在很多大柜子中，里面是各种晶体管。当时中国最先进的计算机就是这么笨重的家伙。杜祥琬记得，当时的副主任于敏非常善于排查问题。有一次，于敏非常及时地发现了一个物理量反常。

一个错误的量出来之后，先看方程式对不对，方程式和参数核对无误之后，还要看看是不是按照这个方程编的计算机程序软件，一步一步验证程序无误。为什么会出现这个错误？这些程序算法输入计算机，最终都要变成计算机里面的加减法，这一步计算在计算机里面是怎么实现的？要一直追到执行加法运算器。一查，原来是一个加法器坏了，加法器一换好，再一算，物理量马上就正常了。就是这样，经过大量繁复的计算，最后大家归纳的几个可能的原理中某一个原理成功了。

这是一层窗户纸，但是要找到它却难上加难。后来，杜祥琬参与过很多次中美苏交流，发现彼此都走过这些路，只需要说几句话，彼此就能明白，大家理解的原理是一样的。

"那个时候称呼都不像现在这样，开口就是什么所长、主任，当时不论水平高低、也不论级别高低，都是老小相称，我称呼邓稼先就是老邓。"杜祥琬说，"当时的第一副主任周光召，后来当了中国科学院副院长、院长，全国人大常委会副委员长，中国科协主席，外人都周院长、周副委员长、周主席地叫着，我觉得别扭，到现在都叫他老周。"

与周光召（右）在一起

是的，那是一种氛围、是一种亲切，"老周"两个字里，有一种共克难关结下的特殊情感，也许被称呼着"老周"的周光召，也会感到一种别样的亲切。20世纪60年代那段光辉岁月，是多么美好的学术时期啊。

可是一场"文革"，这一切都变了。

周光召成了"推行刘少奇资产阶级路线的代表"，家被抄了三次，他深夜回家，看到自己的论文手稿遍地，一片狼藉。于敏被批斗了，钱三强被批斗了，王淦昌被批斗了，刘杰部长被批斗了，组织领导"两弹一星"大协作的张爱萍将军被关押了，居然一关就是四年。邓稼先的爱人，成了"彭真、刘仁黑帮分子"，没多久，他最爱的三姐被打成了特务，在家里煤气中毒去世了，听到消息的邓稼先，忍不住在办公室里哭了起来……

没多久，杜祥琬家也出了问题，他的父亲被打倒了。

那是在1967年底，当时杜祥琬已经结婚了，爱人毛剑琴是杜祥琬北京大学同系的师妹，本来正在读北京航空航天大学的研究生，但是因为"文革"中断学业，分配到九院工作。有一天下班，毛剑琴在海淀镇（今海淀区）一根电线杆上，看到了批判公公杜孟模的大字报。杜孟模一直在河南工作，大字报从河南贴到了北京，情况非同小可。毛剑琴想马上告诉丈夫，又怕丈夫知道后太受刺激，左思右想，回到家后，她采用一种故作轻松的方式把这个消息告诉了杜祥琬。

虽然妻子声音不大，也没有显出神色惶恐，但那轻轻的几个字传到耳朵，却不啻雷霆万钧。杜祥琬当然知道其中的分量，他当时一下就惊了，脑袋"嗡"的一声，不管三七二十一跑到妻子提示的地点，发现电线杆上，他亲爱的父亲杜孟模的头像上打着一个大大的叉，走资派！

那是河南省二七公社贴的大字报，二七公社是在河南作恶多端的一个极左造反派组织，而且势力很强，批判"刘少奇叛徒集团"就是他们干的。杜孟模被打倒也是他们干的。

当时人人都要斗私批修，按照规定，家里人被批斗了，马上要向组织汇报，汇报完就要划清界限，进行自我批判与接受别人批判。杜祥琬还记得，当时有同事问他：你划得清界限吗？心里难受，但他嘴上还要说"划得清"。

氢弹原理试验

批判归批判，工作还要接着干。

含有热核材料的核试验成功之后，1966年下半年，氢弹事业的千军万马都在为氢弹原理试验而忙碌。杜祥琬所在的承担热测试计算分析的102组和105组的大部分同志，几个月来在上海赶算氢弹原理试验的理论预估数据。12月中旬，上海的科研人员突然接到理论部领导的紧急通知，命令102组的三名科研骨干尽快赶回北京准备执行任务。杜祥琬和同事陈侠先、姜树权仓促整理了已经算完但还未来得及分析的纸带、图表，就匆匆忙忙上了火车，唯恐晚一天误事。

车至安徽宿县就停了，停了几个小时还不开车，心急如焚的杜祥琬与同事以及许多乘客都纷纷到车站值班室催促，一个身穿大衣，头戴翻皮帽的造反派头头，对来人摆出一副凶神恶煞的架势，蛮不讲理地回答，"不能以生产压革命！"就这样，在宿县一站，耽误了宝贵的三天时间。

试验装置的理论设计方案提交给设计制造部门的时候，已经是1966年10月中旬了，氢弹实验装置结构复杂，部件都要定制，制造的技术难度很大，设计制造部门紧密配合，边设计边制造，平行作业，只花了两个多月的时间，试验装置的设计加工就完成了。12月11日，周恩来主持中央专委会议，原则上同意，氢弹原理试验在2月底或者1月初进行。

回到北京，邓稼先简要地交代了任务。当时时间非常紧，杜祥琬一行三人要立刻赶往新疆，去氢弹原理实验现场交数据，正巧赶上朱光亚坐专机飞往新疆，三人搭上了朱光亚的专机。飞机在酒泉稍作停留，便飞到了新疆马兰核试验场。当时杜祥琬在有十几个人的102组担任副组长，但是大家气氛很民主，在酒泉20基地停留的时候，三个人去食堂吃饭，食堂为他们准备了饺子，问还要不要，杜祥琬说，够了吧。另外两个人瞪他一眼：你够了，我们还不够呢。

三人跟随大部队102组的同事们乘车进试验区，路面崎岖不平，大家称这种路面为"搓板地"。车子颠得厉害，车门关不上，冷空气灌进来，虽然身穿皮帽、皮靴、棉大衣，不一会身上就冻透了。一路上颠簸着、哆嗦着到了基地试验区。

那是试验准备阶段，理论部的一些领导，周光召、于敏两位副主任坐镇，大家住一个帆布帐篷，地上是木板，打地铺，在帐篷里面做最后的数据核实验算，拿着计算机再一次检查。上面领导马上要开会，一起讨论试验的准备工作，理论部要在会上报告数据，跟搞试验的部门做好对接。

一到基地，就参加讨论测试方案的会。在这次会上发生了一件事，杜祥琬至今记忆犹新。

当时，测试的同事要102组报"出壳 γ 的能量——时间联合谱"理论数据。杜祥琬从箱子里取出 X-2 机的电火花打印纸带——一种老式打印纸，一摸两手黑、闻着有臭味——口头报出了数据，紧张得出了一头汗。散会后却发现，仓促之间自己看错了打印量位置。午饭前，他赶忙去找到负责测试的吕敏，及时修正了错误。

在基地第一次报出的数据就出了差错,杜祥琬终生难忘!此后常常想起这件事,督促他以更加严格的标准来要求自己,这件事使杜祥琬受益匪浅。

"我们的事业是动真格的,来不得半点马虎。"他说。

新疆马兰基地有正规的砖瓦房,但是进了试验场就没有了,只有战士们冒着大风临时搭建的帐篷。帐篷里生一个煤炉子,放着三张双层床。12月底的新疆,气温零下几十摄氏度,半夜火炉灭了,帐篷里冷得要命,脑袋一伸出被窝,就会感到刺骨的寒冷,但是谁也没勇气去把炉子生着,因为实在是太冷了。试验场生活条件极其艰苦,当地有一条河,名字很美,叫孔雀河,但是河水喝了就拉肚子。

白天,杜祥琬和同事们去测试工号。工号一个个像地堡一样,测试的科研工作者在一丝不苟地安放记录仪器、准直管道、屏蔽设备……他们干了科研又当工人,既是脑力劳动者又是体力劳动者。为了一次测试,要准备几个月甚至几年的时间。杜祥琬还参观了总装车间,又登上了110米高的试验铁塔,在塔顶可以感受到明显的晃动。在上面可以俯瞰场区全景,看到四周布设的各种效应物、厂房等设施,场景颇为壮观。杜祥琬又想到了杜鹏程那部小说扉页上的话:没有那千千万万在任何岗位上都兢兢业业忘我劳动的人,就没有我们的事业!

试验临近,准备工作在紧张进行着。这次试验是验证理论部设定的理论模型。杜祥琬记得,最后的理论预估数据是在作业队的帐篷里，用计算尺和手算进一步推敲定出来的。几个人坐在铺上，陈侠先执笔，杜祥琬和姜树权帮忙，遇到问题和困难，有老周（周光召）、老于（于敏）在现场解决和把关，理论预估给出测点的高能中子和 γ 射线的通量。

12月28日，试验打响了。先是一个圆圆的大火球，然后蘑菇云翻滚着冲上云霄，戈壁上响起巨大的轰鸣声。看到蘑菇云，于敏就感觉爆炸当量应该不错。但确切的判定还要看物理与放化测量的结果。γ 射线怎么样？高能中子怎样？大家急切地等待着速报。杜祥琬和同事们跑去找实验部负责高能中子测量的唐孝威和负责总 γ 测量的吕敏。

刚一爆炸就要看速报项目，也就是粗测，迅速判断是否成功，那个数据都是光速的，只要看看测到的 γ 射线的图像是否具有氢弹的显著特征，高能中子和总 γ 的数据是不是落在了理论预估的范围内，至于详细的数据是多少，爆炸当量的大小，成功到什么程度，要有很多物理和化学量的分析，那是之后的细活了。经过紧张的数据处理，唐孝威、吕敏他们给出的实测数据显示，速报测试结果在理论部预估范围内，氢弹爆炸的特征非常清楚，试验成功了！杜祥琬说，当时大家的快乐心情真是难以形容。

当晚，中央人民广播电台播出了周总理审定的《公报》，宣布我国成功进行了一次"新的核试验"。

"新的核试验"，这个措辞当时也是斟酌再斟酌。公告的措辞是朱光亚来写，送交国务院去发的。这个公告怎么发，也很有讲究。因为当时是减当量试验,来年要做氢弹全当量试验,所以翻来覆去,朱光亚最后给出了这么一个说法,实际上是中国掌握氢弹的标志。

氢弹爆炸成功的当晚,基地开了酒会。大家开怀畅饮,一醉方休,就连一向不喜欢应酬的邓稼先也喝醉了。第二天,在全员大会上,红光满面的聂帅在会上讲话。

在北京,当晚,周恩来把刘杰、刘西尧召到西花厅,听取汇报,还特别准备了晚餐和酒,庆祝试验成功。二机部的造反派跑到了中南海西北门外,扬言打倒刘杰和刘西尧。周恩来知道后,说出了毛泽东诗词中的两句"不管风吹浪打,胜似闲庭信步",他举起酒杯风趣地说:"今夜得宽余,喝酒吧。"

1967年的新年,杜祥琬是在基地过的,1967年伊始,领导在现场召集负责实验和理论工作的同志,就下一步氢弹试验和进一步的研制工作交换了意见。当时,"文革"愈演愈烈,杜祥琬回北京的时候,在小型军用飞机上,听到副院长郭英会低声对另外一位领导说:陶铸也倒了。

陶铸当时是中央政治局常委,中宣部部长,中央书记处书记,这样的高层领导人都被打倒了,面对"文革"的汹涌大潮,大家都有些茫然。杜祥琬记得,当时大家都面面相觑,也不敢说什么。他那时还年轻,当然更不敢说了,但是却感受到了那种压抑的气氛,和人人心中对未来巨大的不确定感。

"北京是什么样的局面呢?"一直在上海、新疆、青海奔波的杜祥琬,被陶铸的消息拉回了现实。飞机正飞越祁连山脉,机窗外,层层叠叠的山峰清晰可见,不稳定的气流令军用飞机大起大落。氢弹爆炸的喜悦也因为"文革"的种种消息冲淡了,变成了隐隐的担忧。杜祥琬觉得,中国的形势就像坐着的这架飞机一样起落不定。他在心里为自己鼓劲:我们的事业,是全中国人民的利益之所在,不管怎样,它还是要前进的。

聂荣臻说:三百万吨,够了

1967年,"文革"轰轰烈烈席卷了北京。九院的同事们几乎没有幸免的,留美的就是美式特务,留苏的就是苏式特务,杜祥琬自然成了苏式特务,家也被抄了。

北京还好,基本上也就是抄抄家,没有皮肉之苦,没有性命之虞。青海那边就不一样了,军管派了两个将军级的人负责监管,生产部、实验部、设计部的同事们,遭遇到各种荒谬的揭发,栽赃陷害到了令人发指的地步。后来发展到全厂开大会揪出反革命分子,实在找不到罪证,就说是要偷原子弹,这个罪行要处以极刑。

那时的原子弹多大啊,两个人都抱不动,怎么偷?偷了又有什么用?军管们可不管这种罪行在逻辑上是否成立,揭发不出别的罪行,就拿这个最大的罪行扣,一旦定罪,当场枪毙。科研人员接受不了这种栽赃和侮辱,一位管测量的很有才华的科研人员愤然离开了。

在这种恐怖环境之下,人性被扭曲,为了自保,即使没有罪行，也要编出来去揭发，最起码不会被枪毙。有人开始编造非常离奇的故事，要揭发特务集团、反革命集团，声称自己所在的部门，广州某单位和某人，实际上是一个特务网，一直在窃取情报。军管听了大为振奋，这么严重的事情，要写材料报告中央，周恩来就亲自处理，指示说这么重要的事，不要随便动人，保护信息来源。这些人就死不了了。接下来要调查这些事涉及多少人，需要全国各地到处跑，到最后也调查不清楚，但是却为科研人员赢得了生命。最后运动结束了，这些人也平反了，军管的"二赵"被批判清算了。

"文革"开始不久就打倒了许多人，包括一直主抓原子弹，张罗全局技术的钱三强。一天晚上，杜祥琬和爱人骑车回家，俩人在路上聊起来，觉得"文革"这个事，肯定有后遗症。

其实当时大家都有一个很朴素的直觉，这场运动把什么都搞乱、把什么都打倒，是不合理的，人们开始怀疑这场运动的结果。造反派到处乱搞，红卫兵乱打人，杜祥琬爱人毛剑琴曾经就读的中学，校长活活被打死了。后来，杜祥琬才知道，自己的父母在家里也被人用铁丝打。

"1967年就开始有这种感觉，当然跟我家庭背景有关系，我父亲当时被关牛棚了，这些人都是一辈子想国家好啊，怎么会是走资派？"杜祥琬说。

九院的同事们白天闹革命，晚上抓生产，还没有停工，杜祥琬的领导和同事们还在坚持做核试验，晚上加班加点地上计算机做计算。

氢弹原理试验成功后不久,就有了法国人在加紧准备氢弹试验的消息。"一定要赶在法国人前面进行氢弹全当量实验",很快成了核武器研制队伍上下的共识。全员马不停蹄,紧张工作了半年。理论部自然是加班加点,全力以赴。

1967年6月17日8时,聂荣臻元帅坐镇现场,周恩来在西花厅远程指示,中国第一枚全当量氢弹在罗布泊爆炸了。氢弹爆炸发出的光芒令太阳失色,亮彻宇宙的白光令人炫目,天上好像出现了两个太阳,接着就是悠悠旋转上升的云团,渐渐变成蘑菇的形状。

躲在掩蔽壕的人们跳出来欢呼,声浪经久不息。试验基地所长程开甲拿着一叠资料跑到聂帅面前报告,核爆炸的威力大概在300万吨TNT当量,肯定是氢弹爆炸。聂荣臻兴奋地对核试验基地司令员张蕴钰说,300万吨!够了!够了!他拿起电话,向周恩来总理报告了好消息。周恩来总理激动地说:"我代表毛主席、党中央、国务院,向参加氢弹试验的全体同志表示热烈祝贺!"

从原子弹到氢弹,美国用了七年零四个月,苏联用了四年,英国用了四年零七个月,而综合国力尚属落后的中国,仅用了两年零八个月,就赶在法国人前头爆炸了氢弹,成为继美、苏、英之后世界上第四个拥有氢弹的核国家,速度之快让许多国家认为是个奇迹。

氢弹原理试验成功是1966年12月,但是按照国家当时要求,做氢弹正式爆炸的时候才算是成功。如此说起来,中国氢弹全当量爆炸的时间是1967年6月17日，按照这个时间，中国是在原子弹爆炸成功之后两年零八个月爆炸了氢弹。后来，朱光亚在编写《百科全书》军事卷的时候，负责写核武器条目的领条，杜祥琬写其中的核试验条目。当时朱光亚主张把1966年12月28日的氢弹原理实验作为中国掌握氢弹的标志。按这个时间点，我国从原子弹到氢弹只用了两年两个月，而按照氢弹全当量爆炸的时间，是1967年6月17日。

  法国为此受了很大的刺激，法国第一颗原子弹爆炸是在1960年2月，直到1967年中国氢弹爆炸，法国的氢弹技术还未过关。据说戴高乐把原子能总署的官员叫来，狂躁地拍桌子质问，为什么法国的氢弹迟迟不能成功，让中国人走在了前面。英国《星期日泰晤士报》评论说："这次爆炸肯定使毛泽东走在法国前面了。"

  爆炸当晚，周恩来就把关于氢弹爆炸的《新闻公报》初稿放在了毛泽东的案头。毛泽东略一沉思，把开头部分"伟大的导师、伟大的领袖、伟大的统帅、伟大的舵手"删掉，又略做了其他修改，就成了后来见报的《新闻公报》——

> 毛泽东主席早在1958年6月就指出：搞一点原子弹、氢弹，我看有十年工夫完全可能。
>
> ……我们向全国人民和全世界人民庄严宣布：毛主席的这一英明预言和伟大号召已经实现了，在两年八个月的时间内进行了五次核试验之后，今天，1967年6月17日，中

国的第一颗氢弹在中国西部地区上空爆炸成功了!
……

氢弹爆炸成功不久,毛泽东在一次谈话中说:"两年零八个月搞出氢弹,我们现在在世界上已是第四位。我们搞原子弹、导弹有很大成绩,这是赫鲁晓夫帮忙的结果,撤走专家,逼我们走自己的路,要发给他一个一吨重的勋章。"

第五章
风雨中的坚持——重振中子物理学研究室

辞官做学术

1971年9月13日,接班人林彪在蒙古温都尔汗机毁人亡。富有政治智慧的周恩来,利用这次事件,借助一次专委汇报会,给九院的科研工作者们翻了身,大家都觉得透了一口气。

当时中央主管核武器工作的领导机构是一个专门委员会,1971年11月专门委员会开会,听取关于三次核试验方案的汇报,汇报人是朱光亚,杜祥琬作为核试验理论设计的工作人员,也参加了在人大会堂四号厅举行的汇报会。

周恩来等人坐在第一排,第二排坐的是一些部委的领导,杜祥琬等坐在第三排。朱光亚正对着周恩来,看着地图汇报。当讲到杜祥琬参与的试验时，周恩来提了一个涉及实验的安全问题。朱光亚看了年轻的杜祥琬一眼，希望他来回答。杜祥琬立刻站起来，回答了周恩来的问题，周恩来满意地点了点头。

除了技术汇报以外，在这次专委会上，周恩来主要的时间就是批判九院的"二赵"。这两位姓赵的人，是被派到九院的高级军管，是"文革"期间九院最大的破坏者，对科研人员进行了非常残酷的迫害，在青海221厂搞白色恐怖，后果极其严重。在听取汇报之后，周恩来花了很大一部分时间过问这件事儿。大家都知道，他正是借着林彪事件的契机，通过这种方式解救九院。周恩来现场对二赵的做法进行了批评，并指示说，要尽快地肃清极左的流毒。九院的同事们静静地听着，心里感觉到了某种希望。这次会议以后，"文革"中对九院科研人员的迫害大大缓解了。

就是那一次，杜祥琬在北京人民大会堂吃了一次集体餐。

当会议完毕时，周总理说，我请大家吃饭。核工业的领导和科研人员一起，吃了一次大锅饭。多少桌杜祥琬记不清了，但是吃的饭菜还记得。每一桌都有一个铝盆大锅菜，还有一盘白兰瓜，大锅菜烩的是白菜、粉丝、豆腐，还有点肉，好吃极了。

周恩来这次谈话后，九院气氛为之一松，但是，"文革"仍未结束。整个九院，还是"白天闹革命，晚上抓生产"。"文革"已近六年，高校也停止了近六年，知识分子心冷了。

因为科研是硬任务，大家还在做着，但是心思大受影响，效率也可想而知。

1975年，杜祥琬已经在九院工作了十多年，当时正担任所规划组副组长，所长周光召提出让他当九院九所的副所长，杜祥琬不想当这个领导。因为当了领导，就意味着搞科研的时间大大减少。他还不想放弃自己喜爱的科研事业，为此，甚至还动员同事为他去向领导"说情"，表达自己留在一线工作的愿望。周光召最终还是同意了，但是又说了句"那也不能让你轻松"。周光召要杜祥琬重组中子物理学研究室，担任室主任。这是科研上的事，杜祥琬愉快地接下了任务。

中子物理学研究室，一是涉及核试验诊断理论，二是涉及中子学参数和计算方法。这几项工作，"文化大革命"之初，都被冲散了。1973年3月，党中央作出决定，恢复邓小平国务院副总理职务，邓小平复出便开始抓生产，人们看到了希望。当时"文革"还没结束，但是已经松动多了，所长周光召有政治嗅觉，觉得科研可以重新搞起来了，所以让杜祥琬挑担子。

中子物理的这摊工作受"文革"冲击，已经废弃多年，要重组研究室何其容易？当时大家的心都冷了，对于要干的事情都抱有观望和怀疑的态度，杜祥琬要带着大家把事情重新干起来，困难可想而知。

重组研究室，得先把人找齐。分几个组，划好技术方向、领域，让谁当组长，谁抓哪个方向。杜祥琬心里大概有一些人选之后，开始请贤，方式就是分别找人谈心。

1983年杜祥琬（前排左二）与中子物理学研究室部分科研人员

要化解"文革"对科研人员造成的伤害，其实并不容易。当时整个国家基本上乱成一团，大学停办，学术界氛围很差，知识分子都灰了心。九院的核武器工作因为是政治需求，还算勉为维持，很多科研单位根本不工作了。大学停招，就没有大学生了，已经在工作岗位上的人也不干活了，成了"逍遥派"，要么就是保守派、造反派两派斗。积极的都参与内斗，不愿意斗的就当逍遥派。很多人都被批判过，而且被闲置多年，心里憋着一股气。

这次要重振，是不是仅仅因为上面心血来潮？到底能不能真正搞起来？还会不会被打倒？大家都有疑问。杜祥琬针对这种情况，采用了一种工作方式，迅速获得了大家的支持。研究室的学术氛围一下子被激活了。

这种快速见效的工作方式就是做学术报告。

根据科室的分组，杜祥琬定了几个方向，提了一系列学术报告的题目，一一分配给各组骨干。张本爱是做基本参数的，刘成安是做群参数的，冯庭桂负责扦分方法，蒙特卡罗方法找的是黄正丰和杨国光，以及核试验诊断理论的沈隆钧、杜书华，他们分别担任组长，同时也代表了几个方向。杜祥琬跟他们商量，根据方向制定出题目，先做学术报告。

学术报告讲完之后，大家坐下来一起讨论，看看下面需要做什么，怎么把参数改得更好，怎么把计算方法改得更好，怎么把核试验诊断理论做得更好。学术报告持续了好几个月，一轮下来，带动了题目，形成了课题研究，组长们开始抓工作，工作就这样起步了。

学术报告对于大家的积极性和热情是一个提升。杜祥琬发现，学术报告的开展首先是一个大家恢复知识的过程，而每次报告之后的讨论，唤起了大家的热情，很多人重新感受到了自身的价值，冷却的心开始被激活，大家的积极性提高了。

而且，学术报告本身就是一种工作方式，一场学术报告结束之后，接下来的讨论让大家找到了研究方向，正好可以开展工作。这种工作开展的方式收到了奇效，所里非常满意。

杜祥琬知道，应用研究必须深深根植于基础研究的土壤。他深知基础和数据的重要性，在黄祖洽、于敏、胡济民等几位老科学家的支持下，1975年，核工业部原子能院牵头，成立了中国核数据中心，建立了由几十个研究单位和高校参加的工作网。核数据中心总部设在原子能院。杜祥琬担任中国核数据委员会的副主任，他和张本爱等人一起，做了大量数据的分析和理论工作。

在氢弹爆炸中，中子跟原子核的反应是很关键的，不管是裂变还是聚变产生的中子，它在里面的输运过程关系到反应的程度。中子物理研究的，就是中子跟介质材料的相互作用。能不能把它算准，这就叫作中子学计算的精确化研究。这是当时于敏给杜祥琬交代任务的具体要求，而且都有定量的要求。

这涉及两方面的工作。

一是物理参数，中子和原子核的反应，反应截面的大小是多少，它涉及爆炸的当量。无论是裂变出现的中子，还是核聚变出现的中子，这些中子在里面是如何运行的，和原子核碰撞的概率是多少，撞击力度如何，产生的结果如何，是有新的中子出来，还是释放能量？一句话，核物理参数，就是为了给出中子和原子核的相互作用，以便计算出中子的时间、空间、能量的三维分布。而且，随着时间变化，中子的数值也在变化。算准这个输运方程，才能够把核武器释放的能量算准。

二是计算方法，即中子学计算方法的精确化研究。通过中子学计算，通过解中子输运方程，进行中子学的精确化研究，让误差更少，数值更准确。当时有好几种计算方法，包括蒙特卡罗方法、扩散方法、SN方法等，多个小组同时参加研究。

新一代核武器的特点是小型化，要跟导弹相适应。中子学计算精确化研究，是要改进中子学的参数和计算方法，目的是解决新一代核武器的小型化问题。同时，需要改进核试验诊断理论，把核试验诊断的理论做系统的总结，然后再根据小型化的要求做改进研究。

核试验诊断到了小型化这个阶段，它的反应过程更加复杂，对诊断的要求更多。早期原子弹就是一个裂变，裂变后到底出来多少，威力有多大，只需要知道少量的几个数据，当时大家喜欢说"知道四个半数据"就差不多了。但是要做氢弹的小型化，这个反应过程很复杂，每一个过程时刻都在变化，很多细节都要掌握，而且每一个细节都得测出量来，然后诊断其变化的过程，以此判断和分析这个实际上的改变，跟理论上认识、预计的是不是一致，整个诊断理论细节繁多、过程复杂。

核试验诊断理论，是为了核试验用的，也是为了以试验结果校正理论设计用的，中子学精确化研究，是理论设计必需的工作，是为改进设计核武器而做的。杜祥琬带领的中子物理学研究室，主要工作大概分为这两大块。

核数据量非常大，既要有理论又要有实验。虽然国际上有一些公开的数据，但是中国要有自己的数据，才能够满足需要。中子物理学研究室分成六个组，有专门做核数据的，并依托核数据中心，发动全国的力量参与其中。当时核数据中心的主任是原子能院的蔡敦九，联合了二十几所高校和研究单位，从实验上和理论上做中子核反应，做出中国全套核数据，然后经过中子物理学研究室加工成为数据库，做成中子数据库。

九所杜祥琬领导的这个研究室，是需求提出方，向核数据中心提要求。最需要哪些数据，哪些数据有问题，哪些数据需要更精确，这些数据的意义是什么，核数据中心接到要求之后，再去分配任务，提供方案。核数据中心给的是基础数据，中子物理学研究室在这个基础上做加工，变成小型化需要的群参数。这需要统筹众多单位，协调组织非常重要，核工业部机关的胡进修女士做了很多工作，把组织管理工作做得非常好。

后来因为单位很多，就成立了中国核数据委员会。当时原子能院孙祖训院长担任核数据中心的主任，还有几位副主任，杜祥琬是其中之一。

这是一个全国大协作。这项工作做了很多年，制作了我国的基本核数据，在原来的基础上更新了多套群参数，持续改进了中国的核数据。

后来开放后，通过原子能所这个渠道，跟国际原子能机构进行了交流。中子物理学研究室就此专门出了一部专著，系统总结了研究成果，而中子学计算精确化则写出了一系列文章。当然，这都是后来的成果。

当时"文革"阴霾尚未散去，中子物理学研究室工作刚开始没多久，周恩来去世，又引起了一场不小的风波。

周恩来去世、九院风波

1976年1月8日,时任国务院总理周恩来去世了。十里长街,无数人自发地为周总理送行,深情哀悼。

当年的清明节,很多群众自发在天安门广场进行悼念活动。人们心里都憋着一口气,因为周恩来在去世前,重病在床还在接受批判。很多人以送花圈的形式,表达自己对周恩来的悼念,同时也有表达不满的意思。

杜祥琬在院里和私底下,都以自己的方式表达了对周恩来的哀悼。

清明前夕的一个早上,杜祥琬和夫人很早就带着年幼的儿子毛大庆来到广场。广场上人特别多,他们把自行车存放在大会堂后面,便走向纪念碑。所有路边的松墙上都别满白花,远远望去,纪念碑四周和平台上,花圈层层叠叠不知道摆了多少。那首著名的"欲悲闻鬼叫,我哭豺狼笑。洒泪祭雄杰,扬眉剑出鞘"五言律诗就挂在纪念碑西侧的显著位置。

他们带着儿子跟着人流缓缓走上纪念碑的台阶,向着周总理的遗像深深地鞠躬,泪流满面……周围的人无不如此,如此地自发,如此地发自肺腑!人们用毫不掩饰的情感表达对周恩来无边大爱的感恩,同样对"四人帮"的大恨也得以尽情宣泄。

当时杜祥琬所在的核工业第九研究院理论研究所一下献了14个花圈,一个研究室送一个。因为周恩来在世时对九院非常关心，接触非常多，大家对总理都很有感情。当时理论所还有一批人在新疆做实验，没赶上送花圈，回来之后，他们又单独去送了一次。在九院的墙上，还贴了墙报，都是悼念周恩来的诗，杜祥琬还写了一首。

花圈越送越多，整个天安门广场都摆满了，纪念碑周围，一层一层地往上摆，像一座山一样堆着，只留出一个人走的通道。一些人站在上面发表演说，实际上，就是批判"四人帮"，当时的批判已经很尖锐了。

这种悼念活动遭到了"四人帮"的打压。"四人帮"在天安门东南角的三层小灰楼内设立"联合指挥部"，随时准备出动镇压群众。随后爆发了"天安门事件"，部分参加悼念的群众遭到包围毒打，200余人被捕。5月7日，北京市各单位传达市"革委会"的《紧急通知》说："天安门广场事件"是"解放以来前所未有的最大的反革命事件"。

九所个别造反派把九所的活动写了信，向王洪文、江青揭发，说九所反对"文革"，反对毛主席。王洪文、江青立刻就批下来，核工业部就有人马上来抓反革命，九所的墙报上的诗被揪住了。杜祥琬是室主任，要承担责任，尤其是其中一首诗，讽刺了"四人帮"，写诗的人当然受批判，杜祥琬曾经帮忙修改了标点符号，又是主任，也成了二机部点名的批判对象。"四人帮"当时把动乱归咎于邓小平，说是邓小平策划的。邓小平遂被剥夺职务，又被打倒了。

这里面还发生了一个小故事，让杜祥琬看到了老一辈科学家的高风亮节。

在新疆基地做试验的科学家,因为没赶上所里送花圈,后来又单独去了一次,这其中就有王淦昌。去新疆的同事从基地回来,已经是3月底了,他们要单独去送,当时大家都是自己做花圈。已70高龄的王淦昌听说了,也要去,九所要派车送他,王淦昌说,你们怎么去,我就怎么去。他跟大家一起坐公共汽车。毕竟年事已高,为了保证王淦昌的安全,所里找了男同志吴翔、女同志毛剑琴陪着他。结果造反派马上就报给了江青,说他们绑架人大常委王淦昌搞反革命。上面马上批下来,清查王淦昌这件事。

王淦昌知道之后很愤怒,当即就说,是我自己要去的,不是谁要绑架我。他赶紧写了一个小纸条,给当时搀着他去的两个年轻人说明了自己的立场,并表示这件事跟他们无关,嘱咐他们两个人看完纸条后销毁。在关键时刻,他这种高贵的人品,勇于承担的担当精神,非常令人钦佩。

正在这个时候,发生了震惊世界的唐山大地震,全国抗震救灾,批判的事被一阵风吹没了。这股"四人帮"搅起的批判风潮,没有掀起大浪就被平息了。所幸的是,这次没有人受到肉体迫害。

但是地震却很残酷。

1976年7月28日3时42分,唐山发生了里氏7.8级强地震。头天晚上,北京天气异常闷热,杜祥琬的爱人毛剑琴去中关村的电子计算机中心"上机"去了,杜祥琬带着儿子毛大庆在家。凌晨四点左右，房屋一阵晃动，屋里家具东摇西晃，杜祥琬从睡梦中醒悟过来，立即从床上跳起，把孩子夹在臂弯就往外跑。由于建筑晃动严重，房门几乎无法打开，他猛地踢开门就往楼下跑，发现楼道里人们都跑出来了，一片混乱。因为家住在二层能够比较快地出去，杜祥琬让几个年纪大的住在楼上的同事和家属先走，然后抱着孩子快速下楼，跑到一层半，脚下一滑，他几乎顺着楼梯滚了下去。原来是地震的晃动将楼道里的蜂窝煤球全部晃倒，煤球灰撒了一地。杜祥琬脚踩在煤灰上滑倒了。当跑到楼下平地时，他感觉到疼痛，这才发现肘部鲜血直流……

好不容易在惊恐和寒意中等到了天亮。大家发现，自己原来住的那栋楼从上到下裂了一条大缝，没有人敢轻易回去了。毛剑琴早上7点多才从中关村机房回到家里。当半夜地震发生时，为保护计算数据，她和另一位上机的同事一直坚守在机房没有撤离，后来还因此得到了单位的嘉奖。

没多久就下雨了，大雨倾盆，院子里积满了水，人们立即开始组织自救和安置。身为室领导的杜祥琬和几个同事组织排水和搭建地震棚。没几天，杜祥琬就病倒了。因为当时正值夏天，院子里卫生条件很差，加上当时杜祥琬一方面要领着大家抗震，另一方面还在挨批斗，精神压力大，抵抗力差，就得了重度的细菌性痢疾。杜祥琬去北医三院看病，医生说他病得很重，需要卧床休息。

周光召特地到杜祥琬家探望。当时杜祥琬还在受批判，在那种特殊的氛围中，很多话都不能说，周光召就坐在杜祥琬床边，两人相对无言。这种探望本身就是一种态度，一切尽在不言中。

"在这样的情况下，老周和老杜相视无言，真是无声胜有声啊。老周在老杜的病床前坐了20分钟左右，什么话也没说。要知道那时余震不断，而我们住的2号楼已震出了裂缝，危险随时可能发生。周光召先生能不顾危险来看老杜，至今想起，仍使我们十分感动。"杜祥琬的爱人毛剑琴回忆起那一幕，仍然非常感慨。

与之呼应的一幕发生在41年后。

2017年10月3日，杜祥琬和爱人毛剑琴，一起去看在北京医院住院的周光召先生。杜祥琬拉着周光召先生的手说："今年是你88岁生日，米寿。我们来看你，祝你生日快乐，也祝你早日康复。"可惜周光召一直在昏睡之中，杜祥琬拉着他的手久久没有放下，也许他回忆起了41年前的那一幕吧。

一直到11月初，北京才彻底解除地震警报，大家搬回了原来的楼里。这中间毛泽东主席去世，全国大哀悼。紧接着就是"四人帮"被抓。电视里一个连着一个的追悼会，接着是一个连着一个的公审大会。

针对九所和杜祥琬的批判随之烟消云散了，大家又可以接着搞科研了。

理论来自实践

在主持中子物理学研究室期间,杜祥琬带领同事们,取得了多项创新性成果。《中国科学技术专家传略——理学编 物理卷4》是这样记述的:

> 针对新一代武器存在多个复杂过程、设计逼近临界极限,需要发展精密的物理诊断方法以实现精确的武器设计的全新要求,他正确确定了武器中子物理学的研究方向与课题,提出和发展了多种热测试手段,并具体提出了一系列新的诊断思想和方法,利用可测的物理量提取武器内部反应的时空信息。
>
> 1. 发现了"理论的裂变次级中子数存在系统偏差"和群参数临界调整误差的"超临界放大效应",及其对核武器理论设计的影响。
>
> 2. 研究了高压缩热核聚变区"中子–中子碰撞效应"及"超高能中子"的产生,并经实验证实。提出了"非线性中子输运方程"的概念及其求解法和新的超高能中子诊断项目等。
>
> 3. 在主持研究时期,对各次核试验诊断项目的理论方案和计算负责技术把关,使我国的核试验诊断理论在与实验密切结合的过程中得到全面系统的发展,满足了武器研制所需的多种信息量及其精度的要求,形成了系统的核试

验诊断理论。

4.主持研究室深入进行了核武器中子物理学精确化的研究。大力推进了我国微观核数据水平的提高,主持了中子群常数的全面更新研究,他推导出了核装置积分量对微观截面敏感度一组公式,负责建立起了我国核武器研究的第一个中子学敏感度计算程序。带领集体攻关数年,得到了数套新的适用于新一代核武器的中子群参数,精度显著提高;在系统研究中子输运方程精确解的基础上,对中子输运差分解误差问题进行了规律性研究与改进,大幅度提高了计算精度。中子学理论计算的精确化是武器小型化和精密化的基础,为新一代武器设计与试验的成功提供了重要保证。

在长期工作实践中,杜祥琬已成为核武器中子物理学与核试验诊断理论专家。经过20年的工作,20世纪80年代后期,随着国家多边学术交流的增加,杜祥琬发现他和同事们在艰苦条件下起步的核试验诊断理论研究,与美、苏的思路十分相像,而方法途径上又独具特色,表明这段独立进行的凝结了集体智慧的工作揭示了该领域的客观真理。

……

前文提到,杜祥琬领导的研究室,建立了我国第一个中子学计算敏感度程序。敏感度是核装置的物理量,核数据变一点,对整个装置的性能有什么影响,这就是敏感度的问题。为了研究这个问题，杜祥琬翻译了一本美国人写的《核反应堆物理学中的变分法》，利用变分法这个思想，推导了一套积分量对于微观量敏感度的公式，基于这套公式，从事计算数学的同事通过编程，建立了我国第一个中子学计算敏感度程序。

从1975年到1984年，杜祥琬担任中子物理学研究室主任十年。在十年的时间里，他带领中子物理学研究室，对核试验诊断理论做了比较系统的总结。1992年，这个总结由杜祥琬和刘恭梁主持，形成系统性的研究成果，代表了我国20多年来此领域的最高研究水平。这项系统性的研究成果在1987年获得国家科技进步奖一等奖。

杜祥琬说，这项研究凝聚了集体智慧，所以，当时他在蓝本的扉页上，特地写了一句话：谨以此献给那些在草原、山沟、戈壁滩和计算机旁，为我国核试验的成功献出了青春和生命的人。几十个字的一句话，分量非常沉重，为了我国的核事业，几代人持续几十年努力，一代代优秀的知识分子，为了核，把青春、热血、汗水，甚至生命都抛洒在了大漠边关。

这中间还发生了一段插曲，后来，有人说这个扉页跟技术无关，就不要留了。杜祥琬坚持，说这一页最重要，因为这是发自主创者肺腑的一句话，而且情况确实如此，那些做出贡献的人，很多已经不在了，但他们的贡献，每个人都应该记得。

中子物理学研究室十年来的成果，不但有自己的创新，而且做得比较系统。中子物理精确化、核诊断理论，都是中国自己独立做的，因为这个领域当时国际上是保密的，没有任何同行的经验可借鉴。杜祥琬认为，这个创新完全是在实践和理论碰撞的过程中撞击出来的。

"创新哪来的呢？都是实践中来。比如说理论和实验结果不一致，为什么会不一致？在把这些问题弄清楚的过程中，就会获得一些新的认识。还有一类创新，就是在理论计算的过程中，出现的一些现象，原来的理论无法解释。这就迫使你去解释、理解，那就会出来新的理论。很多创新的点、新的方向、新的课题、新的方法、新的测试项目，就是这么来的。所以说，这一时段的创新性、系统性研究，全是来自实际工作的驱动。理论源于实践，理论指导实践，实践完善理论。"杜祥琬说。

核军备控制研究

20世纪80年代，美国和苏联开始讨论核裁军，当时这一举动被认为是为了遏制中国。作为五个核大国之一，中国自然也要参加。

核军备控制提出的大背景，是以美、苏为代表的核军备大国限制中国核武器发展。20世纪60年代初的时候，是要禁止大气层试验，后来又想停止一切核试验，其实背后是国际间的政治问题。

军备控制研讨涉及诸多的技术问题。比如说如何监测核试验的问题。要禁止核试验，先要有监测核试验的能力。清楚地知道这个国家做了核试验，还是没有做核试验。因为地下核试验产生的现象和地震很相似，一些国家也不愿意承认在进行核试验，这就涉及技术问题，需要有确认的技术手段，需要技术工程专家来做鉴定。还有裁减核武器、核材料的问题，又涉及核武器、核材料的测量、监测。核弹头的销毁，事先需要核查、探测，那就涉及探测问题，进一步禁止核试验的谈判，也涉及技术问题。

时任国防科工委科技委主任朱光亚意识到，这虽是外交谈判，但随着谈判的深入，肯定会涉及这些技术问题。他认为，军备控制关乎大量的自然科学问题，不光是外交家要参加，科技专家也要参加核军备控制，于是就提出了核军备控制物理学的概念。

九所参加了这项工作，包括杜祥琬和后来的工程物理研究院院长胡思得，着手核军备控制物理学的研究。同年9月，在九所开始招收这个方面的研究生，在研究生部的学科目录核物理学里，增加了核军备控制物理学专业方向。

为了培养研究生，杜祥琬写了《核军备控制的科学技术基础》。这本书成为研究生专业教材。核军备控制的几位硕士生、博士生后来都发挥了很大的作用，成了骨干。这中间，九院还送了几位优等生分别去了美国和俄罗斯进修。学成归来，如今这批人都是院所的领导和骨干。第一个硕士生孙向丽，后来又在北大做了博士学位，2017年已经担任军控室副主任；赖新春、田东风、何颖波几位，也做了九院副院长，都是那个时候的美俄留学生。因核军备控制涉及国际间谈判，好几位学生把本专业和社会科学结合,在物理学背景的基础上,又修了国际关系,成了核军备、核大国关系的综合专家。杜祥琬培养的第一个博士生李彬,如今是清华大学国际关系研究院博士生导师、教授。2016年,中韩因为萨德问题闹得沸沸扬扬,凤凰卫视"一虎一席谈"栏目为此做了一期节目,邀请李彬做专家发表观点。

说到杜祥琬编写的《核军备控制的科学技术基础》一书,还有一个插曲。

这本《核军备控制的科学技术基础》书里,有一张多弹头核武器图片,是杜祥琬引用一位美国人公开发表的文章上的图。书出版后,杜祥琬给一位美国朋友赠送了一本。赠书被美国朋友带回国,有位不懂中文的美国人看了这本书,就问这是不是中国窃取美国技术的证据。此前美国的《考克斯》报告,宣称中国窃取了美国核武器秘密。

杜祥琬回复这位美国人的无妄猜测:首先,这是美国人公开发表的文章,而且,在本书的参考文献里都有标注;另外,导弹形状众所周知,何来窃取一说?对方无言以对。

随着跟美国和俄罗斯就核军控交流一步一步推进,互访交流越来越多,杜祥琬因此交到了很多美国朋友,有非政府背景的,也有一些核武器实验室的人。

美国核武器实验室一个主要的单位就是洛斯阿拉莫斯实验室,20世纪90年代,九院刚刚开始开放学术交流的时候,该实验室所长赫克率团前来访问,杜祥琬负责接待。大家各自谈能谈的,也能起到一定的交流效果，双方还签了合作协议，提了八条合作的内容。杜祥琬记得，第一条合作内容是当时最不敏感的环境可持续发展问题。虽然两国地处东西方，但仍避免不了大气方面的相互影响，把地球大气治理好大家都受益，这项合作很容易就达成了。

第一次参观之后，美国另外一位所长带团来华，中方让他们参观了中国的核试验场，双方商定，不久后中方去美国参观。但是当我方提出去参观美方内华达州的核试验场的时候，美方屡屡推脱，总说时机不合适，导致合作协议的八条一条都没有落实。1991年，朱光亚率一个核军备控制的代表团到美国访问，在加利福尼亚大学埃尔文分校跟美国的科学家代表团谈军控，杜祥琬发言的时候，特别提到了美国的来而不往，朱光亚还重申了一遍。

杜祥琬（右二）与美军控专家等

互访虽然没有实现对等，但却阻挡不住两国科学家作为科研工作者沟通的欲望，以及科学家之间的友谊和亲切感。杜祥琬认识了一批美国的科学家朋友。

杜祥琬印象深的有好几位。

第一位是弗兰克。弗兰克是普林斯顿大学的教授，是一位治学非常严谨的科学家，国际联系很广泛。弗兰克喜欢带着学生和杜祥琬交流，后来他办了一本杂志，名叫《科学与全球安全》，基于科学和全球安全角度来研究军备控制。弗兰克还把杜祥琬作为唯一一名中国科学家放进了杂志的编委名单，这个编委一做就是多年。后来杜祥琬年过七旬，就主动提出不能再当编委，他认为编委应该年轻化，于是推荐了自己核军备控制物理学第一个博士生李彬。

杜祥琬的好几个学生，跟弗兰克的联系都很密切，其中有一名学生张会，现在弗兰克的指导下工作。弗兰克知识面很广，对杜祥琬颇有帮助。

还有一位是参加过美国核武器研究的物理学家理查德·咖文。他后来离开了核武器圈，在IBM公司做高级顾问，还做过美国总统科学顾问。理查德·咖文知识面很广，非常聪明，对很多问题的概念非常清晰，估算能力非常强，能够快速估出一些数量的概念。他听说杜祥琬要培养军控方面的研究生，非常热情地寄了一箱书，全是跟军控有关的，是进入这个领域需要掌握的一些基本知识，给了杜祥琬很大的帮助。

他还经常给杜祥琬介绍一些科技新进展。当时是20世纪80

年代，中国刚开放不久，美国刚刚开始有传真，他马上介绍给杜祥琬，说传真这个东西非常有用，不但可以传文章，还可以传图像。理查德·咖文紧跟前沿，从核军备控制到空间军备控制，到军备控制在网络领域的影响，他都深有研究。

还有潘诺夫斯基，世界著名高能物理及加速器物理学家，美国斯坦福直线加速器中心教授、荣誉所长，美国军备控制科学家中德高望重的领导人物。当时中国提出搞正负电子对撞机，邓小平特批建在高能所，聘请潘诺夫斯基做中国正负电子对撞机的科学顾问。

1991年，朱光亚带了中国科学家的一个团去美国访问，杜祥琬也在其中。潘诺夫斯基跟李政道、朱光亚都很熟悉。杜祥琬由此和潘诺夫斯基建立了联系，跟他交流比较多。

与李政道（中）亲切握手，左一为朱光亚

还有麻省理工学院教授约翰·霍顿,他年龄稍小,但是交流也非常多。后来他担任了奥巴马的科学顾问。杜祥琬派学生去麻省理工学院和普林斯顿大学交流,都跟这些美国朋友有关。

核物理与核军控研究是杜祥琬学术生涯的第一个领域,近年来,他把在这个领域工作期间公开发表的论文收集整理,汇编成册,于2017年2月由科学出版社出版了53万字的《核物理与核军控研究》一书。胡思得和赵宪庚院士为之作序。书出版之后,杜祥琬赠送了一本给杨振宁先生。在收到赠书后,杨振宁给杜祥琬回信:

> I had heard that you had made important contribution to national defence, but had not known that you had also made contributions to nonapplied physics……(我知道你在应用物理国防领域做出了重要的贡献,但是没有想到的是,你在非应用物理领域也做了如此突出的工作……)

第六章

走向开放——九院的学术交流

加入国际物理联合会

1984年,杜祥琬最终无法推脱不由分说的"政治任务",当了"官",担任九院理论研究所副所长。

这一年,中国物理学会加入了IUPAP。该组织全名为国际纯粹与应用物理联合会,是一个由各国物理协会联合成立的非政府组织。此前,由于历史原因,联合会里没有中国物理学会但有台湾物理学会。周光召当时是中国物理学会副理事长,为此专门讨论,一定要恢复中国物理学会的席位。此事,既要向国际物理联合会申请,还要跟台湾方面协商。美籍华人李政道在中间穿针引线,"遥控"台湾和大陆两边负责人商谈。

大陆这边由周光召负责,台湾的负责人是当时担任台湾"中央研究院"的院长吴大猷。吴大猷是老一辈物理学家,在物理学界德高望重,杨振宁、李政道都是他的学生,朱光亚也是他的弟子。吴老年事已高,代表他出来对话的是当时台湾清华大学校长沈君山。沈君山是才子学者,风度翩翩,给人印象深刻。几个回合的谈判之后,大家商量出一个解决方案:大陆作为中国物理学会加入IUPAP,台湾作为位于中国台北的物理学会,继续留在联合会,在李政道的斡旋下,双方共同签署了协议。

不久之后,国际纯粹与应用物理联合会要在意大利迪利亚斯特召开联合会。刚加入的中国要派代表团参加,团长周光召

1987年和李政道(右)在哥伦比亚大学

自然要找几个团员。他指定九院出一个，北大和科学院各出一个。九院推举了杜祥琬，科学院和北大分别是杨国桢和赵凯华，一行四人开始了这趟异国之旅。旅途漫漫，要先坐飞机到法兰克福，再转米兰，而后从米兰转到迪里亚斯特。

这是改革开放后九院第一次对外的公开交流。中国代表团一行四人参加会议，在学术交流会上还提了问题。在会议期间，跟台北物理联合会也做了亲密交流。虽然在席位分配、占比等问题上要争个长短，但毕竟同为炎黄子孙，一同经历了内外战争，又都在做物理研究，有一种天然的亲切感，两岸的科学家谈得很开心。

团长周光召有意鼓励团员们趁机会多做交流，在出发前就告诉大家，开完会以后可以自主安排活动。所以，在出国之前，杜祥琬就已经开始联系国外的同行了。

当时意大利有一个核数据中心，杜祥琬从学术文献上了解了该中心的主任，就给这位主任写了一封信，表达了拜访交流的愿望。中心主任很热情地回信了，邀请杜祥琬前往。瑞士洛桑工学院有一位教授是做中子物理的，其研究方向令杜祥琬很感兴趣，于是写信过去，很快就得到对方的邀请。法国的核研究中心萨克来在业界很有名，杜祥琬在一些文献上知道中心有一个做中子物理研究的教授，如法炮制写信过去，也接到了邀请。

有了这些教授的邀请，杜祥琬办理签证就容易多了。当时一下办三个签证很困难，杜祥琬就把意大利和法国的办了。后来，在迪利亚斯特开会期间，有一名在意大利的留学生告诉杜祥琬，威尼斯有瑞士领事馆，在那里就能办签证，威尼斯距离迪利亚斯特很近，坐火车只需要40分钟，来回一个多小时。于是杜祥琬把瑞士的签证也办下来了。

这是杜祥琬感觉最轻松的出国交流。在意大利核数据中心，对方召开了一个小型的报告会，邀请杜祥琬做了报告，还带着杜祥琬参观。然后，杜祥琬坐火车去洛桑，洛桑挨着日内瓦，城市很美，洛桑工学院的那位教授给杜祥琬订了宾馆，还在火车站迎接。

拜访瑞士洛桑工学院之后，杜祥琬飞往法国巴黎。巴黎戴高乐机场有3层，每层36个门，他差点找不到出口。法国人懂英文却不愿意讲英文，而且机场所有标志都是法文。杜祥琬孤身一人，语言不通，颇感困扰。

当时杜祥琬带着大行旅箱，肩上还挎着小包。这些行李，学术交流完全用不到，而且交流完还要原路返回，非常累赘，最好的方式就是寄存在机场，返回的时候取走。正为难时，杜祥琬看到一个法文标识，琢磨着像是寄存的意思，就试着按电梯下去，居然真的蒙对了。他存了大箱子，挎着小包轻装上阵，顿感轻松。

拜访前，杜祥琬决定先安顿好住处。去过巴黎的同事建议他住在大使馆的教育处，地铁出来之后又坐公交，终于找到了。安排妥当之后，杜祥琬给核研究中心的教授打电话，约好时间。在萨克来法国核研究中心，杜祥琬做了一天交流。

正好萨克来的门口有一个国际核数据中心，因为这趟交流，杜祥琬也跟那里的负责人认识了。

这次 IUPAP 的学术交流，为之后九院学术交流的开放打下了基础。

国际纯粹应用物理联合会每三年交流一次，杜祥琬参加了多次。1987年在美国举行，1990年选在德国，杜祥琬和同事们亲身见证了柏林墙的倒塌。在电视上，柏林人民用各种工具在柏林墙上打眼，然后推倒。那是人类史上重要的历史时刻，杜祥琬印象非常深。

国际物理联合会下设很多专业委员会，比如理论物理委员会、实验物理委员会。随着计算机的发展，科学家们通过数据计算进行理论物理的模拟实验，已经成为惯常做法。在计算机上做模拟物理实验，既不是实验物理，也不是理论物理，渐渐成为一种非常独特的方法。1993年，在日本奈良召开的会议上，杜祥琬提议增设计算物理专业委员会，包括捷克代表在内的几个国家的代表立刻表示支持，于是就成立了筹备专业委员会。在瑞士开了一次工作组会议，1996年的下一届会议，计算物理专业委员会就正式建立了，杜祥琬还当了一届委员会的成员。国际物理联合会多了一个委员会，这是杜祥琬对国际物理联合会的一个贡献。

1991年，杜祥琬当选为中国物理学会副理事长，参加学会的咨询工作和学术交流工作。2005年积极参与了世界物理年的活动，学会还在他的建议下，举办了几场"物理学与可持续发展"的讲座。

1993年在日本奈良与杨国桢（中）、赵凯华（右）参加国际物理联合会21次大会

中国物理学会2001年秋季会议暨七届二次理事会

第六章 走向开放——九院的学术交流

第一次意大利之行,为之后九院的学术交流"蹚了路",学术交流就这样开始了。九所开放交流不久以后,九院也开始开放交流。在之前,九院一直很封闭,除了跟苏联的短暂交流以外,几乎没有外事活动。1984年当了副所长之后,杜祥琬的工作分工之一就是对外交流,九院的开放从九所开始。当时还专门印刷了对外介绍用的小册子。

到1990年,九院准备组建外事办,把杜祥琬调到院里,去管这项工作。当时也是刚开始对外交流,颇费工夫,外事办公室主任都不好找,因为需要这个人懂业务,懂外语,还要有政治头脑。杜祥琬花了一个月的工夫,找到了三所的曾国春同志。

1999年杜祥琬(右二)在美国利弗莫尔国家实验室做报告

关于外事的管理，参考方方面面的规范，拟了14个文件，开了九院的第一次外事工作会议，把外事办成立起来，正式开启了中物院的对外学术交流。

美国海关风波

从1987年到1997年，自中美学术交流开展之后，杜祥琬几乎每年去一趟美国参加学术会议，但是1997年以后，情况出现了变化。

1997年，美国科学家李弘毅到访九院，一起探讨了惯性约束核聚变的话题。在当时，这是一项公开的内容。但是回国之后，美方罗织罪名，以李弘毅在中国访问期间泄密为名，把他逮捕了。据说李弘毅在美国监狱里还受了皮肉之苦。

当时杜祥琬负责接待李弘毅，了解交流都是公开的，并不涉密。为此，七位中国科学家发表公开申明，要求美方释放李弘毅，美国方面置若罔闻。从那以后，杜祥琬就开始被美国"软拒绝"。

所谓"软拒绝"，就是不当面告知，但会通过各种办法拒绝杜祥琬去美国。

1998年，IUPAP国际物理联合会在美国召开，国际联合会主席向杜祥琬发出邀请。杜祥琬早早申请美国签证，美国大使馆拖到会议结束才给杜祥琬发签证，而签证上的时间写在会议之前。杜祥琬这才知道，自己可能已经上了美国的黑名单。

直到2010年，当时杜祥琬已经是国家气候变化专家委员会主任。当年的气候变化会议在墨西哥召开。同时，在美国华盛顿有一个中美智库的交流，其中有一个主题为"新能源和气候变化"。卸任香港特首的董建华，一直热心促进中美民间交流。他找到时任中国工程院院长徐匡迪，看看能不能派人去做这个交流，徐匡迪把杜祥琬介绍给了董建华。

杜祥琬实际上在1997年就见过董建华。当时香港回归，杜祥琬在香港参加科技展，董建华在台上讲话，杜祥琬就在台下，也算是有些渊源。董建华为人坦诚宽厚，杜祥琬很喜欢。董建华建议杜祥琬去美国做做交流，杜祥琬说了之前的遭遇，担心美国还会阻止。董建华说，都13年了，美国那边不一定记得这个事了，他建议杜祥琬试一试。去墨西哥要经过美国，加上董建华的盛情，杜祥琬心眼活动了，打算试试。

杜祥琬当时带的第一个学军控的学生李彬，跟美国一直保持联系，就把杜祥琬要去美国的事告诉了美国军控的几个专家。其中一个就是前文提到的奥巴马总统的科学顾问，对方马上给办公室主任做了指示，不久消息传来，说这回一定及时给你办签证，并且要杜祥琬去美国之后一定去他的办公室见见面。

美国签证周期很长，要提前45天，但因为这层关系，只花了三天时间就办好了。美国大使馆办签证人山人海，杜祥琬不用排队，直接进去，十分钟就把手续办完了，整个过程非常友好，顺利得让杜祥琬有些不敢相信。

结束墨西哥坎昆气候大会后,杜祥琬一行人直飞华盛顿,到了达拉斯机场,却出了意外。

入境的时候,海关人员看到杜祥琬的姓名,特别提出要请"杜先生"走特殊通道。从特殊通道进到一个房间,对方表示要检查行李,这本是正常程序,杜祥琬也没表示异议。检查人员把杜祥琬的行李翻了个遍。杜祥琬发现,对方对别的东西基本不怎么翻,但凡是手写的资料、起草的提纲,检察人员专门堆了一摞,甚至包括专门记电话的小本也不放过,手机就更要检查了。

检查人员请杜祥琬坐到桌子后面,杜祥琬没有坐,而是在门口来回散步,等着检查结束。检查人员又强调,让杜祥琬坐下,杜祥琬反问,为什么不能散步?对方说,你先坐一会,杜祥琬一坐上去,发现台子很高,坐下就被挡住了视线,看不到对方在做什么。检查人员转身之间就把那些资料拿走了。这些资料脱离了杜祥琬的视线,整整一个小时之后才回来。

"一个小时,这么长的时间,你们拿我的东西干吗了?是不是拿去复制了?还是拍照了?"杜祥琬质问美国人,后者有些恼羞成怒,说这是工作。"你们的墙上写着欢迎来到美国,这就是你们对我的欢迎?"杜祥琬说。但是对这些人也没办法讲道理,只有快点出来。出来后,另外两位同行告诉杜祥琬,他的电话一直打不通,他们在外面等着,都很担心。

这次开始顺利之后波折的美国之行,让杜祥琬意识到,自己还在受着美国有关部门的"特殊关照"。

杜祥琬第二天参加的活动,是一个名为美国进步中心的组织,是民主党的智库,成员都是退下来的高级官员,杜祥琬要做一个关于新能源的主报告。在之前,杜祥琬跟董建华提到了自己在海关的遭遇,表示想在做报告之前,特别把这个事情说一下,他觉得有必要让美国人知道这件事情。董建华低声对杜祥琬说,要不然我替你说几句就算了?

杜祥琬说:"您放心,还是我自己来讲,我会掌握好的。"

轮到发言,杜祥琬笑眯眯地把自己在海关受到的粗暴待遇说了一遍,还把当时的"被侵权物证"——自己的记录本与手机拿出来,讲完故事就是一连几个反问。

"我本来以为美国是一个尊重人权的国家,它现在还是吗?我本来以为美国是一个尊重知识产权的国家,它现在还是吗?我本来以为美国是一个尊重隐私的国家,它现在还是吗?我本来以为美国是个文明礼貌的国家,它现在还是吗?"杜祥琬说完这四个反问句,最后说:"谢谢你们的耐心倾听。"在场的美国人纷纷表示歉意。

说完这些,杜祥琬才正式开始学术交流。这种举重若轻的方式,很有外交家风范,同行的中国人后来说,他轻松又不失尊严地表达了自己对海关"特殊照顾"的不满。

第二天,杜祥琬去见奥巴马总统的科学顾问约翰·霍顿,在对方的办公室,杜祥琬也简短提及海关这次不愉快的经历。对方说,我代表我的国家和政府向你表示抱歉。"我希望在美国领土上不要再发生这样的事情。"杜祥琬说,这位顾问要杜祥琬把签证和护照号给他一下,保证不再出现类似问题。

这次充满波折的美国之行之后,杜祥琬再也没有去过美国。

热情的俄罗斯同行

九院的对外交流中,因为中苏关系的历史,也因为杜祥琬在苏联时期的留学经历,跟俄罗斯的交流尤为密切。

1989年,戈尔巴乔夫访华之后,中苏关系恢复,两国之间的核学术交流也慢慢回暖了。而且因为20世纪50年代,苏联专家为中国研制核武器提供过帮助,素有渊源,所以恢复之后,双方的交流更加密切。

不久苏联解体,九所请俄罗斯的核武器代表团访问。20世纪90年代初,俄罗斯专家对中国、对北京毫无了解。九所安排在北海仿膳请专家吃饭,饭桌上都是东欧人喜欢的食物,专家们高兴极了。不久之后,中国方面对俄罗斯进行了回访。中俄交流就这样一步一步开始了。先是彼此参观实验室,了解对方的研究历史,慢慢涉及更深的交流。

回访的时候,在俄罗斯核武器中心,杜祥琬上台介绍九院的研究工作,看到台下全是俄罗斯人,临时决定用俄语。在开始之前,他先讲了一个故事。

这个故事是杜祥琬的亲身经历,在莫斯科工程物理学院读书期间,毕业答辩前,苏联同学问杜祥琬毕业后去干什么。杜祥琬没有回答,反问对方毕业之后去干什么。这位苏联同学回答说要进"信箱",意思是做保密工作。"信箱"一词,在俄语里面还有"抽屉"的意思,杜祥琬幽默地说,没想到自己回国之后也进了"抽屉"——不过是中国的"抽屉"。

台下的专家们哄堂大笑。在当时特殊的国际背景下,这是一代核物理研究人员共同的回忆和生活。故事激起了所有人的共鸣,一下子拉近了彼此的距离,主客之间多了一种莫名的亲近。

俄罗斯的核武器实验室归原子能部管,原子能部时任部长叫米哈伊诺夫,中方习惯叫他米部长。米部长非常强势,人也能干,苏联做过好几百次核试验,他现场参加了二百多次。1991年,九院派杜祥琬到莫斯科跟俄罗斯原子能部沟通,研究中国工程物理研究院跟俄罗斯原子能部之间的合作问题。米部长在办公室接待了杜祥琬一行。杜祥琬提出建议,双方可以在三个层面合作,米部长表示完全赞成。

这三个层次的合作包括:一、俄罗斯的原子能部和中国工程物理研究院层面,可以有一些宏观的、战略性的交流;二、俄罗斯原子能部底下有若干研究所,九院底下也有若干研究所,所和所之间可以专业对口地做一些比较具体的技术层面的交流;三、科学家个人之间的交流和来往。

杜祥琬代表九院邀请米部长来中国访问,米部长欣然同意,第二年就来了。

米部长对访问中国充满期待。北京、绵阳、新疆罗布泊试验场,杜祥琬全程陪同米部长这次的访问旅行。当时交通条件比较差，从乌鲁木齐坐汽车到实验场，花了六七个小时。米部长体壮如牛，睡眠很少。杜祥琬陪了三天，发现他的睡眠总计不到五个小时。

在罗布泊，第二天天不亮，米部长就要起来，要看中国地下核试验的场地。地下核试验有两种，一种是竖井试验，打一个井在地下爆炸，里面埋仪器，电缆头露在外面显示数据。另外一种叫平洞试验，像挖隧道一样，平着进洞。米部长仔细看隧道的挖法，看电缆如何走线，水是如何进洞的，测试信号怎么传出来。天未亮，黑咕隆咚，竖井地下实验做过以后，还留一些电缆头在外面。几十个电缆头，米部长一把就把主电缆摸出来了，并略带炫耀地向杜祥琬显示自己的水平。在参观平洞的时候，身高马大的米部长一边走一边到处看，说，你们这个做法简直跟我们一模一样。

如此激动、如此迫切，米部长的反应其实很好理解。那是科学家渴望交流的自然反应，也是对中国自主研发出核武器的好奇。况且，中苏科学家在三十年前就有过合作的渊源，虽然由于政治原因中断了，但是割不断科学家之间学术交流探讨的愿望。

陪同米部长去绵阳参观，需要先飞到成都，正好朱光亚在成都。当时朱光亚是国防科工委科技委主任，级别很高，米部长和朱光亚见了一面，两人谈话，杜祥琬做翻译，按"规格"来讲，这是对米部长很高的待遇。

一来一往，跟俄罗斯交流越来越多，后来中国工程物理研究院跟俄罗斯原子能部达成了合作框架，约定每年一次交流，增进了解、增进友谊。

抛开政治，科学家之间的交往交流令人心旷神怡。

有一次在莫斯科开会间歇，俄罗斯人带中方人员参观一处名胜古迹。俄方导游说，这个教堂建于某年某月，后又补充一句，你们有五千年的历史，俄罗斯历史没有中国长，我们只有一千六百年。杜祥琬立刻说，俄罗斯的历史比美利坚合众国长得多，美利坚合众国只有二百年。俄罗斯人自尊心很强，听了这个回答很受用，说，非常感谢您这样的回答。

无论是美国海关风波，还是和俄罗斯人几件交往的小事，可以看到杜祥琬的人际润滑能力。他总是能够求同存异，既表达了自己的立场，又保全了对方面子，不至于现场太尴尬。同时，在一些是非问题上，也能严守立场。这也是九院领导慧眼识珠，委派他负责外事工作的一大原因吧。

中俄的交流一直保持得很好。当时中国已经开始"863计划"，杜祥琬被聘为激光技术专家组成员兼秘书长，后来又担任激光技术主题专家组首席科学家。因为他的缘故，中国跟俄罗斯研究激光的单位也慢慢建立了交流。

除此之外，杜祥琬还促成了向俄罗斯派留学生的事宜。

改革开放之后，留学大潮的流向是欧美，去俄罗斯的却不多。杜祥琬建议，应该有侧重性地向俄罗斯派研究生。向俄罗斯派研究生至少有两个好处，一个是这些人100%都能回国，因为俄罗斯条件没有西方好，大家都不愿意留在那里。另一个是，杜祥琬很了解俄罗斯的科学，俄罗斯科学研究有一个特点，非常讲究创新,非常独立,不跟着美国走,有自己的思路,思路有可能对也可能错,但是独立性和创新性很强。院里同意了这个建议,每年都会向俄罗斯派研究生,去的就是当年杜祥琬就读的大学和莫斯科大学,后来这些同学果然都回来了,如今都是九院的技术和领导骨干。

2004年,中俄两国在北京签署《中俄联合声明》和《〈中俄睦邻友好合作条约〉实施纲要》。之后,在中国举办俄罗斯年,在俄罗斯举办中国年,两国互动明显增多。2007年,杜祥琬和同事们去俄罗斯,参加中国代表团在俄罗斯开的双边交流会。杜祥琬在会上做了一个报告,内容讲的是中国工程科技的合作。杜祥琬的岳父毛梓尧是建筑设计师,当年曾经和苏联设计师共同设计了北京展览馆,时称苏联展览馆。杜祥琬把当年的老图,还有岳父和几位苏联专家的合影,以及北京展览馆的新图,在台上做展示,引起了在座专家的共鸣。

那一次去俄罗斯,杜祥琬一行约好了参观古里亚耶夫的研究所。古里亚耶夫是俄罗斯固态物理学、信息、电子和无线电物理学领域专家,对中国十分友好,积极推进中俄工程技术合作,促成了俄罗斯科学院、俄罗斯科工联与中国工程院签订了双边合作协议。2005年,古里亚耶夫当选中国工程院外籍院士。

大家坐在一起,讲的全是技术问题。吃饭的时候,古里亚耶夫突然站起来,说我要告诉大家一个消息,俄罗斯工程科学院选出了两位来自中国的外籍院士,这两位专家的名字就叫:徐匡迪、杜祥琬。

第六章 走向开放——九院的学术交流 125

1996年与俄罗斯少年在克里姆林宫

杜祥琬（左一）与徐匡迪院士（右二）、古里亚耶夫（工程院外籍院士）（左二）在学术交流会上

这令杜祥琬颇感意外。因为这个事情，俄罗斯人保密工作做得很好，没有任何事前的通知，就这么选出来了。后来杜祥琬才知道，俄罗斯工程院增选院士，都是在被选人不知情的情况下选的。俄罗斯的工程院院士，是一个荣誉称号，院士提名，自己内部选举。杜祥琬从2002年开始，已经担任中国工程院副院长，这种做法也给他不少启发。

后来有一次，俄罗斯在西伯利亚开国际能源会议，邀请杜祥琬做报告。晚上开完会，要杜祥琬讲几句。杜祥琬发表简短讲话之后，提议大家一起唱苏联老歌曲《我们祖国多么辽阔广大》。俄罗斯人见一位中国人居然会唱这首苏联老歌，都很激动，大家一起唱着，现场气氛达到了高潮。一个良好的氛围，对于合作交流的顺利进行很有帮助。

因为跟俄罗斯的交流，杜祥琬有机会回访了自己的母校。

第一次去是在2000年前后，当时中俄每年都有科技交流。趁着一次交流会，杜祥琬事先没有和学校联系，径直来到了母校。传达室里坐着几位女性工作人员，杜祥琬问她们有谁在这工作过25年以上？随即说明来意。工作人员很热心地给杜祥琬领路。校长一听来历，热情地邀请杜祥琬到自己的办公室。

杜祥琬问校长，当年老校长的情况。校长说，老校长如今八十多岁，身体很好，还担任着类似全俄教育部科技委员会主任的工作，而且经常来上班。校长打了个电话，老校长凑巧正好在学校。老校长赶过来，几个人一起喝茶聊天，还合了影。

后来，校方举行了一个隆重的欢迎仪式，校长讲了一番话，把杜祥琬作为本校校友，介绍给学生，并特别介绍了杜祥琬在中国的工作，言语间很为学校培养出了一位杰出校友而自豪。学校领导带着杜祥琬参观了校舍，看了学校新的实验室、设备。重返青年时代的校园，杜祥琬心情大好。

杜祥琬当时担任工程物理研究院副院长。院里派的留学生在莫斯科留学，其中有相当一部分到了杜祥琬的母校莫斯科工程物理学院。当时苏联刚解体不久，生活比较差，也比较困难，杜祥琬想看看这批学生的情况。校长特地把中国同学召集起来，让学生们一一汇报自己的学习生活情况，杜祥琬同年轻的校友们做了交流。

1992年在母校莫斯科工程物理学院与老校长（右）和时任校长（左）

重回母校——莫斯科工程物理学院

还有一次是在2005年,工程院主办中俄科技交流会。杜祥琬把母校校长、副校长都请到中俄科技交流会,在会上做报告、交流,还把工程物理学院当年的中国留学生,请来跟校长见面。

2009年,杜祥琬再次回母校,受到校长和同学们的热情接待。他还特地去了王淦昌工作过的杜布纳研究所。当时王淦昌100周年诞辰刚过,杜布纳研究所要搞纪念活动,向杜祥琬约稿。杜祥琬应约完成,此稿后来刊登在专业杂志上。不久之后,有关部门在编写《纪念王淦昌文集》时,杜祥琬又把这篇稿子译成中文纳入文集。

瑞典、台北的启发

和瑞典的交流，是在杜祥琬担任中国工程院副院长之后。在"可再生能源与环境"项目上，瑞典和中国两国工程院的院长交流沟通后，时任院长徐匡迪与瑞典工程院院长签署了合作协议，中国跟瑞典进行了合作。2005—2010年，杜祥琬作为中方负责人，跑了五趟瑞典，受到很大的启发。

瑞典专门有个环境部，有个可持续发展部，本国的垃圾99%变成了资源。要么变成沼气，要么变成电力和肥料，剩下1%不好利用的填埋。杜祥琬看了几个工厂，垃圾怎么焚烧，如何利用高温发电，低温的供热，非常系统化。在能源的开发上，除了水电以外，瑞典还有核电、生物质能，把秸秆做成柴油、乙醇。

杜祥琬还去了挪威，挪威只有450万人口，是个低碳能源的国家，一个水电站就解决了所有电力问题，没有排放、没有雾霾。这些给杜祥琬思考中国的能源战略规划很大的启发。

2010年之后，杜祥琬担任国家能源专家咨询委员会副主任和国家气候变化专家委员会主任。开始慢慢跟中国台湾进行学术交流，办两岸能源交流会，对方还邀请杜祥琬做了报告。2011年、2012年，杜祥琬到台湾去了三次，一次做能源交流，一次做环境交流，一次做气候变化的交流。由此对台北这个城市有了一定的认识。第一次从台北回来见到董建华，董建华问杜祥琬对台北的印象。杜祥琬说，台北没有北京、上海的高楼大厦多，但是内在的质量，比如环境观念比北京、上海要强。

在台北，杜祥琬参观了政府投资的台北污水处理厂，处理污水非常有效，还参观了台湾处理回收电子垃圾的工厂，台湾的垃圾分类做得很好。台湾践行"城市矿山"的概念，认为电子垃圾是"城市矿山"。因为电子垃圾里有各种金属，尤其是贵重金属。他们把电子垃圾回收，制成各种产品。杜祥琬还参观了那些产品。

整个台湾的建设"有里有表"，外观美丽，内在整洁。不像大陆有的城市，广场大楼，政绩工程看起来金碧辉煌，内在的质量却重视不够。

一来二去，杜祥琬也结交了很多台湾朋友。第二次去台北做环境交流的时候，主题演讲完毕，杜祥琬即兴念了首打油诗，抒发了自己的感想：桃园机场一片绿，再来宝岛心欢喜。朋友切磋增友谊，共创未来齐努力。打油诗很简单，却很能活跃气氛。台湾很多教授跟杜祥琬接触以后，都很愿意保持联系，还邀请他到台湾大学发表演讲。在台湾大学，杜祥琬讲中国大陆的能源问题和发展战略。两个小时的演讲之后，现场两岸同学纷纷提问，气氛热烈。

与此同时，杜祥琬力促两岸的学术交流。

2012年8月，在两岸气候变迁与能源可持续发展论坛会场，杜祥琬担任主持，两岸专家做了深入的交流。两岸六位低碳城市的市长也做了发言。在告别晚宴上，团长解振华发言之后，杜祥琬上台，说了一番话。

"这两天我很有感想,我们两岸的专家们在谈什么呢?我后来意识到,这是大家在探讨中华民族的发展道路问题。这是一个本质上的问题。它触发我想到了民族的历史,多少年的屈辱和落后,当年我们被称为'东亚病夫'。如今这个时代一去不复返了,但是又给全世界各国提出一个挑战,能不能持续发展?我们现在讨论环境和气候变化,就是在这样一场世界性的比赛当中,中华民族不要落伍。如果在绿色低碳发展可持续方面,我们能够走到前头,中华民族如果能够走得好,可以引领潮流,这是一个可以超越两岸几十年来的政治纠结,可以促使两岸无障碍合作的领域,也是可以把眼光放得更远一点、培养下一代人的领域。"

后来,杜祥琬把讲话写成文章,寄给了台湾同行,《中国政协报》刊登了此文。在两岸交流的问题上,如何实现常态化、制度化,杜祥琬一直在不遗余力地推进。

第七章

为了那一束光

"863计划"启动了

1987年，杜祥琬忽然又被调转了方向，从中子物理研究转向研究激光科学，一做就是二十年。

杜祥琬做激光是有国际和国内背景的，而且涉及国家安全战略。

20世纪80年代，美国率先提出了战略防御倡议，又称星球大战计划（简称SDI）。该倡议源自美国总统罗纳德·里根在1983年3月的一次著名演说。

美国战略防御倡议核心内容是：以各种手段攻击敌方外太空的洲际战略导弹和外太空航天器，以防止敌对国家对美国及其盟国发动的核打击。其技术手段包括在外太空和地面部署高能定向能武器（如微波、激光、高能粒子束、动能武器等）或常规打击武器，在敌方战略导弹来袭的各个阶段进行多层次的拦截。

当时是"冷战"后期，美国还拉了日本、英国、意大利、联邦德国等国家作为盟友，共同参与这项计划。但是，由于系统计划的费用昂贵、技术难度大，许多计划中的项目最终无限期延长甚至终止。最后剩下一个最容易实施的，就是国家导弹防御系统，简称NMD（National Missile Defense）。出于防御目的计划，却一直在扩张，美国后来在欧洲、亚洲都要部署这个系统。

相应地，欧洲则搞了一个尤里卡计划，尤里卡（EURECA）全称为：欧洲研究协调机构（European Research Coordination Agency），是一个欧洲工业研究与开发的网络组织，如今已经有34个正式成员（33个欧洲国家及欧洲联盟）。其宗旨是集中科技研发机构的技术和经济力量，通过促进"市场导向"性的技术研发合作，应用先进的技术及提供有成本效益的产品、加工方法和服务等途径，最终达到增强全球的竞争性和创建更好的生活素质的目的。

几乎同时，苏联也制定出了高科技发展纲要，日本也推出了自己的计划，总之，超级大国都在发展高科技。

当时中国已经开始改革开放，也很重视科学技术的发展，面对世界各国高技术研发的大投入，老一辈科学家王大珩、王淦昌、陈芳允、杨嘉墀都有危机感，四位科学家联名给中央写了一封信，建议国家开展高技术研究。

建议书中写道："当今世界的竞争非常激烈，稍一懈怠，就会一蹶不振。此时不抓，就会落后到以后翻不了身的地步……我们若不奋起直追，后果是不堪设想的。"

这封经邓小平的女婿递交的建议书，两天内就得到邓小平"此事宜速作决断，不可拖延"的批示。按照邓小平的批示，依据王大珩等四位科学家的建议，国务院有关部门组织了200多位专家、学者，经过全面论证和多次修改，研究哪些领域，研究哪些内容，怎么布局，怎么启动，怎么组织，怎么管理，一一进行研讨。从1986年初到年底，做了将近一年的论证。其中，专家们对项目的取舍提出了几个"有所为"，特别是提出了几个"不为"的思想，经过多年的实践证明是正确的。1986年11月，中央有关部门形成了24号文件，制定出国家《高技术研究发展计划纲要》，获得国务院和中共中央的批准。

24号文件规划了首批七大研究领域，包括材料、航空航天、信息、能源、激光、生物科学、自动化技术。这七个领域已经大大超出了原来四位老科学家的建议，需要巨大的投入。

当时，在专家讨论时，围绕两个问题进行了激烈辩论。第一个问题是经费问题，因为当时的规划是从1986年到2000年，15年的时间，要投入多少经费？民口的人提出需要十几亿元，也有说二十几亿元的。军口专家认为得三四十亿元。在当时，这都是天文级数字。大家心里都没数，也定不下来。第二个问题是，应以军为主还是以民为主？因为这个计划虽是高科技，却也涉及国防。就这两个问题，两方一直争论不下。

根据《中国科学报》的一篇报道，大概是6月的某个晚上，时任国务委员、国家科委主任宋健同志来到办公楼，临时召集开会，他传达了邓小平听取汇报后的指示：15年安排100亿元经费，以民为主，军民结合。邓小平这八个字，一锤定音。同时，经费问题也拍板了，100亿元，大大超出了人们的估计。

当时这个计划是秘密，因为决定是在1986年3月报经中央批准的，所以就以"863"作为代号。后来由国家科委向国际上介绍了这个计划的基本情况。

杜祥琬所做的激光，就是"863计划"的一部分。

在求索中前进

1985年夏天，国家曾经出台一项关于中国科技体制改革的决定。根据这个体制改革的精神，"863计划"启动的时候，文件定的管理体制和一些思想理念，都比较有新意。跟过去行政的、计划经济的做法不同，更加机动灵活，科学家的自主性更强。

比如"863计划"中，在每一个研究领域都成立一个专家组，这个专家组不是来自某一个单位，而是根据这个领域的性质，跨部门、跨单位协作，这就打破了部门行政的界限。而且实行专家组负责制，由专家组站在总体的高度，来组织整个规划和实施工作,各个行政部门,都从行政上来支持、保障实施。

和原子弹、氢弹的工程不同,这是一个全新的体制。首先它打破了部门界限,实现全国大协作,另一个是专家组负责制,专家组说了算,自主性大大加强。题目怎么定、由哪个单位来做、经费怎么分,这些大事都是专家组拍板。这种全新的体制给人以耳目一新的感觉,所以"863计划"一启动,就很有新气象。

文件制定好之后,1987年2月正式启动,当月在京西宾馆开了专家委员会成立大会,国家科委主任宋健主持,七个领域专家组的专家们都到场了。"863计划"设有七人领导小组,朱光亚、丁衡高都是领导小组成员,领导小组讲了计划和管理办法,又介绍了专家组的组成。首席科学家的概念,就是在这次大会上提出的。

当时大家在讨论,专家组谁负责,该怎么称呼。有人提议叫首席专家,最后确定为钱学森提出的"首席科学家"。这个名字也很"醒耳","863计划"洋溢着一股革新的精神。

总的布置完毕后,各个领域专家组分头行动,自行组织开会研究具体的计划。激光专家组的会议在西直门宾馆召开,首席科学家确定为陈能宽,王大珩、王淦昌、于敏、谢家麟担任顾问,专家组的成员包括陈佳洱、王之江、张存浩、刘盛纲、马祖光、王乃彦,杜祥琬担任专家组成员兼秘书长,协助首席科学家陈能宽,分管领导为朱光亚。

1993年和陈能宽（右）在实验室

在这次学术转型的抉择中，杜祥琬又一次婉拒了一项职务任命。1987年，中国工程物理研究院准备任命杜祥琬为副院长，据说主管中物院的二机部连任命书都已经起草好了。杜祥琬不想放下学术研究，就一级一级找领导，一直找到二机部的部长，诚恳地表示："这个副院长我还是不能当，因为国家'863计划'得全力投入。"同时，他还请出王淦昌等老科学家为他"说情"。就这样，他再次放弃了一次职务提升的机会，在基层做学术的时间又得以延长了七年。

24号文件给激光专家组定的方向为：研究发展新型的激光技术，研发高功率、高质量、新型激光，发展它们在工业、医疗、国防等领域的应用。就是这么一个方向，专家组自行讨论，做什么东西，定什么目标，选取什么技术路线，哪些单位来承担，都自己定。这是一项全新的工作，国际上也没有可以追随的对象，完全要靠自己摸索。

"863"牵涉面广，又是一件全新的事物，同时需要全国大协作，所以需要发扬精神，用现在时髦的话说，就是要有一种文化。最初，"863"精神定为"创新、求实、协作、奉献"，后来又在前面加上了"公正"二字。这十个字很有针对性。比如专家组是跨部门、跨单位的，这就要求专家组一定要公正地对待各个单位，不要站在某一个单位的立场上去做决定。

曾经发生的一件事情，体现了"公正"二字的紧要性。

刚开始的时候，大家不知道选什么样的激光器，才能把激光技术做好。"863"是跨单位合作，下面各单位有各单位的优势。杜祥琬是工程物理研究院的，作为激光组主持人之一，又不能偏向自己的单位。他始终认为，必须要建立在科学的基础上，保证这个激光器今后可以发挥最大效用。经过几年的探索，专家组选了中科院大连化学物理研究所的产品，而没有选择杜祥琬所在的工程物理研究院的激光器。为此在院里他也背负了一定的舆论压力。但实践证明，这个选择是正确的。杜祥琬说，其实这也不是他个人的聪明和远见，而是靠集体的智慧做出的科学论证，他只是秉持了"公正"二字而已。

激光涉及的不是原子核层次的，而是原子、分子层次。要研究激光和激光核聚变,需要大量的原子、分子数据,这个就不是核数据中心能做的事了。于是,杜祥琬牵头,在所科技委主任郑绍唐主持下,联合国内十个单位,成立了中国原子分子数据研究联合体,起名叫CRAAMD,在九所宣布成立。所里的研究员孙永盛担任主任。

在这个时期,他们接待了一位行业里的美籍华人,专搞原子、分子数据的。听说中国在做这件事,他认为非常重要,也深知其中的困难程度,说这事"没有一个将军,根本联合不了"。

"我们没有将军,照样坚持了15年,而且把中国的原子、分子数据与国际原子能机构做了交流。"杜祥琬说。

"863"激光既然是专家组,又要做具体的事,涉及不止一个具体的单位,必须有一个办公室。否则,写文件、发传真这些具体的工作都无法完成。另外,开会要有人组织,通知开会也要有人办。因为杜祥琬担任秘书长,又在九院工作,而且北京也更方便一些,专家委员会办公室就定在了九院。办公室主任、副主任都定好,一共四五个人,人数少,但是很精干。如果要找地方开会,就在各专家组所在单位轮着开。

行政工作安排好之后,陈能宽、杜祥琬等七八个人就开始思考,分析国内的情况和各个单位优势,把研究工作做分解。当时,激光专家组首先确定了三部曲。目标是什么,怎么定,也就是战略制定的问题;目标实现的途径是什么?最后是技术面的问题如何解决。

激光专家组合照。前排左二为杜祥琬,中为陈能宽

项目非常宏大,需要分解,首先分解成与激光有关的科学技术问题,比如激光的关键技术和物理问题,有哪些科学问题要解决,有哪些技术要解决,应该发展什么样的新型激光器,这一点在最初的时候,是一个非常关键的问题。当时一下子拿不准,就定了好几种,根据各单位原来的工作基础来定。

当时国际上也在发展一些新型的激光器,包括自由电子激光、X射线激光、固体激光、化学激光、准分子激光等。大家分析之后,都觉得看不准,既然看不准,那就先论证,看看各种激光器的优缺点,有了一定的认识之后再定发展方向。

除了激光器以外,还涉及其他的技术,比如说光学加工技术、激光物质相互作用等物理问题。激光专家组定了六个专题,选了六个单位牵头,定了六个组长,又组织六个专题专家组,先通过学术交流、学术研讨来针对各个专题分析,看各自存在什么问题,哪些要克服,哪些要去攻关,哪些关键技术要突破,哪些物理问题要弄清。

这是打基础的阶段,但是也是一个比较胶着的阶段。因为这个时候,还看不清方向,路线不清、目标不清,能不能走通也不知道。当时,国际上也刚开始研究,但是都还没有成功,所以也无法借鉴参考。

从国内激光技术发展历史来看,这一阶段实际上是发展战略的研究阶段。这个领域怎样发展,这一阶段的工作,相当于描绘蓝图。在这个阶段,特别考验人的把握能力和战略能力。专家

与王大珩(左)亲切交谈

组在1987年启动以后就一直抓这项工作。当时的主管领导朱光亚非常关心,尤其是一开始的时候,大家都不知道怎么走,包括顾问王淦昌、王大珩,每次专家组开会,没有特殊情况,他们都会参加,在工作起步中起到了非常重要的方向指导作用。

激光研究,也让杜祥琬重新体验了当初在九院时期的"鸣放会",整个过程中,针对发展方向,走哪个技术路线,各个专家有不同意见,也有争论,但是非常科学民主,大家畅所欲言,

和激光研究组的中青年科研人员讨论技术问题

无论是领导还是科学家，有不同意见都摆开说。陈能宽院士倡导"求索"精神和"红队 & 蓝队"哲学思维，推进科学决策。

"当时有过很激烈的争论，现在回想起来，这些争论都很有意义。例如王之江院士对主激光的选择提出过尖锐而重要的建议，对目标的选择也有不同意见。有争论、有不同意见就可以避免犯错误，也确实及时纠正了一些方向。特别是第二届专家组成立以后，有了比较多的调整，这些调整使得我们的工作可持续地做下去，才有了后面做实验、做样机。

从核到激光，学术民主是必不可少的，科学就是科学，它不是哪个领导说了算，也不是谁地位高谁说了算数。科学来不得半点马虎，对就是对，错就是错，大家都要服从科学。"杜祥琬说，"科学就是要有这种蓬勃状态才能发展，一个人的能力、知识毕竟有限，不能搞一言堂。科技改革不能行政化，改革去行政化就是这个道理。"

为了研究激光，杜祥琬重新学习了大量有关的专业知识以充实自己，由于物理基础扎实，他很快进入角色。他积极领导并参加发展战略研究，对各种激光器的特性和潜力进行研究、分析和比较，在指导思想方面强调物理规律研究和关键技术的突破，为工程研究打下了坚实的基础。杜祥琬执笔撰写了第一份激光主题的发展战略研究报告，对激光技术的历史发展进行了总结，写出相关论文，并且分析了导致前人多次失败的科学技术原因和决策原因。最后大家一起讨论修改，确定了一些基本的目标。他在多次会议上提出了卓有远见、富有启发性的意见。对我国新型激光技术的研究与发展起到了重要的指导和推动作用，使工作打开局面，迈步向前。

借鉴核武器理论研究的实践经验，杜祥琬十分重视总体概念研究以及数值模拟和仿真工作。他要求实验室工作者与理论工作者紧密结合，对各种实验结果不仅要知其然，而且还要知其所以然。他和专家们认真进行强激光技术的物理与总体概念研究，以"实践—理论—实践"的哲学思想指导工作。

第一次发展战略研究报告，其实是对激光研究的初步认识，包括抓什么目标，走什么路径，分几个阶段。这是整个激光研究的探索阶段，带有跟踪性、探索性和试探性。探索到一定程度，在具备一定能力和水平之后，就开始做实验，进入比较独立、自主的阶段。

1989年，我国首次获得了X光激光，这项研究连续获得了几项国际领先的成果，自由电子激光装置成功发射出了亚洲第一束红外自由电子激光。氧碘化学激光的技术路线经调整后，迅速取得了突破性的进展。20世纪90年代初，启动了半导体激光泵浦的固体激光研究。

1991年4月，激光专家组换届，杜祥琬担任第二届专家组首席科学家，陈能宽改做顾问。杜祥琬带领来自中国工程物理研究院、中科院大连化学物理研究所、中科院光电技术研究所、中科院上海光学精密机械研究所、原子能研究院、北京大学、中国科技大学、电子科技大学、中科院物理研究所、西北核技术研究所等高校、研究所不同学科的专家群体，组成了庞大的

"联合舰队",在强激光多个领域展开攻坚战。

这一年,邓小平挥笔为"863计划"工作会议题词:"发展高科技,实现产业化。"再次给为"863计划"攻关的科学家以鼓励。激光专家组从那时开始,每五年制定一个发展战略报告,在2000年前,他们还做了一个20年的发展战略规划,一直到2020年,对之后的激光研究发展颇有参考价值。

开创通向成功之路

第二届专家组相对年轻化,包括范滇元、沙国河、孙承纬、马佳光、彭翰生、姜文汉、龚知本等科学家,大部分都是"30后"。专家组成立以后,又做了第二次发展战略研究报告,修正了第一次发展战略研究报告的一些方向,同时,把目标再进行具体化,技术路线更细,比如以做什么激光器为主,哪些关键技术要安排突破等,慢慢往前推进。1996年,第三届专家组又增加了杨柏龄、苏毅、李德成等专家。

当时杜祥琬和专家组主抓两方面,一方面,几个激光器的出光工作,研究判断几种新型激光的发展潜力。他经常深入科研一线,和科研人员一起分析讨论,提出解决问题的办法,使这几种新型激光在短时间内出光。另一方面,为了确保这个大的科研项目沿正确的轨道前进,他在朱光亚等的指导下主持发展战略再思考的多轮研讨,提出了新形势下研究工作的重点和方向。

激光专家组把阶段性研究成果拿出来,让科技界共同讨论,提出意见。1991年底的战略报告会由朱光亚亲自主持，国内有关部委和专家们一起听，并且提意见。

那场报告，科技部、教育部、国防科工委、中科院等单位的领导、专家都到了。"这也是一种学术民主，使得我们的决策在阳光下运行，养成这样一种学术风气。主要是因为研究起来比较难，国际上没做成的很多，真正想做成也很不容易，所以要多听大家的意见。"杜祥琬说。

举一个例子，就可以知道当时全世界科学家为确定激光研究方向选择面临的困惑。

那个时候，九院对外的学术交流已经很多了，和苏联原子能部交流很密切。苏联当时也在做激光研究，双方又顺势做起了这方面的交流。

当时圣彼得堡有几个光学研究所，还有激光系统公司，苏联解体以后，这方面的研究也市场化了，变成"以民为主"。波罗的海大学一批人出来办了一个激光系统公司，其中有一位教授叫巴列肖，跟中国关系密切。他们当时做二氧化碳激光器，做到很高的功率了。双方交流的时候，巴列肖很热情，一直讲二氧化碳激光器，向中国方面的领导大力推荐。领导就让杜祥琬和几个专家去听他的报告，然后给出意见，看看有没有用。

杜祥琬和几位专家听了之后，都认为这个东西不能要，因为它并不先进。二氧化碳激光器用来工业加工可以，但是做不了很高质量的东西。他们还是坚持做另外的一些激光器，事实证明这个决定是对的，后来巴列肖也注意到了，并改变了自己的方向。

1992年,激光的研究开始有点苗头,当时杜祥琬他们密切关注国际上的情况,同时评估国际上的进展,适当调整自己的安排,1991—1995年,主要的技术路线研究得比较清楚了,一些主要的技术也有了一定的进展和突破。

从1995年开始,激光组开始做一系列的实验,来检验当时的认识。到1997年,又提出了进一步往前推进的计划,那就是做初步的样机,做一点初步的工程,专家组为此起了个名字,叫初级实验样机,往工程上推进了一步。这一步,为21世纪激光技术的一些重要应用打下了基础。

20世纪90年代,第二届专家组先后主持了多次激光技术集成系列实验,并在1997年提出并主持工程化样机研制。1998年,

2000年在激光试验现场,左起:张存浩、桑凤亭、杜祥琬等

杜祥琬又担任"863计划"强辐射重点实验室主任，2001—2006年，任"863计划"先进防御技术领域专家委员会主任，并被任命为大型演示验证试验总师。

在杜祥琬的主持下，第二届激光专家组制定了符合国情的发展目标、研究重点与技术途径等发展战略与实施方案，独立自主地选定了新型的主激光，走出了一条技术途径正确、关键技术扎实、适合中国国情的可持续发展技术路线，开创了我国发展新型激光的可持续发展道路。

多年来的实践表明，经科学论证和审慎选择的技术途径是正确的。在一系列物理问题和关键技术的研究中，我国的新型激光技术取得了突破，多项综合实验都获得了成功。在专家组的领导下，"863"激光技术主题调整到符合国家需要和科技发展规律的轨道，在较短时间内，把我国强激光技术的研究推进到国际先进水平。

他们提出并实施了先期技术集成实验系列。首先是1995年，进行了一次过去不曾实现的实验。在现场观看的专家组成员、激光专家马祖光看后，激动地说了一句拍案叫绝的话："人一辈子干成一件这样的事，足矣！"领导则评价为"历史性的一步，也是万里长征第一步"。我国高新激光研究成效显著，全国大协作形成优势互补，新型强激光研究步入世界先进水平的行列，一些领域进入工程化阶段。

"863"激光技术的研究进展，凝聚了许多专家的智慧和努力。1998年，在一次重要实验时，事先准备好的光学镜出现了损坏,不能承担实验任务。而这个大镜子是必不可少的部件,需要尽快再加工一件。质量要求高,时间又紧,怎么办?正在为难时,龚知本所长推荐了一位姓郝的师傅,说:"他是光学加工专家,很有脾气,但有绝活,他有可能做成这件事。"于是,杜祥琬登门拜访,请求郝师傅出山担此重任。

郝师傅果然不负众望,带领他的徒弟在不长的时间内,完成了这项精密的高质量、高难度"绝活",为实验的成功提供了保证。杜祥琬深谢了郝师傅,这次合作共事使他们成为挚友。这件事使他深知,对于基础扎实、有真本事的专家,就是要尊重,要给他们发挥一技之长的环境和条件!

1999年杜祥琬(右)深入绵阳实验室指导工作

当时的激光研究，基本上是从零起步，而且全世界没有可以借鉴的方法，一切需要从头做起，杜祥琬也承受了极大的压力。

1991年的某一天，杜祥琬忽然感觉头晕，之后几天毫无改善迹象。去医院一查，一向注意饮食平衡的他血压高了。医生说这跟他压力太大有很大关系。当时杜祥琬只有53岁，从那时起到现在，他每天都要服用降压药。

1995年秋，杜祥琬为了试验，多次去合肥。9月7日从合肥回到北京，第二天赶到所里开会，中午骑车回家。在一条狭窄的自行车道上，遭遇一辆逆行的三轮车。骑车的是一位收废品的女师傅，车上堆满废品，超出了车的宽度。杜祥琬被撞倒了，手指被车上的废铁片划伤，流血不止。女师傅也慌了，忙拿出创可贴给杜祥琬贴上。由于下午还有事，现场简单处理一下，杜祥琬就回家了，下午在所里继续工作。直到晚饭后，感觉手还很疼，爱人赶快送他去北医三院看急诊。当时晚上八点多，医生看了后说："如果再晚来一个小时，手指就要切掉。"医生立刻进行急诊手术，重新处理了创口，缝了七针，打了破伤风针，折腾了一个多小时后才回家。第二天一早，杜祥琬就去绵阳开会了，几天后又马不停蹄赶往合肥试验基地。

1999年春，在合肥试验期间，杜祥琬病了。3月下旬，他发现自己面部有一个区域麻木、没知觉，医生一检查，便让他立即住院。北医三院的医生开始以为是脑梗，治疗一周后没有好转，再次做核磁检查，发现是鼻腔内肿物压迫神经所致，肿物良性恶性不能确定，要立刻手术。

4月2日，杜祥琬转入同仁医院，4月8日做内窥镜手术，手术全麻四小时，术后切片为良性，家人才松了一口气。那时候他的爱人毛剑琴工作也很忙，儿子在外地，毛剑琴回忆说，幸亏有所办的徐敏等同志帮忙，否则他们当时可能应付不了。

两周后，4月19日，杜祥琬出院。由于伤口是开放的，每天要用药水冲洗两次。按医嘱应在家休息两周后再去医院复查，但杜祥琬执意要立刻回试验场地，没有办法，爱人只能带着两箱药水，陪同他回到中国科学院安徽光学精密仪器研究所。为了减少感染，"863计划"办公室的张建平找人把杜祥琬所住房间的地毯撤了。毛剑琴待了两天，看情况稳定就回京了，杜祥琬在合肥做完试验，5月份才回到北京。

最早的"863计划"规划到2000年，所以，到了2001年要重新做规划。当时组织了总结汇报大会，邀请各个部门的领导、专家们参加；同时，还举办了展览，当时的国家领导人也前来参观视察。有实验，又有样机，很多人都没想到能有这么大的进展。当时在做总结的时候，一位组外的专家听完之后评价说，15年的时间，出这么多成果，你们是一个联合舰队。

"这个过程确实是强强联合，我们的专家组里，有工程物理研究院，有中国科学院的几个研究所、几所高等院校、部队单位等，这些单位部门的骨干，都有一定程度的参与。专家的积极性充分调动起来了，加上打破部门化协作，以及调动各个单位的协作精神，同时评估国际上的进展，不断地调整自己的方向，可以说取得了很有分量的进展。"杜祥琬说。

同时，因为打下的这些基础，也就有了21世纪前10年更加往前推进的发展。

2001年以后，"863计划"成立了领域的专家委员会，原来激光是一个专家组，因为工作发展，分成了几个专家组，分工更细。专家组上面又成立一个专家委员会。杜祥琬开始做专家委员会主任。2006年，杜祥琬辞任专家委员会主任，转做顾问，主任由工程物理研究院的刘仓理担任。

1986—2006年，杜祥琬投身激光研究20年，这中间，他在1993年担任了九院的副院长，一直做到2001年。2002年，又被选为中国工程院副院长。

1998年专家组会议。前排左起：杜祥琬、龚知本、桑凤亭，后排右一为姜文汉

因为激光有一些敏感性，这方面的报道不多。笔者写作本书，在这个颇为重要的章节也不得不节省笔墨。2014年11月，新华社刊发过一篇"豆腐块"，从中可以窥其一二。

新华社北京11月2日电 由中国工程物理研究院和中科院光电所等单位研发的"低空卫士"系统完成系统调试及演示试验。在真实场景演示验证中，"低空卫士"成功击落固定翼、多旋翼、直升机等多种小型航空器30余架次，击落率100%。

记者2日从中国工程物理研究院采访了解到，"低空卫士"是防范"低、慢、小"目标肇事的有效手段。这套系统发射功率近万瓦、低空有效护卫面积12平方公里，能在5秒内精准拦截半径2公里、360度空域的固定翼等多种航空器，具有快速、准确、无声无息、无附带损伤的特点。

"低空卫士"系统可进行地面部署或车载部署，机动灵活，稳定可靠。未来可广泛用于城市密集区重大活动区域的低空安防。

"低空卫士"是2014年初启动的一个项目，主要目的是维护公共安全，在防御半径之内，对防御对象做到立刻清除。激光团队花了几个月的时间就研发出来了。其优点就是可以精确导向，指哪打哪，不动声色。

2015年9月3日，在纪念中国人民抗日战争暨世界反法西斯战争胜利70周年阅兵式上，这个系统做了升级改造，投入使用，为大阅兵保驾护航，发挥了实际的作用。这是激光拦截系统的首次实用，受到阅兵领导小组的表彰。

人才培养和交流

科学研究，人是第一位的。在"863"的技术攻关中，今天看来，激光专家组做得非常正确的一件事，就是在整个过程中，非常注重对人才的培养。

从1991年杜祥琬担任首席科学家之后，就开始组织青年学术报告会，鼓励参加"863"激光研究工作的年轻人写论文投稿，每年组织开一次学术交流会，后来改成两年一次。

每次讲完以后，专家组提出意见，同时评选优秀论文，并给予一定的奖励。这是一个年轻人展示自己的舞台，年轻人都很感兴趣，参与热情高涨。除了鼓励新的学术思想之外，这个报告会还有交流互动的效果。年轻人一块儿开会，相互交流，会带来一些科研上的启发。

同时，专家组从研究经费里拿出一小部分，设立青年基金，让大家去申请。这个基金设立的初衷，就是希望科研人员除了做专家组安排的课题之外，能够申请到基金，可以做一些探索性的、基础性的课题。因为激光应用性很强，专家们意识到，没有基础研究就没有后劲。这两件事取得了很好的效果。

另外就是学术交流会议,激光专家组经常举办学术交流,同时加强国际交流,在国内组织国际会议,邀请国内外的专家学者参加。在这些国际会议上,往往会促成一些合作。

当时,欧洲科学家组织了一个国际高功率激光系列会议,在欧洲各国巡回举办,每两年一次,中国激光组的科学家也时常被邀请参加。2004年7月18—23日,第15届高功率粒子束国际会议(简称 Beams 2004)在俄罗斯圣彼得堡市召开,会议由俄罗斯科学院、俄联邦能源部、俄联邦教育与科学部主办,埃夫雷莫夫(Efremov)电物理研究所承办。中国激光组专家也参加了,并在会上做了报告。

欧洲这个国际会议有一个国际顾问委员会,会议的主题是什么,在哪里开,邀请谁做报告,都是由顾问委员会定的。杜祥琬的老朋友巴列肖是国际顾问委员会成员,巴列肖在这次的委员会上提议,委员会里面应该有一位中国科学家,并且推荐了杜祥琬,会议一致通过,杜祥琬由此加入了国际顾问委员会。2008年之后,他年届七旬,正式写了一封信给国际顾问委员会,表示因为年龄的关系退出委员会,并推举了年轻的科学家唐淳。

欧洲科学家的国际会议非常活跃,影响力也很大,开了多届。后来有人就提出建议,能否在欧洲之外的国家开?当时一些非欧洲国家都提出申请,日本、澳大利亚都很积极,中国自然也不甘示弱。最后经顾问委员会讨论一致通过:2014年的第20届国际会议在中国开。至于城市,委员会认为,反正要经过北京,所以干脆选在四川成都。由此,这个国际会议第一次走出欧洲。

会议召开的时候,杜祥琬已经不再担任激光专家委员会主任,而是由工程物理研究院的刘仓理担纲。会议由中国工程物理研究院、中国光学学会、国际光学工程学会(SPIE)主办,工程物理研究院是主要组织者,杜祥琬担任会议的名誉主席。这个学术会议首次来到中国,为年轻的科技工作者带来了学习和交流的机会,增加了中国科学家在这一领域的影响力,推动了激光领域研究的科研进步。

2016年,恰好是"863计划"30周年,杜祥琬在一次访谈中感慨,这30年,有几代人为"863计划"做出了贡献。比自己平均大二三十岁的几位老科学家算一代,他这一批"30后"算一代,而现在冲在第一线的带头人四五十岁,加上干活的这些年轻人,已经是四代人为之做出不懈努力了。

"这是四代人、多个单位集体共同的智慧结晶。"他说。在激光技术研究上,如今已形成了老中青三结合配套的人才体系。在激光技术与应用上不断创新,中国大有希望。不但要在高科技国防上有所应用,还要实现产学研相结合,逐步建立大型激光龙头企业,以带动我国激光产业的发展。

作为第二代人,杜祥琬对王大珩、王淦昌这一批老科学家严谨的学术态度和情怀,有很深的认识。当时,王淦昌已80高龄,王大珩也已经到了古来稀的年纪,还积极参加专家组的会议,亲自参与项目。他们的战略眼光很高,能一眼看到本质问题。这些老科学家都不止一次地讲到光束质量的概念，他们提到，激光的高功率很重要，但是比功率更重要的是光束质量。

激光的质量，取决于激光的发散角，激光的方向性很强，发散角要尽量地小，才能发挥效力。老科学家一直强调，激光质量是核心。杜祥琬清楚地记得，有一次他们做完实验，做得很好，王大珩现场讲话，别的不说，就强调光束质量，说现在光束质量做到这个地步，是一个非常大的进步。在场每一个人都能感受到王大珩对激光质量的看重。

老一辈科学家的思想一直对激光研究起着指导意义，杜祥琬说，他们后来一直把激光的质量称为"生命线"，围绕这个生命线做各个有关的技术环节，一起改进，保证质量。

王淦昌在原子能院做准分子激光，研究到一个阶段，出光能量做到了100焦耳，大家都认为可以算一个阶段成果了。原子能院组织了一个鉴定会，前面的发言，都肯定了这个成果的进展。轮到王淦昌发言，他说，做到100焦耳，光束质量不好也没有用，没有用！

王淦昌连着说了两个"没有用"，大家听了都觉得很震撼。因为这个项目的发起人是王淦昌，带头人也是他，周围一片赞扬声的时候，老科学家却旗帜鲜明地"自我否定"。大家都深刻感受到了老一辈科学家治学的严谨和心地无私的科学精神。

"做到100焦耳当然还是有用的，王老的意思，是一定要改进，要把光束质量做好。"杜祥琬说，"这句话给人的震撼，不仅仅是一个学术的概念，还是一种学术的态度，一种学风。有

1990年和王淦昌（右）

些鉴定会上，大家都说好话，发起人当然更要给自己捧场，但王老不是这样，科学家就是科学家。"

杜祥琬转向"863计划"以来的20年激光发展研究，是他最为繁忙、压力最大和绞尽脑汁的20年，也是学得多、进展大、体验深的20年，是一段从事大科学系统工程研究的宝贵实践。2006年后，杜祥琬不再担任首席和专家委员会的主任，但作为顾问，他继续关心领域的工作，参加新项目的论证，提出建议，支持中青年带头人，把工作推向新的高度。

在较短时间内，杜祥琬带领技术专家和科研工作者，把新型激光技术的研究推到国际先进水平，取得大跨度技术进步和

第七章　为了那一束光　159

激光专家组合照

2018年激光团队合照

科学界公认的杰出成就，获得了多项国家级奖励。在激光研究的实践中，他不断学习、总结、提高，写出了一系列重要论著。光束质量是一个核心问题，对此，他写出了《光束质量的四因子描述》《实际强激光远场光束质量的一种评价方法》，以及《高能激光系统若干物理因素的分析》等文。他主编并参与撰写、由专家群体集体创作出版了220万字的《高技术要览——激光卷》《高技术词典（激光技术部分）》等著作。

中科院路甬祥院长等专家和领导，于1999年11月5日专门听取了杜祥琬对"863"激光项目进展情况的介绍汇报，路院长说："在12年不长的时间里，达到这样的水平很不容易了。科学院一定全力支持，全力参与，全力配合。"2007年，路院长还邀请杜祥琬在中科院夏季常委会上，就激光项目的协同创新做了专题报告。

激光物理与技术是杜祥琬学术生涯的第二个领域。杜祥琬在核武器与强激光技术两方面的成果获得了国家科技进步特等奖、一等奖、二等奖，部委一等奖、二等奖等共10多项奖项，是国家有突出贡献的中青年专家、国家"863计划"先进工作者，出版专著4部，发表论文70余篇。2017年，他整理了在这个领域工作期间可公开发表的论文，汇成一册《激光物理与技术研究》，由科学出版社出版。我国著名的化学、物理学家张存浩院士和著名物理学家陈佳洱院士为该书作序。

第八章

能源战略与学术道德

意外当选副院长

2002年,中国工程院领导班子改选前夕,两位中组部的同志来到杜祥琬家。

当时徐匡迪已经从上海调到工程院担任党组书记,几个月后就改选院长。徐匡迪是专家型领导,之前在上海担任市委副书记、市长,任上很有成就,口碑很好。如今调到工程院先做了书记,杜祥琬理所当然认为,下一届新院长就是徐匡迪。他以为中组部的同志是来找院士就新一届领导班子征求意见,就表态支持,没想别的。

结果到了六月初,要开院士大会选举了,徐匡迪约杜祥琬

2002年中国工程院第六次院士大会工程管理学部院士合影留念

到办公室谈话,告诉杜祥琬,工程院副院长下周就要选了,你是候选人。杜祥琬一下子蒙了,这事他完全不知道啊。

而且他从来没想过,用后来他回忆时说的一句话概括:这是原来在生活道路里面没有想过要走的一段路。杜祥琬的科研生涯里,本来就是核和激光这两大部分。他每年跑实验场,每一个实验都要研讨准备,1997年当选中国工程院院士以后,仍然忙得不可开交,一个是"863",另一个就是九院的事情。那时候他还是九院的副院长,虽然当选了院士,但从来没参加工程院的活动,对这事完全没有思想准备。

徐匡迪告诉杜祥琬,他做副院长候选人,是院士提名的,又征求了一些老领导的意见,然后中组部做了考核,集中在几个人的身上。

这不像以前了,当年杜祥琬婉拒周光召任期时的副所长职务,还可以商量,这次是组织的任命,推不掉,只能等着选了。院士大会开完,杜祥琬成了中国工程院副院长。同时担任副院长的还有王淀佐、沈国舫、邬贺铨、刘德培,都是在冶金、农林、计算机、通信、医学、生物学领域有建树的顶级科学家。杜祥琬分管能源学部,还担任科学道德建设委员会主任。

当初谈话,徐匡迪为了给杜祥琬鼓劲,把工作说得很轻松,说这里弹性大,你一周来两三天就行了,九院的事也不耽搁,还可以照常。以杜祥琬的性格,干任何事都要

2007年杜祥琬(右一)随徐匡迪院长(中)访问波兰和俄罗斯

投入、认真,要弄明白,所以,这个副院长一上手,实际情况完全不同了。当时杜祥琬恰巧刚刚卸任工程物理研究院副院长,对工程院的事就开始比较投入,他发现这个工作的确有弹性,但正因为有弹性,要用劲发力的话,可以没完没了地工作。

如何当这个副院长?杜祥琬其实真没经验。他原来做的都是具体的研究工作,对这个新的工作性质不太清楚。工程院的工作,除增选院士外,就是给国家做工程科技项目的咨询,这跟过去做具体研究不一样。这个新工作需要有宏观性、战略性、前瞻性,不但要对具体技术有了解,还需要对国际及历史

2007年与工程院老领导合影

中国工程院成立十周年

情况有所了解。杜祥琬分管能源学部,那就需要对中国的能源有了解。他自谦对核能知识"多少了解一点",但是对整个能源方面的知识,就有很多新的东西得学习。

"为了掌握全局,为了能从宏观上把握和驾驭这个领域的发展,为了能够组织大家一起来做这件事,就必须得学习,而且学习量特别大。"杜祥琬说,他每一次工作转岗,从核武器转到激光,激光转到能源,都少不了学习。但从根本上说,一直没离开物理的大范畴。

中国工程院没有任何下属研究所,形式上比较松散。用杜祥琬的话说,就是一个几十人的小机关,为院士们服务。其基本工作是就国家重要工程科学技术问题开展战略性研究,提供决策咨询。工程院的工作比较纯粹，最大的好处就是超脱。不存在争项目、争经费的情况。用杜祥琬的话说，工程院"没腿，没拐棍"，有课题了，把行内专家找来，就课题做一些沟通，通过研究，出一个咨询报告。

这期间，杜祥琬主抓的很重要的一件事是能源。因为之前一直从事核研究。进入21世纪，世界能源问题越来越严重，经济突飞猛进的中国，能源问题更加突出，结构问题、供需问题、能源和环境问题，矛盾越来越尖锐。另一则是因为中国石油化学工程专家侯祥麟。说起来背后还有一段小故事。

侯祥麟，中国石油石化工业的开拓者和奠基人，中国石油化学工程学家、两院院士。2003年，时任国务院总理温家宝看望侯祥麟，看到91岁的老人依旧精神矍铄，就提出建议，希望侯祥麟能继续发挥专长，发挥余热，领衔研究中国石油资源可持续发展的问题。于是，那次会面之后，侯祥麟担任了"中国可持续发展油气资源战略研究"课题组组长。

德高望重的侯祥麟开始召集专家、组队伍，徐匡迪、王淀佐和杜祥琬被聘请为顾问，分工联系能源学部。因为这个关系，杜祥琬有机缘接触到侯祥麟，侯老的人格魅力，深深感染了杜祥琬。

课题启动的第一次会议，杜祥琬因出差缺席了。第二次课题开会时，刚宣布开会，侯祥麟就从座位上站起来，拿了一个本子，隔着几个座位走向杜祥琬，要给他补发聘书。如此庄重，令杜祥琬意外而感动，杜祥琬赶快站起来，诚惶诚恐地迎了过去说:"应该我去您那儿接才对!"

这个细节让杜祥琬记忆犹新,感慨万千。侯祥麟去世后,杜祥琬写了一篇文章纪念这位可敬的老人,特别提到了这个细节。

2004年6月,在中南海第一会议室,侯祥麟领衔的课题组向国务院常务会议做了正式汇报,时任工程院院长徐匡迪也做了发言。国务院领导对课题成果给予高度评价。那天,侯祥麟的夫人病重,却瞒着侯祥麟,老人做完报告赶到医院的时候,夫人已在弥留之际。相濡以沫的夫人离开后不久,哀痛中的侯祥麟又提出,刚完成的课题只研究了2020年前的油气供需和替代问题,需要进一步研究2020—2050年的油气供需和替代问题。

几番接触,杜祥琬为侯祥麟人格魅力深深折服。2005年,中国工程院、中国科学院、中石油、中石化做出了《关于向侯祥麟同志学习的决定》,并得到了中纪委、中组部和中宣部的鼎力支持。几个单位联合成立了工作领导小组和办公室,杜祥琬被推举为领导小组的组长,针对宣传,他提出了"科学求实、丰满厚重、普及可读、立体生动"16个字的要求。在组织的一系列活动中,特别有影响的是电影《侯祥麟》和侯老的事迹报告会。在人大小礼堂举办的这次报告会,由师昌绪等组成报告团,主题为"科学家讲科学家",温总理以普通听众的身份听了整场报告。

因为这层缘故,杜祥琬开始对能源非常关注,也认识到了中国能源问题的严峻现实。他利用自己的院士身份,在各种场合不遗余力地为中国的能源问题鼓与呼。2005年,他参加首届清华大学建筑节能学术周,为我国首座"超低能耗示范楼"落成剪彩。2006年,他参加"中国可再生能源发展论坛",并做大会主题讲话。2008年,他做客首都科学讲堂,做了题为"对我国能源、环境可持续发展的战略思考"的科普讲座。2009年,他出席"首届中国能源企业高层论坛",就中国能源战略、中国能源的可持续发展之路做专题演讲。

为了进一步加强对国家能源战略规划和重大政策、能源开发与节约、能源安全与应急、能源对外合作等前瞻性、综合性、战略性工作的领导,2005年下半年,国家成立了国家能源领导小组,领导小组聘请有关方面专家组成专家组,为领导小组决策提供咨询。杜祥琬被聘为专家组成员,开始进入我国能源问题的核心智囊机构。2007年12月,国家能源领导小组专家组调整为国家能源领导小组下的国家能源专家咨询委员会,杜祥琬担任咨询委员会副主任。专家咨询委员会下设六个专业委员会,由40名国内著名专家组成,承办国家能源领导小组交给的各项任务,为提高国家能源决策水平献计献策。

2006年3月,中国工程院正式启动了"中国可再生能源发展战略研究"重大咨询项目,杜祥琬担任咨询项目负责人。黄其励、石元春、李俊峰都是这个项目的主要带头人。围绕我国可再生能源发展的战略问题开展咨询研究,计划用两年的时间完成调研与分析,最后撰写咨询报告,提出相应的对策与建议。

受到侯祥麟提出的后续课题的启发,杜祥琬觉得,对于中国能源,工程院能源学部是有责任的,应该做一个更全面的中长期发展研究报告。杜祥琬把这个意思报到院里。在得到院里批准通过之后，他便开始领衔，进一步着眼中国能源全局的可持续发展，开展了"中国能源中长期（2030、2050）发展战略"的咨询研究。这个项目成为工程院的重大咨询项目，课题聚集了老中青200名左右的专家、几十名院士。

主持能源发展战略研究

能源涉及方方面面，煤炭、石油、天然气、生物质能、地热、太阳能、风能、水电、核能等，还有节能、提效这个大问题。当时中国最大的问题是煤炭能源一家独大。进入21世纪，煤炭价格暴涨，"煤老板"一词应运而生，这个带着鄙夷又带着某种意义上羡慕的称呼，意味着一夜暴增的财富，也意味着中国进入煤炭消耗大国行列。中国煤炭专家开始提出科学产能的概念。

要研究能源，就不能忽略煤炭。当时中国的煤炭专家已经在疾呼，中国煤炭储备本身不足，无序、粗放式的开采又造成了大量的浪费和环境污染。中国通常是挖一个煤矿丢三个，因为煤老板出于投入和产出的考虑，每次开采，只把最富的部分挖了，剩下的弃之不用，既污染环境，也浪费资源。专家痛心疾首。另外就是煤炭的洁净问题，如何生产出环境污染小的煤炭，也是一个很迫切的课题。

杜祥琬觉得应该先找这方面的专家，他给清华大学热能工程专家徐旭常院士打电话,两人聊了很长时间。杜祥琬问老徐,能不能研究一下煤炭洁净化度的问题?徐旭常说,这个太复杂了,这方面取决于很多阐述的方法。杜祥琬说,咱们要不研究,就没人研究了。就是这句话,让徐旭常加入了课题组。在后来的课题里,徐旭常提出洁净化度的概念,而且还提了一个表达式,计算出中国的煤炭洁净化度应该在2030年、2050年达到的数值。

咨询报告一共分七个专题,一是节能,二是煤炭,三是油气,四是可再生能源,五是核能,六是电力,七是综合。七个专题七个组,每组都有一支队伍,分别研究,每过一段时间就进行一次综合研究。

在北京香山召开"中国能源中长期发展战略研究"项目组会议

经过三年的时间，到2010年，课题组形成了一套能源战略规划。七个专题有七个报告，其中包括一个综合卷和其他，比较系统地研究了中国能源问题，提出了一些新的战略思想，产生了很大的影响。其中一些想法向上做了汇报，国务院、能源局、发改委都听了报告，尤其是能源局，领导一直参加课题讨论，作为能源局发展战略决策的支撑，这个报告起到了直接的参考作用。

报告提出了中国能源战略的六字方针："科学、绿色、低碳。"

"科学"，就是能源发展要有科学发展观，在科技进步的基础上实现能源供需模式转换。在过去，为了满足工业高速增长，中国能源供需模式一直是粗放供给，以后要转变成科学供给，满足合理需求。根据这个发展战略思路，提出了"科学供给、合理需求"的概念。

"绿色"，顾名思义就是环保，污染排放对环境不利，要减少污染排放，比如二氧化硫这些颗粒物要减少。

"低碳"则是针对温室气体排放提出来的，在中国，当时这是一个新概念。以二氧化碳为代表的温室气体，虽不是污染，但会造成温室效应。降低温室气体排放，就要做到"低碳"，这跟降污减排在工作方向上高度一致。

六字方针出来之后，无论院里还是行业上，大家普遍认可。一位国家领导人到工程院考察，特地问什么叫"低碳"，听了以后恍然大悟。不管对气候变化有什么争议，中国走绿色低碳都是绝对必要的。

在六字方针之下，工程院提了六个子战略，每个战略都做了详细的论证。

第一个战略是节能优先战略。特别是化石能源、煤炭和石油，中国的节能面临很大的挑战，根据2010年的数据，中国的GDP占全世界10%，却用了全世界20%的能源，单位GDP能耗是世界平均水平的两倍。

问题出在什么地方？其中一个原因，就是技术进步问题、效率问题，更重要的是产业结构问题，中国近年的发展速度很快，但是产业结构不合理。高耗能的第二产业比重过大，钢铁、水泥、电解铝、化工增加过高过快。

2010年课题组结题的时候，中国的水泥年生产20.8亿吨。也就是说，全世界60%的水泥在中国生产。其实市场已经趋于饱和了，虽然中国还在大力盖房子、修公路、修铁路、修机场，但当时水泥的生产量已经超过需求，当务之急是必须调整结构。

另外，中国的钢铁生产已经占到全世界的50%以上，中国钢铁专家之前就论证，中国有6亿吨钢铁足够用了，当时产能已经到7亿吨多甚至8亿吨，严重过剩。

所谓节能优先战略，首先是从产业结构介入，把高能耗产业降下来，至少是不再增长。与之形成鲜明对比的是，中国的第三产业一直滞后，这一产业既是社会必需，又节能环保，而且还增加就业。尤其是随着中国进入老龄化社会，对服务业有非常高的需求，所以，要提高第三产业的比重。

基于此，咨询报告提出了能源总量控制的目标，所谓控制，主要是化石能源的控制。后来，在2013年出台的"十二五"能源规划里，政府提出了"十二五能源总量控制"的目标，能源总消费40亿吨标煤。虽然不一定完全是这个咨询报告的作用，但可以感受到这个课题沉甸甸的分量。

第二个战略是煤炭的高效洁净利用。中国当时煤炭能源占比70%，但是使用效率很低、很粗放，引发的环境、生态、安全问题都很尖锐，尤其是煤矿事故，矿难频发，每次事故都会引起社会舆论关注。煤炭组提出"科学产煤"的概念，其实就是科学产能，衡量指标就是保证生产的安全和对环境生态的保护。

当时中国年消耗煤炭30亿吨，其中只有不到一半符合科学产能的标准。但是中国正处在高速发展期，煤炭需求旺盛，不能迅速做到科学产煤比例的快速提升。在这个背景之下，非科学产能比例的降低还需要一个过程，咨询报告建议，中国要有步骤地提高科学产能分量，降低非科学产能比重。

科学产能还涉及效率问题。在21世纪初，有的电厂每生产一度电要消耗370克煤，十年后改进到330克。尤其是上海外高桥的一家火电厂，能做到一度电消耗煤炭270克左右。这也是高效利用的概念。针对煤炭洁净化，咨询报告在煤炭子战略中做出了洁净化公式，可以作为煤炭技术的衡量标准。

第三个战略是石油天然气。咨询报告认为，石油天然气要保持一定的战略地位，石油必须大力节能。中国自己每年生产2亿吨石油，进口2.5亿吨，总体趋向增加进口，但同时要节能、要发展替代。

而天然气作为一个相对洁净的化石能源，要增加使用比重，因为天然气比起煤和石油来，碳排放度低。

另外，页岩气、煤层气、天然气水合物等非常规天然气，也是相对洁净能源的支柱。在中国的能源里，天然气当时每年使用一千多亿立方，才占到能源总比重的3%多一点。咨询报告认为，应该从现在的一千多亿立方每年增加到两千、四千，哪怕六千多亿立方，在能源结构比中提高到5%～10%，甚至10%以上。

中国天然气储藏总量大概是40万亿立方，按照每年四千亿立方的开采速度，也就支撑一百年的时间。而且中国的页岩气埋得很深，开采成本很高，不像美国的页岩气埋得很浅。页岩气的开采一般采用水力压裂法，需要水，中国有页岩气存储的地方缺水，这都造成了中国页岩气开采的难度和成本高企。

第四个战略是可再生能源要作为重要的战略方向。在可再生能源里，水电比例占到67%，但是中国能够开发的河也就那么几条，该不该开、要不要修那么多的阶梯电站，一直有很多争议。咨询组的共识是，做好生态论证，积极开发水电。

从长远来说，比水电贡献更大的太阳能、风能、地热能、生物质能、海洋能值得重视。

在这个领域，咨询组进行了资源的详细分析。当时整个科学界有一个认识，认为在风能资源上，海洋大于陆地，是陆地的两倍，包括很多专家都认同这个说法。课题组跟气象局联手做研究，还进行了数值模拟，得出了一个相反的结论：中国的风能资源陆地大于海洋，前者是后者的两倍多。中国风能总资源大约是20亿千瓦装机，再乘以可开发系数，可利用的风能资源大约是10亿千瓦，其中陆地大约占到6亿～7亿千瓦，海洋2亿～3亿千瓦。

后来追溯这个老结论的来历，发现这个说法来源于丹麦。丹麦是利用风电的先进国家，因为该国家陆地面积很小，海岸线很长，基本上没有台风等大风，对于丹麦来说，海洋的风电资源大于陆地。

原来是各国地理不同的原因。

关于太阳能，课题组也进行了分析，计算了中国可以利用的光能资源，扣除不可利用资源，中国可利用的太阳能发电资源大概是20亿千瓦。

这是一个巨大的数字。而且，中国的太阳能利用已经有了一定的发展，从20世纪70年代开始做，尤其是在农村，太阳能热水器比较普及，基础很好。

但在光伏发电和光热发电上，仍然存在很多问题。

首先是间歇性，无论是风能还是太阳能，一个最大的问题是间歇性，也就是每年的运行时数问题。核电一旦建立，基本可以做到风雨无阻，每年工作七八千小时。但是风电、太阳能要"靠天吃饭"，风电一年一千五到两千小时，太阳能也就一千五百多个小时。

中国的太阳能光伏发电当时只有百万千瓦，一个原因是技术瓶颈，另一个原因就是经济瓶颈。所谓技术瓶颈，主要是成本问题。国内的太阳能电池大多是出口欧洲，因为中国劳动力相对便宜，太阳能电池价格低，欧洲市场愿意接受。但是对于中国市场来说，这个价格就有点高。中国太阳能电池的生产量是世界第一，消耗了中国的能源，排放了二氧化碳，但是都卖给国外了，而且中国也没有发起电来。这客观上逼着国内的企业转型，改进工艺、提高创新力，把成本降下来。

美国、德国、日本等国的实验室，都在探索尝试用新材料做光伏发电，基于硅的改进也有新技术突破。太阳能电池现在做得好的也就是10%～20%的光电转换效率。这几个国家的实验室，可以提高到40%以上。

另外就是经济效益问题，中国发展可再生能源，是一个长远的事情，短期内难见经济效益，但是国内的企业需要看到利润，所以需要调和其中的关系。

当时非水的可再生能源评估，有专家认为是四个字：微不足道。

这确实反映了现实情况。不过后来课题组系统研究之后，给出的定论是：将举足轻重。因为课题组做了展望，到2050年，可再生能源如果占到25%～30%，真的是举足轻重的地位。

说到太阳能，就涉及科学技术问题。中国的科学家非常聪明，但是在基础研究上却落后于国外。杜祥琬说，这牵扯一个非常深刻的问题，中国缺乏让人静下心来做研究的科研环境。

1978年3月，全国科学大会在北京隆重召开，邓小平在会上发表重要讲话。他着重阐述了"科学技术是生产力"这一马克思主义观点,强调知识分子是工人阶级的一部分。邓小平的讲话,打开了禁锢在知识分子身上的桎梏,科学迎来了新的春天。

但是,近些年来,市场经济蓬勃发展,也造成一些人和机构的急功近利。科学技术是第一生产力,如果一时转化不成生产力的科学技术,是不是也要大力支持?也要发展?

杜祥琬认为,中国科学界在战略上一定要有长远的层次安排,要容忍失败。中国的太阳能技术发展就是典型。美国很多大的实验室都是企业的,整个创新机制已经发育得很好。但是中国有差距,不少企业还没有想到那一步,这个主体目前只能是政府,这需要政府大力投入。

第五个战略是核电。咨询组认为,中国的能源战略选择之一是核电。2011年3月,日本爆发9级地震,引发福岛发生核事故。对于发展核能,世界上一直有不同声音,国内也开始议论,课题组又开了一个题,叫作"中国核电发展再研究"。

课题组分析了三次核事故,认为核电在技术上是可以做到安全的。针对福岛核事故,课题组非常清楚地了解到它是怎么产生的,外部原因、内部原因、如何防止,都有严谨的报告。课题组研究之后认为,中国一定要坚定不移地发展核电,前提是要安全。比如怎样稳中求进,把基础工作做得更扎实一点。包括安排好全产业链条,从最上游的铀资源,到燃料的循环、提炼、浓缩,以及核电站,燃料的后处理,废物处置等,都做出了详尽的报告。

这个研究报告，给了中国的核电发展战略非常积极的影响。2012年2月，"核电再研究"初步报告赶在了国务院常务会议前一周送到了国务院，时任总理温家宝看到报告提出，希望2月8日的会上，工程院做五分钟汇报。

那次常务会的主题是"一年来的核电安全检查汇报"。之后，杜祥琬代表工程院做了汇报，几位国务院领导都表示了肯定。2011年日本福岛核泄漏之后，国务院立即要求开展全国性的核电安全大检查。新的项目暂停上马，在建的继续建。温家宝总理提议，要把安全大检查确定的整改措施落实了，再公布规划。安全检查结束之后，到了2012年10月，国务院常务委员会最后批准了《安全规划核电发展2020规划》，正式启动了新项目。但很慎重，只在沿海发展，内陆暂不启动建设，但保护备选厂址。

中国的核电潜力很大，核电在中国电力领域能源占比不到2%。全世界的电力资源，核电占比15%，相比之下，中国核电发展空间大，也很迫切。2012年，在多哈气候大会上，杜祥琬曾经问俄罗斯代表团未来的能源发展计划，答案也是发展核能、水电。俄罗斯油气资源很丰富，仍然要发展非化石能源，更不要说中国了。

第六个战略是电力系统。报告认为，中国要发展更为高效安全和新能源友好型的电力系统，就是所谓智能电网。电源侧和用户侧，要把信息技术跟电力技术结合起来。在将来中国能源结构里，电的比例要提高，因为电是比较好的高效能源，但是在电力结构中，火电的比例要降低，可再生的电力、核电比例要升高。

当时咨询组的规划，是2030年要成为中国能源的转折点，从那一年开始，中国每年煤和石油的用量要开始下降，污染、二氧化碳的排放也要降低。

在所有报告里，能源综合组做得非常系统。课题组把2050年前，以科学供给满足的合理需求画了一个结构图像，其中包括碳放排的曲线，如果做得好，2020年之后就能达到峰值，最迟也会在2025—2030年，这取决于中国未来十多年发展方式的选择和科学技术的进步。

咨询组归纳了大概10个创新点，提到了中国能源供需模式的转变，比如要从粗放供给转变到科学供给，还有科学产能的概念，特别提出了两类发达国家的概念。

在能源利用上，发达国家有两类。第一类是美国、加拿大，在当时，这两个国家每人每年消耗10吨标准煤；第二类是欧洲和日本，人均能源消耗是美国、加拿大的一半，而且还在稳定下降。中国则是欧洲和日本的一半，人均每年消耗2.26吨标准煤，并且在增加。在电力消耗上，美国、加拿大人均每年耗电量是1.4万度，日本、欧洲是7000度，中国是3500度。

基于这种情况，国内常有人说，在能源消耗上，中国还有很大的发展空间。杜祥琬认为，这个思想非常危险。如果算一个算术，美国人口占世界4.5%，每年消耗全球20%的能源，如果都像美国一样，按照这个比例，整个世界的资源消耗将是现有资源消耗的4倍多，这绝对是一条死路。中国若要走美国的道路、时间、空间都不允许，日本、欧洲的道路可作借鉴，以显著低于美国的能耗实现现代化。

2012年，杜祥琬带着课题组又开了一个课题。十八大提出，在经济指标上，2020年要比2010年实现两个翻一番：GDP翻一番，居民可支配收入翻一番。课题组就去研究发达国家的数据，发达国家在20世纪70年代完成人均GDP从5000美元到一万美元的跨越，在此期间，能源消耗增长最快的美国，但是也只有13%。

为什么GDP翻一番，能耗只增加13%？经过研究发现，是因为这些国家在这个过程中调整了产业结构，提高了能效。如今，很多发达国家经济依然在发展，但人均能源消耗基本上已经不增长了。

相比之下，中国在这方面就没那么乐观了。即便完成"十二五"能源控制总量目标，每年耗费41亿吨标煤，能源的消耗增长仍然达到了26%，远远高于当年的发达国家。这警示我们必须转变发展方式。

在能源综合板块，课题组提了很多建议。除了发展方式之外，在经济手段、行政手段、舆论教育手段都提供了很多可操作性的办法，课题组甚至提出应该倡导健康的物质消费、丰富精神追求的生活方式。

对国外的节能生活方式，杜祥琬深有体会。他曾经访问日本，发现名古屋大街上行驶着相当数量的丰田生产TOYOTA0.6排量小汽车，日本人以0.6排量为荣，车小而轻，省空间排量又小。但是中国却在攀比大车，好像只有容量大、排量高才有身份。日本的人均GDP是中国的10倍，可是中国人的车却比日本人的大且豪华。经济落后，观念落后，中国要做的还有很多。

在咨询报告接近尾声的时候，2009年哥本哈根会议前，中国论证对国际做碳排放的承诺，主管这项工作的发改委组织了国家气候变化专家委员会、工程院等专家进行论证讨论，国务院最后确定承诺：2020年比2005年单位GDP能耗下降40%～45%，这个数值，国务院留了点余地。

进入2013年，中国的雾霾越来越严重，行业里开过一次座谈会，有人以伦敦雾霾为例子，提出先污染后治理的理念，认为现在的雾霾很正常。杜祥琬说，其实很多国家并不是这么走过来的，先污染后治理的库兹涅兹曲线并非同一个模样，那个"先污染山顶"的差别相当明显。

美国就是高耗能的典型，作为一个发达国家，美国人均能耗、人均排放，都是世界最高。但日本却是一个低耗能的典型，日本人均GDP跟美国差不多，达到人均四万多美元，但是日本的人均耗能只有美国的二分之一，人均排放是美国的三分之一。"日本的案例证明，一个国家可以用较低的排放、较少耗能实现发展。这些数据很说明问题，目前的情况，是我们自己的发展方式粗放，过多消耗资源，牺牲了环境，而不是不可能做好。"杜祥琬说。

"何况我们中国自己提出了新型工业化道路，这个是有道理的,为什么要走新型工业化道路?因为第一,中国人口多人均资源少。第二我们是后发,后发应该吸取先发的教训,在21世纪,有更好的节能技术,有更好的新能源技术,提高能效的技术,我们理应比他们做得更好。"杜祥琬说。

反恐丛书、ITER项目、特高压

除了能源咨询,杜祥琬在工程院期间,还主持了"反恐科学技术问题"的研究。

2001年,"9·11"恐怖袭击事件发生,中国成立了国家反恐怖工作协调小组。次年,公安部成立反恐怖局,地方也相应设立机构。整个社会开始关心如何反恐。

工程院经过分析,认为有四类反恐科学技术问题:一是爆炸,二是化学,三是生物,四是核与辐射,这四类恐怖活动都涉及科学技术问题。如何应对?做一些准备,减缓或者防止恐怖危害。工程院由侯云德院士建议,在杜祥琬的主持下,做了一个"反恐科学技术研究"的课题,杜祥琬、钱七虎、沈倍奋、陈冀胜、潘自强等几十位院士、专家进行研究,一共完成了四部专著和四部科普丛书,还有一本通俗读物。

杜祥琬把课题组的成果概括为"4+4+1",第一个"4",是四个课题出的四本专著,第二个"4",是四本高级科普的书,这套科普书本来是要给大众看的,但是科学家们写着写着还是太高深,对他们来说,写专业的好写,科普反而不容易。于是就有了最后一个"1"。杜祥琬当时提建议,再做一本以图画为主的书,作为大众科普读物,让公众知道,碰上恐怖事件应该怎么办。工程院找了个美编画了一些图,出了一本书,这就是最后那个"1"。

2006年10月,中国工程院举行《反恐科学技术问题系列丛书》首发式,该丛书由科学出版社出版,是我国第一套反恐科学技术问题系列丛书,撰写和出版历时4年。其中,《公众应对恐怖事件常识》——就是最后那个"1",是一本面向普通公众、特别是青少年的通俗科普读物,书中包括"遇到投掷类爆炸装置时如何处置""在商业中心受到生物恐怖袭击时如何做好个人自救""眼部染毒时如何进行清洗"等内容,采用图解的形式告诉公众有关爆炸、生物、化学、核与辐射恐怖活动的基本知识、应对措施。这本书最薄,但印数最多。

在工程院担任副院长期间,杜祥琬还做了一件事,就是讨论中国参加国际热核聚变实验堆计划项目的问题。

国际热核聚变实验堆计划,简称"ITER 计划",倡议于1985年,并于1988年开始实验堆的研究设计工作。经过13年努力,耗资15亿美元,在集成世界核聚变研究主要成果基础上,ITER 工程设计于2001年完成。该计划将集成当今国际上受控磁约束核聚变的主要科学和技术成果,首次建造可实现受控聚变反应的聚变实验堆,将研究解决大量技术难题,是人类受控核聚变研究走向实用的关键一步,因此备受各国政府与科技界的高度重视。

最早中国没有参加这个计划,2003年1月,国务院批准我国参加ITER计划谈判。参加这个计划需要进行总额度10%的投资,涉及钱的问题,还要不要参加这个计划?这笔钱从哪里出?科学界对此有不同意见。

国家主管领导做了批示,要求进行充分的科学论证,科技部组织一批专家开会研讨,结果还是无法统一意见。最后就要中科院和工程院等几个部门提供咨询意见。

杜祥琬可是"圈内人"——他曾经参与氢弹的研发,之后多年一直从事核试验诊断。时任中国工程院院长徐匡迪就把这件事交给了他,要他牵头拿初稿。

这件事在院士圈里引起了空前激烈的争论,赞成者反对者各执一词,而且各有各的道理。

当时工程院有五百多名院士,跟核能源有关的院士二十多位,杜祥琬的做法,是把持有不同意见的院士聚到一起,赞成的不赞成的,让大家都表达出来。最后归纳了五点意见,一共一千多字,作为工程院的意见,大家一致同意。徐院长做了文字斟酌定稿,为国家决策提供了有益的参考。

这件事让杜祥琬加深了一个认识:当一件事情有不同意见的时候,不要怕分歧,直面它其实是一件挺有意思的事。让大家说够了,再找共同点,找一个科学的平衡点,事情就解决了。

除了ITER之外,杜祥琬主持院士团队,曾经为中国特高压示范线路的上马提供咨询。

在我国,特高压是指±800千伏及以上的直流电和1000千伏及以上交流电的电压等级。一般的电网电压是500千伏，国家电网公司提供的数据显示，电压升高之后，可以大大提升电网的输送能力。

但是，特高压也面临了很多反对的声音。

特高压是一项新技术，世界上还没有国家搞过，美国资源多，没有迫切需要，俄罗斯曾经想做，但是没做成。中国要做，就是第一个吃螃蟹的人。当时国内的科技界有一个"潜规则"，上项目都要参考国外，如果有先例，就容易被批准，如果没有的话就很难。客观上讲，这也很好理解，因为这样可以规避风险。电压一高就存在安全问题、经济问题等，投入产出划不划算？因为有不同意见，领导就指示要工程院提供咨询。

工程院就让杜祥琬管这个事。杜祥琬不懂输电，但是毕竟这是属于能源的事。于是把不同意见的院士、科学家召到一块。不管怎么说，特高压的技术很有价值，是一个很好的方向，但也确实涉及各种问题。大家经过讨论，形成了一个意见：特高压示范线路应该做，不管怎么样应该要示范一下，做完以后再来判断搞什么样的电网。

当时示范线路确定以后，2006年就启动了，在山西太原，还召开了1000千伏晋东南—南阳—荆门特高压交流试验示范线路工程开工动员暨施工合同签字仪式大会。2008年12月30日22时，该工程投入试运行，2009年1月6日22时，顺利通过168小时试运行。之后几年，中国特高压技术越来越成熟。

科学道德建设的"树木与森林"

在工程院担任副院长期间,杜祥琬还担任科学道德建设委员会主任,主抓学术道德建设这项工作。

此时,科学道德的问题已经很严重了。工程院已经有一套科学道德委员会的制度,是前任副院长、三峡工程总设计师潘家铮主持制定的。潘家铮是首任科学道德委员会主任,杜祥琬是第二任。接手科学道德委员会工作以后,杜祥琬经过思考,提炼了涉及四个方面工作的十六字方针:院士自律、完善制度、弘扬楷模、社会监督。

所谓"院士自律",指的是科学道德归根结底靠科研人员自律;"完善制度",指的是论文剽窃等事件发生之后,制定的投诉处理的解决办法和一套制度;"弘扬楷模"是树榜样,以优秀院士的事迹感召科研人员;"社会监督",指的是如何处理社会上的投诉,同时,鼓励社会对科研人员进行监督。之后的科学道德建设,基本按照这四个方面开展。还真收到了不少投诉信,而且涉及好几位院士。

2006年,就发生了一例涉及院士的论文涉嫌剽窃案。当时国内某学术打假人在自己创办的网站上,转发了国际某著名杂志的主编声明,主编认定,2005年发表在其杂志上的某篇文章,抄袭了日本某位学者的成果。

这件事情的发生,首先源于被侵权者。日本那位学者最先发现自己被侵权,发现之后马上投诉到主编,主编一看证据确凿，马上在杂志上发表自我检讨，然后通知中国的作者。按照正常情况，中国作者也要发表一个自我评价作为回应。

这篇文章有四位署名作者，第一作者是一位讲师，他的导师——工程院的一位院士名字也列在了后面。

杜祥琬领衔的科学道德委员会立刻着手展开调查。侵权基本事实很清楚，不难判定，于是找到当事者。该院士说自己不知道这篇文章，而且第一作者投稿的时候没有告知他，他不知道文章署了自己的名。

如果严格按照制度，署了名就要负起责任。但是当事者却说自己不知情，而且第一作者也证实，署名的时候没有通知这位院士，这就很难取证了。在制度上，似乎没有专门针对这种情况做出规定。

但事有凑巧，在事情发生之前，该院士的另一篇综述文章里，引用了这篇事后被证实为抄袭的文章。这间接证实，该院士是知道这篇文章的。

事前知不知道署名是一回事，作为科研人员，发生了这件事情，至少说明是疏于自律。最后，杜祥琬找这位院士谈话，明确了该院士在这起侵权事件中的责任。后来通过几次讨论，科学道德委员会形成了一个意见，向院领导做了汇报，对该院士进行全院通报批评。该院士也做了自我检讨。

之后还发生过好几件类似的事情，它反映了科学界这个问题的普遍性。工程院后来做了一个统计量比较大的关于科学道德的调研，中国科协也做了调研。杜祥琬特此在全院的会上专门做了一次报告,主题是加强工程院和中国科技界科学道德建设的意见,由此也完善了一些制度。

为了规范学术道德,杜祥琬领导的委员会,想了各种办法。从2003年增选院士完毕之后,工程院都会给每位当选院士写一封信。这封信最初由杜祥琬起草,徐匡迪院长修改定稿,每一次增选完都会公布。后来的几任领导又做过一些文字修改。期待殷殷,苦口婆心。这封信开头写道:

"中国工程院院士"是中国工程科技界的最高荣誉称号,这个称号是国家和人民对您多年来的辛勤努力和取得成就的充分肯定,同时也意味着一种新的责任和鞭策。

我们能获得院士的殊荣,除了自己的努力,更有国家的培养和时代提供的机遇,有前辈、师长、同事和家人的帮助、教育和支持。在每一位院士成长的道路上,洒满了前辈和同时代人的汗水,在我们取得的成绩中,凝结着千百万人的心血,在我们的双肩上,担负着民族的嘱托和希望。我们都是中国人民的普通儿女,没有什么特殊之处,只负有特殊的责任。

接着写道:

为了不辜负国家和人民的期望,让我们以如下八条共勉:

1. 继续发挥自己在工程科技领域的专业特长，开拓创新，自强不息，深入工程科技实际，在身体允许的情况下，尽量从事一线工作，努力为祖国的现代化事业和青年人才的培养做出新贡献。

2. 您将会感受到社会各方面对院士很高的期盼和尊重，这需要以清醒的头脑面对。要谦逊地评价自己，严格地要求自己，不宜过多地社会兼职，不能尽责的职务不要兼任，特别是负有行政责任的实职更应谨慎，婉拒过高的、不适当的物质待遇，不参与媒体对本人成果的"炒作"，维护院士称号的崇高和尊严。

3. 院士不是"万事通"，应避免参加各种与自己专业无关的评审、鉴定、咨询等活动，要拒绝商业性广告，旗帜鲜明地反对伪科学和封建迷信活动。

4. 在当选院士以后，更要谦虚谨慎、客观公正、平等待人，不以"权威"自居，保持优良的学风，带头营造科学民主的学术环境和氛围。

5. 继续弘扬科学精神，以身作则，唯真求实，力戒浮躁，淡泊名利。实事求是地充分肯定同行和同事们的贡献，尊重他们的劳动和成果。正确处理成果、论文和报奖的署名和知识产权问题。加强对自己的学生和助手等年轻人在科学道德方面的教育和培养。

6. 遵守我院制定的院士自律规定和各项行为规范。在增选新院士时，谨慎公正地用好院士的推荐权和选举权，准确把握院士的标准和条件，不受干扰，公正无私地进行评审和选举。

7. 在各方面严于律己，主动听取并正确对待各种意见，自觉接受群众、单位和社会的监督。

8. 院士的作用是重要的，但能当选院士的人毕竟是少数。院士有责任和义务广泛团结自己周围的科技工作者，共同为国家的繁荣富强而奋斗。

在最后，希望大家"把这封信放在案头，记在心头，常阅常新"。

2001年，杜祥琬当选中国科协常委，参与学术交流委员会和科学道德建设委员会的工作，2011年转任中国科协荣誉委员。

2019年，中国工程院院士增选启动前，在北京举行"守正扬清"系列宣讲活动的首场报告会。作为中国工程院原副院长，杜祥琬受邀作了《道德警钟向"净土"响起》的主题报告。在报告中，杜祥琬讲述了几位老院士"干惊天动地事、做隐姓埋名人"的感人事迹，也分享了一些院士在增选工作中坚持科学道德、抵制歪风邪气、树立清风正气的事例。近些年来，科学道德水准下滑和不正之风正在严重侵蚀院士增选工作，在院士增选工作中，有些候选人弄虚作假、侵占成果、助选拉票，进行多种不规范活动。杜祥琬深入分析了不良风气干扰院士增选工作的根源和危害，号召院士们坚持学术行为标准、做"大写"

的人，为社会树立良好的榜样。

2009年，在重庆召开的第十一届中国科协年会"科学道德建设论坛"上，杜祥琬作了发言，总结了中国科技界不端行为的示例13种类型。多家媒体都做了详细刊登，一位记者在采访杜祥琬的时候，说他看到之后很震撼。在接受记者采访时，杜祥琬说，这些都不是空穴来风，每一个类型背后都有张三李四的名字，都有具体的材料。甚至在院士增选过程中，一些院士候选人或者候选人单位都会有不规范活动，道德委员会一再重申纪律，最后因此取消了其中几个候选人的资格。

杜祥琬总结的13种科技学术界的不当行为包括：

论文著作造假、抄袭、剽窃；

靠拉关系、靠"忽悠"来争项目、争经费；

在自己并不了解的领域以权威姿态发表评论，误导公众；

评审学术成果搞"友情评审"；

伪造学历，伪造所谓SCI（科学引文索引）；

申报奖项搞包装，对有关的评委、工作人员拉关系，甚至贿赂；

以不实的评审材料申报课题项目；

有院士、知名学者兼职过多过滥；

有专家在评审项目和成果鉴定的时候，不能超脱本单位或者抛开相关单位的利益，不能坚守原则；

有学术单位为了评估集体作假，从"应试教育"到"应试科研"，扭曲了科教的价值观；

有科技管理部门把管理权力化、利益化,偏离了管理的科学性,也使投机取巧者得利;

有领导干部违反科学程序,干预评审、评奖,甚至干预院士评审;

有科技工作者以钻营代替钻研,以权术代替学术。

当时,有一位名叫苟文俭的专栏作者特别为此写了一篇文章,在文章中,他指出的问题更为深刻。

杜祥琬院士痛陈当下学术界的13种不端行为,虽然只是有的研究者、有的领导干部、有的单位或部门,但在最圣洁的科研领域,在我国为什么会出现这些研究者、这些领导干部、这些单位或部门?他们是怎样形成或发展起来的?他们都受到了什么样的惩治?他们恶劣的负面影响,是正在消除还是正在不断蔓延发酵?

……

但我们看到的事实是:在我国,当下学术界搞13种不端行为的研究者、领导干部、单位或部门,他们之中很少有人受到惩治,绝大多数都正在享受着他们用不端行为获得的利益!他们恶劣的负面影响,不是正在消除,而是还正在不断蔓延发酵!!

……

这位专栏作者提到的,其实是中国学术的根本问题。杜祥琬对这些问题心知肚明,他可以打假、规范学术,却无力对这些做出根本改变。

2012年，在石家庄召开的中国科协年会上，杜祥琬作了科学道德教育的发言，发言主题为"科学道德教育要既见树木，也见森林"，其言谆谆，触及问题的根本。

进行科学道德教育，既要见树木，也要见森林。

先说树木型问题：每个学生、每位教授都好比一棵树。与植物界的树木不同的是，人文社会里的树木之间是由社会关系相联系的。在一定意义上，有母树、子树、孙子树之间的关系。在教育界、科技界都存在着母树作师表，子孙来传承和发展。涉世不深的青年，首先是看着自己的老师、校长是怎么做的。

一位单位领导成功打包几个本单位成果，自己做第一完成人，他对大家说："我可以运作成一项国家级的奖项。"结果果然成功。

学生看在眼里：文章可以这样出炉，奖可以这样得，教授可以这样运作评选成功，甚至在院士增选过程中也动作频频。学生自然会想，原来大树是吸收这样的"营养"成长的！

所以，学生固然需要教育，科学道德首先在于教师、领导者、管理者。后者的科学道德教育更为重要。

科学道德教育本质上是做人的教育。做事先做人。所以我们说，科学道德教育是一门基础课，是科技工作者人生的必修课。这门课的上法是身教加言教，身教重于言教。所以，身为师长者，要为人师表，身体力行，做学生的样板。这样对学生细润无声的教化和熏陶，是长期而深刻的（这样的老师是有的），加上经常的言教和制度，才可能培养出有真知识且品行端正的人才。

再说森林型问题：一个例子是，某校30个教授竞聘一个处长。这是权力和利益使然。还有一个例子是，科协、工程院调研报告显示，影响人才成长的两大因素是："忙事务"，管理制度使然；还有"想当官"，学而优则官。这是大环境的问题，是森林中的大气、水和土壤影响树木成长。根本上，学术氛围乃是学术界的价值观、人生观问题，是追求什么价值、目标的问题。两类不同的学术环境对比是鲜明的。

一类环境，是以追求真理、造福人类为目标；人们关心学术，欣赏优秀的创新学术成果；弘扬"大学精神、科学精神"；提倡独立思维、创新文化；肯坐冷板凳，时间和精力集中于研究，互相尊重，善于协作。出问题有章可循。

另一类环境，是单位追求排名、荣誉；个人追求评价、利益、金钱、权力；必然导致钻营、急功近利、关系学充斥；时间精力花在运作、包装、应付评估，甚至造假、剽窃等，不择手段；恶性竞争，互相排斥，无诚信可言，自慰"社会都是这样"。出了问题不有力惩前，也难以毖后，或治标不治本。

不错，树木本身应增强抗病虫害能力，但不同的森林环境对树木生长具有宏观的、批量的、长远的影响。科学道德教育需着眼建设健康的大环境，建设崇尚学术的价值观和精神文化。

"学术环境、学术生态"的再造是紧迫而具战略性的。快速发展中的中国，客观上对人才和创新成果有很强的需求。但同时，处在社会转型阶段，信仰缺失、诚信缺失，体制性弊端的大环境问题，在教育界、科技界有深刻而普遍的反映。科学共同体需要下大力气构建以自律为核心的，教育、制度、文化、法制、监督相结合的科学道德诚信体系。

在科学道德建设中，教育的重要作用是显然的。这个教育不只是一门课、一本教材，而是要从根本上办好中国的教育事业。学校要远离浮躁的功利主义，回归育人治学的本色，回归宁静与踏实。学校应该不仅是获取知识的平台，更应是提升思想境界、培养人文精神的摇篮，是崇尚真理的圣殿。为此需要做出的努力是巨大而深刻的。

他是老科学家了，一些科研人员和他自己的孩子同龄，栽培年轻人是他的使命。在他眼里，科研人员就是树苗。那么，这些树苗需要什么土壤？目前的科研体系存在什么问题？杜祥琬和另一位副院长，带领队伍，做了一个针对七大领域、八千人的统计调查，涉及航空航天、机械、能源、化工、建筑等行业的"863"首席科学家，还有一些研究员以上的学者。结果出来，调查表设计了20项影响人才成长的原因，选项最多的是"忙于事务"，其次是"官本位"。

结果一目了然。

忙于事务，忙的是什么？其实就是争经费、跑关系，应付检查等，这些严重影响了科研人员的科研工作。

有一次，杜祥琬遇到著名实验物理学家、美籍华人丁肇中。丁肇中提到，瑞士日内瓦大型强子对撞机的实验室，科学家一进去就是两个星期，在里面吃饭睡觉，可以全身心投入工作。杜祥琬听了很感慨，中国的科学家天天忙于事务，跟人家怎么比啊。

"官本位"思想是科研的天敌，学而优则仕，人才稍一成长就去当官了，谁都向往副校长、院长那个位子。因为有权啊，比搞科研风光。

2005年和丁肇中（右一）做学术交流

杜祥琬花了很多工夫调研这件事，深刻揭示了中国科技界的问题。结论发人深省，针对科技制度改革，他们提了很多具体的建议。

在就学术界的13种不端行为接受记者采访时，杜祥琬就表达过自己的观点。他认为，不科学的学术评价体系、不完善的学术制度和法律制度，以及当下社会上的不良风气，都是造成学术界道德问题的原因。论文造假剽窃，在全世界都存在，但是中国出问题多。杜祥琬认为，对论文发表数量的硬性规定，这种评定标准也存在不科学之处。他在一次演讲中特别提到这个问题，并且以中国古代著名哲学家老子的例子做对比，为此还搞出了一个不大不小的"事件"。

在重庆那届科学道德建设论坛上，杜祥琬除了讲到科技界13种不端行为，强调科研工作者的自律之外，他还特别提到了评价标准的科学性。一个硕士生、博士生，需要发表的论文篇数过多，又做不出来，只好东拼西凑，就很容易造假、剽窃、代笔。杜祥琬举例，按照规定，硕士研究生需要发表两篇文章才能答辩，中国古代哲学家老子李耳写了一篇《道德经》，通篇只有5000字，按照现在标准也就是一篇论文，按照这个标准，老子连硕士都当不上。他的这篇"经"，人们却研究学习了上千年。他最后评价：这就启发我们反思，对定量和定性的评价该如何掌握。

这么一段话，媒体非常感兴趣，都进行了转载报道，可是最后以讹传讹，一家报纸报道的时候，以为这个"老子"，是杜祥琬指代自己，自作主张把"老子一辈子只发表过一篇论文"里的老子就改成"我"，文章出来，成了"我一生就写了一篇文章，只有5000字"。文章一出，舆论哗然。

有读者反映，查了一下杜祥琬的资料，光有据可查的至少就有50篇论文，还出版了多部专著，怎么是只发表了一篇论文呢？这怎么回事？杜祥琬后来和那家报社取得了联系。报社很重视，最后查那期报纸的整个出版流程，发现问题出在审稿编辑，是审稿编辑的理解出了问题。报社为此做了郑重的更正道歉。

事情出了笑话，但是杜祥琬说的却是事实。学者们要去争一个职称，才有高一级的待遇。研究生要毕业、要尽快糊口养家，论文数量是一道关卡，必须在有限的时间发表若干篇论文，否则就毕不了业，书生走投无路，只能铤而走险。

如果这种事情已经成为一种现象，仅仅从结果上去追溯控制，而不从根本上找原因，其实是扬汤止沸、于事无补的。

对于生长在森林里的树木，如何给他们成长的环境？还是要从森林角度解决大环境的问题。石家庄那次演讲，杜祥琬委婉地道出了根本问题。

第九章

那是一种精神

群星璀璨

从20世纪60年代参加工作之初,杜祥琬先后在邓稼先、于敏、王淦昌等一批杰出科学家领导下工作,老一辈科学家治学的严谨、勤奋,深刻影响和塑造了杜祥琬从业、治学的科学精神。

杜祥琬从莫斯科留学回来分配到九院理论部。当时的理论部主任是邓稼先,副主任是周光召、黄祖洽、于敏、周毓麟等,这些人年富力强、建功追梦正当时,他们高尚的品格精神、严谨的工作态度,都给杜祥琬留下了深刻的印象。

钱三强是中国原子能事业的开拓者和奠基人,也是改

2009年与黄祖洽夫妇（左）

变杜祥琬命运的人，正是在他的积极推动下，包括杜祥琬在内的那一批留苏生才得以成行，让他走上了核理论物理的研究道路。

杜祥琬参加工作时，钱三强已是二机部主管核工业的副部长，兼任原子能研究所所长，是原子弹、氢弹研制的主要组织者。他和杜祥琬没有直接打交道，但因钱三强的推动，杜祥琬走上了这条道路。对此，他一直心存感念，无怨无悔。

1980年，中国物理学会在北京举行学术年会，杜祥琬见到钱先生。休息时间，钱三强出来散步，杜祥琬特地走到他面前，很有礼貌地打招呼，说：

"钱老，您是改变我生活道路的人！"

在四川风景秀丽的山水边

钱三强会心地笑了,他紧紧地握着杜祥琬的手,意味深长地反问:

"你后悔吗?"

"不后悔,追随您的事业很荣幸!"杜祥琬笑答。

钱先生当时已是67岁,他慈爱地拍拍杜祥琬的肩头,笑了。

这笑容,是新一代与老一辈无言的心灵交融,也是那一代知识分子对往昔岁月无怨无悔态度的一种表达。尤其是对于钱三强来说,谈起20年前那段攻克尖端技术的岁月,回忆是复杂的。他所领导的原子能研究所可谓"满门忠孝",从1959年至1965年7月,调入科技人员共计914人。但是因为赶上"文革",中国第一颗原子弹爆炸成功后仅仅三天,钱三强就被派往河南农村参加"四清"运动,他甚至都没能参加原子弹爆炸的庆功会。

在钱三强的推荐下,实验物理学家王淦昌和理论物理学家彭桓武、空气动力学家郭永怀一起调入二机部九院担任技术领导,分别主管实验研究、理论研究和设计研究,被公认为是核武器研制领域的三大支柱。在当时,学生辈的邓稼先亲切地称他们为"三尊大菩萨"。

王淦昌参与了中国原子弹、氢弹原理突破及核武器研制的试验研究和组织领导,是中国核武器研制的主要奠基人。王淦昌曾经做过杜祥琬的直接领导,也是改变杜祥琬命运的一个重要人物。1961—1978年,他历任二机部九所副所长、中国工程物理研究院副院长。

早在苏联留学时,杜祥琬就听说这个让苏联科学家都敬重的中国人。在苏联一部新闻纪录片里杜祥琬还看到自尊心极强的苏联人,毕恭毕敬听王淦昌教授讲话,给他留下了难以磨灭的印象,对他在苏联的学习触动很大。

1960年底,王淦昌在杜布纳研究所任期届满,谢绝了苏方的挽留,回到中科院原子能所。1961年,二机部部长刘杰、副部长钱三强紧急约见王淦昌,向他传达了中央关于研制核武器的决定,请他参加领导原子弹研制工作,王淦昌的回答只有一句话:"我愿以身许国。"从此,他化名"王京",加入原子弹研制工作中,从学界和公众视野消失了整整17年。这是让杜祥琬感到非常震撼的一件事,后来他能在四川山沟里坚持搞科研,二十年如一日，不能不说是受到了王淦昌这种默默无闻的奉献精神的激励。

王淦昌非常关心中国科学技术，特别是高科技事业的发展。1986年3月，他与王大珩、杨嘉墀、陈芳允一起提出了对中国高技术的发展有重要意义的建议，促成了发展中国高技术的"863计划"，又一次改变了杜祥琬的人生轨迹，使得他的研究方向从核武器研制转到了强激光领域。

杜祥琬曾经这样评价王淦昌："他始终代表科学研究的方向，努力求新，不断追求新的超越。"

在中国倡导发展核电，他是促进者；发展准分子激光，他是带头者；发展激光核聚变，他更是首创者和推动者。更让人吃惊的是，这些事情都是他60岁以后做的，这让杜祥琬深深感到，一个人60岁以后还可以干很多大事，这对他是一个极大鼓励。"有时候年龄稍微大一点，就觉得没劲了，干不动了，但是一想起王老，真是不敢偷懒。"杜祥琬在一次谈话中说。王淦昌先生于1998年12月10日病逝，杜祥琬怀着深深的敬意，一气呵成地写出了悼文《科学泰斗，良师益友——深切悼念王淦昌先生》，于1998年12月23日首发于《科技日报》，并被多家报刊转载。王老的告别会在25日。这篇文章成了告别会前唯一见报的悼念王老的文章：

> 王老最后的几个月，病情急剧恶化。每次去医院看他时，心中总被一种不祥的预感所笼罩：难道我们真的要失

去王老了吗？11月14日，他在病床上谈到神光Ⅱ工程时，用清晰的语言对我们说："中国人不应当干得差，靠大家努力！"12月5日，已十分虚弱的他，又对联合实验室的同志用力地说："一定能成功！"他是在不遗余力地鼓励后人，推进中国的激光核聚变事业。34年前，正是他，创造性地提出了"用激光引发核聚变"的思想。几十年来，他一直是这项研究的实干家、带头人，是树立在这支研究队伍最前头的一面旗帜！

王淦昌是20世纪中国科学界最杰出的人物，是物理学界的泰斗。王淦昌先生早年的杰出成就之一，是提出了独到的探测中微子的实验方法。经过系统的研究、思索，他在1942年1月的《物理评论》上发表的《关于探测中微子的一个建议》一文中，提出了利用$7Be$经K俘获成为$7Li$的单能反冲原理测量中微子的存在。1947年又在《物理评论》上发表了《建议探测中微子的几种方法》一文。当时国内无实验条件，国外物理学家按他建议的方法进行的实验，确定了中微子的存在。这一独具匠心的工作，受到国际物理学界的高度评价。可以说，这是一项与诺贝尔物理学奖擦边而过的工作。

我第一次知道王淦昌这个名字，是1960年在莫斯科，王淦昌领导的研究组在杜布纳联合核子研究所发现反西格马负超子的研究成果公开发表，引起了科学界的轰动。当时，我还是一个在莫斯科学习的学生，从新闻纪录片上看到了苏联学者在王先生面前毕恭毕敬地请教问题。这个镜头在我的心中留下了终生难忘的印象。回国后,每次听王老说起"中国人不比外国人差"时,总使我想起这个镜头。是的,中国科学工作者应当有这样的自信和自尊,应当对人类科学的发展做出第一流的贡献!

  王先生回国后,根据国家的需要隐姓埋名,投入中国核武器的研制,成为这一事业的主要奠基人。作为初创阶段"冷实验委员会"的主任、副院长,他不仅为原子弹和氢弹的突破立下了汗马功劳,而且为奠定核武器研究的技术基础(如脉冲功率技术)解决了许多关键技术问题。核试验转入地下后,年过花甲的他,为测试方法过关,花费了大量心血,使我国的地下核试验做到了一次试验,多方收效。1997年春,王老在家门前散步时,被一个骑车的年轻人撞倒,致使大腿骨折,卧床半年,体质大为下降。记者在报上披露此事,批评那位撞倒老人逃之夭夭的骑车人,文中称王老是"中国原子弹之父"。王老看后对我们说:"这样称呼不合适,原子弹是集体搞出来的,我没有做什么!"深知王老对我国核武器事业做出重大贡献的我们,听了这几句话,除了被他的崇高品格和美德深深感动外,还能说什么呢?!

  王老是我国高技术研究发展计划的开创者。1986年3月,他和王大珩等四位科学家向中央提出了建议,认为开展高技术研究"事关我国今后国际地位和进入21世纪后在经济和国防方面能否进入世界前列的问题"。科学家的思想和邓小平的高瞻远瞩相结合，便诞生了我国著名的"863计划"。他经常来参加我们激光技术专家组的研讨会，耄耋之年的他仍然思维敏捷，总能提出许多具体的问题和看法。他不仅大力推动了我国高功率固体激光和准分子激光的发展，还对新型的化学激光、X射线激光和自由电子激光的发展提出过重要的意见。其中，氟化氪准分子激光研究，是王老亲自领导在中国原子能科学研究院搞起来的。1990年底，实现了百焦耳激光能量输出的"七五"目标，1991年初，召开了这个阶段成果的鉴定会。通常，来参加鉴定的专家总是要说不少好话的，可是王老那天却对自己带头搞出来的成果严厉地说："一百焦耳，光束质量不好没有用，没有用！"他的话，震撼了每一位与会者的心。这句朴素而尖锐的话，包含着对发展强激光的一个根本性的深邃的见解：一定要把光束质量放在第一位。以后几年，在发展各类新型强激光的实践中，许多始所未料的现象和问题，究其源，常常与光束质量有关，这大大加深了我们对王老那句话的理解。近年来，包括氟化氪准分子激光在内的各类强激光，不仅进一步提高了输出能量和功率，而且显著改善了光束质量，听到这样的进展，他总是高兴得合手鼓掌。

20世纪90年代以来，我国新型强激光的发展上了几个台阶，王老十分关注，11月中旬，他在病床上得知最近的一次大型实验取得圆满成功的消息时，激动得从被子里伸出右手，跷起大拇指说："干得好，祝贺大家！"1992年11月，王老到绵阳参加中国工程物理研究院的发展战略研讨会，听了"开拓科研新领域"的报告后，他在讨论会上给予了热情的鼓励，并明确地建议，今后院里的工作应该是三条线："核武器、高技术、军转民。"此后，"三大任务、三个基地"已成了我院新时期工作的指导思想。实际上，鼓励创新，是王老学术思想的特色，他曾说："科学上的新追求，才是我的最大兴趣。"90岁高龄的他，还亲自赴香港做关于能源的讲学，他讲的不是一般的能源问题，而是事关人类未来的、可持续发展的、洁净的新能源。他是一个活到老、学到老，求新到老的人！

王老的人品光彩照人。他是一位伟大的爱国者。曾在德国留学四年并在世界各大国享有盛誉的王淦昌，始终坚持以报效祖国为己任，不惜隐姓埋名，甚至忍辱负重。"文化大革命"拉大了我国科学技术与世界水平的差距，王老心急如焚。一次谈到激光聚变时，他摇着头说："我们开始得比人家早，不应该比人家差这么多，不应该！"他谆谆叮咛出国进修的青年人：学成后一定要回来，中国需要人才。他倡导全国一盘棋的大协作，常说"中国科技工作者要团结一致，参与国际竞争"。

正是在王老等老一辈科学家的不倦努力下，中国科学院和中国工程物理研究院在激光核聚变领域已进行了

20多年卓有成效的大协作。王老为人正直、感情丰富而真挚。他深深敬爱周总理，1976年初，总理去世时，他正和我院的同志一起在外地出差。回京后，清明前，北京应用物理与计算数学研究所的同志们准备去天安门广场为周总理敬献花圈，王老闻知，一定要去，并坚持同大家一起挤公共汽车去。在广场，他冒着初春的寒风和小雪，脱帽向总理遗像深深鞠躬。不料，竟有个别人向王洪文写信告状，说有人"绑架人大常委王淦昌"去天安门广场闹事。王洪文下令追查"反革命"。王老正在三线出差，接到追查组的调查信，他气得发抖，愤怒地说："胡说八道！什么'绑架'，我是自己要去的！悼念总理有什么罪？！"他就是这样大义凛然地抵制了追查，保护了同志，大家都从内心敬佩王老的品格。王老处事实事求是，有啥说啥，朴实无华。去年大家祝贺他90大寿，请他讲话时，他说："买了这么多花篮来，不好，太浪费了，卖花的人倒是发财了。现在贪污浪费太多，不好！"1980年，中国核物理学会在兰州召开代表大会，年过七旬的王老主动坚决辞去了学会理事长的职务。从此，许多学会都不约而同地有了一个惯例：理事长均不超过70岁，还是王老带的一个好头。

　　王老是第一流的科学家，却非常平易近人、和蔼可亲、生活俭朴、关怀后辈。一些早年跟过他一道工作的小伙子，如今已是满头银发，王老还经常念叨这些同志，见了面，就深有感情地说："你们也都不小了，要注意身体啊！"使我永远难忘的是，1996年6月1日，星期六一大早，家里的电话铃响了，是王老打来的。他说："好几个同志都对我说，你干得太累了，要劳逸结合，当心身体！请毛剑琴接电话，我要请她照顾好你的生活！"顿时，一股热流通过我的全身，比我年长30岁的王老，竟以这般的真挚和深情，关怀一个后人的健康。这是多么可贵而动人的情怀！写到这里，我不禁热泪盈眶。啊，王老，我的良师益友，忘年之交，我们除了加倍努力工作之外，还有什么办法回报您的一片真情，告慰您的在天之灵呢？！

彭桓武是当时原子弹、氢弹理论研究的主要主持人，杜祥琬从事的是氢弹试验诊断理论突破，因此彭先生对他的影响更加直接。

彭先生早年留学英国，师从玻恩和薛定谔，30岁不到就和另外两位科学家一起发表了HHP理论，轰动了国际理论物理界，在英国学术界有极高的声誉和地位。可当他听到日本投降的消息，就毅然返回国内，希望能以自己所学重建家国。曾经有人问他为什么要回国，他很干脆地回答："中国人回自己国家不需要问为什么，不回来才要问为什么。"

初入九所，杜祥琬就在彭桓武的领导下工作。彭桓武学术功底深厚、治学严谨，给刚参加工作的杜祥琬留下很深的印象。

2005年和彭桓武（右）、朱光亚（左）

在起步初期，杜祥琬所在的课题组在攻关过程中遇到弹塑性理论这个"拦路虎"，彭桓武帮了很大的忙。1970年前后，杜祥琬所在的组，当时在做一个与核爆炸效应有关的课题，研究的介质不是固态，也不是流体，而是一种弹塑性状态。由于没有这方面的理论基础，大家都在啃书本，进展缓慢。彭桓武的办公室和杜祥琬的近在咫尺，有一次，杜祥琬在走廊上碰到彭桓武，彭桓武问他最近忙什么？杜祥琬说正在为研究弹塑性问题啃书本，不知道怎么解决。彭桓武就说，找个时间一起讨论一下。

那天，组里的年轻人抬了一块黑板，彭桓武拿着一支粉笔，给年轻人推导弹塑性理论的方程，一个黑板写满，擦掉接着再写。他也没有任何稿子，但是推导得非常系统、清楚，然后讲这些公式、方程的条件如何去假定,有哪些物理参数需要实验来获取。讲了一上午,让杜祥琬一干年轻人佩服至极!原来没有讨论过弹塑性问题,不知道彭桓武在这方面也这么精通。

彭先生工作起来从善如流,也很乐于提携后人。杜祥琬曾听九所一位老同志吴翔回忆一个小故事。

1969年,有一次在核试验场讨论地下核试验的具体问题,彭先生讲完后,于敏站起来说:我补充一下。其实于敏的观点和彭先生的不一样。于敏讲完,彭先生立刻站起来说,于敏说得对,按他说的办。

"科学理念本身就具有普适性和实践性,这在彭先生身上体现得很好。他始终工作在第一线,亲自推导公式、方程;他虽是理论物理学家,但却非常重视实验。"杜祥琬说。

当年在一起攻关核弹,杜祥琬印象深刻的是彭桓武的"粗估"能力。因为当时计算机的计算能力比较差,算起来比较慢,但是,有些实验的数据要做一些初步判断,大家叫粗估。彭桓武的粗估能力很强。另外,他还有一个很重要的研究哲学,那就是在事情很复杂的时候,抓主要因素,如果一件事情中重要因素和不重要因素比例是3:1,那么,1可以扔掉,3要留着。在这种思想指导下,一些困扰大家的问题往往能够迎刃而解。

1984年,九院以彭桓武为首的科学家的名义申报并获得"原子弹、氢弹研究中的数学物理问题"自然科学一等奖。按国家规定,第一获奖人应去领奖,彭先生却不愿去领,强调这是集体完成的，并提笔写下"集体集体集集体；日新日新日日新"。1999年，中共中央、国务院、中央军委授予23位"两弹一星"功臣功勋奖章，彭先生收下这个奖章后，却把它上交给单位了。

彭先生调到中科院后，工作重心转回到他所钟爱的理论物理上。其时，他已年过花甲，却始终活跃在学术前沿，学术上还颇多创新。2005年6月，学界在清华大学举行研讨会，庆祝彭先生90寿辰。彭先生在会上作了《广义相对论——一个富于刺激性的理论》的学术报告，同大家分享了他近年来的研究成果。晚年，彭先生总结自己做学问的经验，以"主动继承，放开拓创，实事求是，后来居上"16字诀遗赠后学。

2005年，在彭桓武90寿辰时，杜祥琬特地写了一首小诗表达对彭老的敬意："物理理论功底深，严谨治学见精神。辛勤耕耘育人才，两弹事业立功勋。九十春秋术深新，学界泰斗仍谦逊。肃然起敬前辈师，童心不泯永献身。"

彭桓武生活简朴，温饱即可，对物质享受从无要求。杜祥琬入九所时，彭桓武已是副所长，主管理论部。杜祥琬发现他经常穿一件蓝色咔叽布上衣。因衣着太过寒酸，一次去书店买书，差点被人当成小偷。改革开放后，彭桓武依然故我，世纪之交还穿着50年代的旧衣服。他对自己的生活虽怠慢，对朋友同事却慷慨。1996年，他捐献了获得的何梁何利基金科学与技术成就奖奖金，设立"彭桓武纪念赠款"，把100万港币悉数分赠给那些曾经和他一起工作过的科学家。

彭桓武在科学界非常活跃，在生活中非常朴素，但他的内心世界却非常敏感而丰富。彭桓武于不惑之年喜结良缘，伉俪情深。他文理兼修，工于诗词，诗文流传于世者，多是为夫人所做。夫人仙逝后，他独居近三十载，除专心物理研究外，消遣之一就是写诗悼念亡妻。他精于古典文学，特别喜欢《三国演义》，不仅电视剧从头看到尾，还把主题歌的歌词工工整整地抄下细心品味。

2006年9月，彭桓武出现在"彭桓武星"的命名仪式上，杜祥琬也参加了。当时彭桓武精神还好，但没想到半年后彭先生即驾鹤西去，令杜祥琬非常感慨和惋惜。2007年3月，杜祥琬在《光明日报》发表了纪念彭先生的文章——《愿宁静而致远　求深新以升腾》，对彭桓武那种踏实严谨、不断创新的科学精神，淡泊名利、虚怀若谷的高尚品德，默默奉献、不求回报的爱国情操表达了崇高敬意。

郭永怀是应用力学家、应用数学家，中国近代力学奠基人之一，是"两弹一星"功勋奖章获得者中唯一的烈士，他的经历也是最让杜祥琬震撼的。

为了建设新中国，1956年，郭永怀选择从美国回国。他知道自己的几百页研究手稿过不了美国的海关，就亲手烧掉了。妻子痛惜地说："那都是你的心血呀！"他指着自己的头说："都在这里呢，我回去还可以写。我的东西不能留给美国人。"回国后，他和钱学森共同创建了中国科学院力学所。

1957年初，钱三强约见钱学森，让他推荐工程力学方面的技术负责人人选，钱学森毫不迟疑地说："我看郭永怀完全可以胜任！他学术上造诣很深，而且作风正派，工作扎实。"1960年5月，郭永怀来到九院，担任副院长，投入核武器研制事业中，对内爆过程、结构设计、气动外形、环境试验等许多关键技术问题进行了指导。

1968年10月，郭永怀赴西北核试验基地进行我国第一颗导弹热核武器发射试验工作。12月5日，在返回北京汇报时，飞机在西郊机场着陆前失事。悲痛的人们找到了郭永怀的遗体，发现他和警卫员两人搂在一起，身体都烧焦了，但仍将公文包紧紧抱在胸前，包中的机密材料完好无损。在生命的最后一刻，他想到的还是祖国的利益。郭永怀的事迹，给了杜祥琬极大震撼。

对于邓稼先，杜祥琬就更熟悉了。邓稼先参加组织和领导我国核武器的研究、设计工作，是我国核武器理论研究工作的奠基者，从原子弹、氢弹原理的突破和试验成功及其武器化，到新的核武器的重大原理突破和研制试验，均做出了重大贡献，被称为"两弹元勋"。

邓稼先长了一张娃娃脸，所以人送外号"娃娃博士"。钱三强跟他谈话，让他搞原子弹，这是一个需要高度保密的工作。邓稼先也知道这背后的分量。于是，当晚回到家之后，和在北医工作的妻子，发生了那段著名的对话。

邓稼先说自己要出差，妻子问他去哪里，邓稼先回答说是一个很重要的任务，不能说。妻子说你留个信箱，邓稼先说恐怕不行。停顿了很久，邓稼先缓缓地说："我的生命就献给未来的工作了。做好了这件事，我这一生就过得很有意义，就是为它死了也值得!"

几年后,原子弹爆炸了,氢弹爆炸了,邓稼先功不可没,但是,身体一直很好的他,却因为核辐射早逝了。

那是一次意外的事故,飞行员空投氢弹的时候,降落伞开锁失灵,氢弹自由落体砸在了地上。当时北京中南海周恩来还等着结果,邓稼先什么都顾不上考虑,叫了一辆车就在可能的落点肉眼搜索,终于找到了。氢弹裂开了,但是没有爆炸,邓稼先不让别人靠近,自己却捡起了弹片,受到了强烈的辐射。但总算没有爆炸的危险,他向领导报了平安。没多久体检就被发现患了直肠癌。1986年,年仅62岁的邓稼先在忍受病痛折磨之后去世了。

开完邓稼先的追悼会,回到家里,杜祥琬内心久久难以平复,关于邓稼先的点点滴滴涌上心头,他顺手撕下一页台历,在台历背面,写下了他对这位科学前辈的敬仰。

和平岁月未居安,一线奔波为核弹。
健康生命全不顾,牛郎织女到终年。
酷爱生活似童顽,浩瀚胸怀比草原。
手挽左右成集体,尊上爱下好中间。
铸成大业入史册,深沉情爱留人间。
世上之人谁无死,精忠报国重天山!

邓稼先的妻子许鹿希喜欢这首诗,后来主编邓稼先的纪念文集、出版邓稼先传记的时候，都收录了这首诗。

周光召被杜祥琬称为"杰出的学者，亲切的师长"。他最早知道周光召这个名字，是在1960年前后，当时杜祥琬在莫斯科学习，苏联物理学界最权威俄文期刊《实验与理论物理》上发表了周光召多篇基本粒子理论方面的论文。当时周光召是杜布纳研究所的青年研究员，他的成果已得到高度评价。

20世纪60年代初，周光召回国，即投入中国核武器的理论研究工作，是突破原子弹的主要带头人之一。杜祥琬毕业回国进入九院工作时，周光召任理论部副主任。1966年底进行氢弹原理试验，零前（试验前），周光召和杜祥琬他们一起住帐篷，坐在地铺上，用计算尺、手摇机反复推敲理论预估的数据。

周光召和理论部的同事们一起度过了"文革"十年困难时期，受着批判还得坚持"业余抓生产"。1974—1975年，邓小平同志短期复出工作，强调恢复生产。当时周光召已是理论部的业务负责人，他采取的措施之一就是成立"规划组"，李怀智任组长，杜祥琬任副组长，在部主任的领导下，负责制订"发展规划"。1975年，周光召等决定重建中子物理室，委派杜祥琬担任室主任。在工作中，杜祥琬一直受到周光召高水平的指导和强有力的支持。

周光召威望很高，而且后来在多个部门担任领导工作，但包括杜祥琬在内那些最早在九院工作的同志，见面还是不习惯称他"周院长""周主席"或"周副委员长"，仍习惯地称他为"老周"，这也和他待人平和、亲切直接有关。

2019年5月15日，周光召从事科学事业65周年学术思想与科学精神研讨会在中科院理论物理研究所召开。杜祥琬受托代表工程院祝贺周老90华诞，并回忆了他与老周共处的几个智慧瞬间。

于敏，一位土生土长的中国物理学家。说土生土长，是因为他没有出国留学。于敏在氢弹原理突破中解决了热核武器物理中一系列基础问题，对提出从原理到构形基本完整的设想起了关键作用，后长期领导并参加核武器的理论研究、设计，解决了大量关键性的理论问题。

于敏曾长期领导和指导杜祥琬从事武器物理的研究。1968年，杜祥琬在工作中需要用到一种介于固态和液态之间的物态方程，于敏就把一本书中"稠密液体理论"一章介绍给他学习。在开始研究X射线激光的时候，于敏把当时国际上最有分量的一篇关于X射线激光的博士学位论文介绍给杜祥琬。每当杜祥琬遇到难题请教他时，他总能经过深思后指点迷津。杜祥琬不仅受惠于他独到的智慧，更感受到他的谆谆教导和诲人不倦的良苦用心。

于敏先生学术功底深厚、概念清晰，他曾在核理论领域做出过出色的基础性研究。但他并不是一个人闭门思考，也不总是一下思考就到位的，而是十分注重掌握第一手的试验数据、深入课题组分析数值模拟的结果。与大家一起讨论分析，使对问题的思考和认识更正确和完善。业精于勤，行成于思，这是他给杜祥琬印象很深的一点。

1992年和于敏（左）在"863"激光专家组会议上

20世纪60年代以来，于敏承担的全是体现国家意志的科研任务，不能有丝毫的疏漏和马虎。他多次说到，要防止"落入悬崖"，防止"功亏一篑"。1992年，杜祥琬曾领衔起草了一份事关重大的"决策建议"初稿，送他阅改。他对其中几个不确切的提法一一做了修改，并说明了修改的道理，杜祥琬至今保存着那次谈话的记录。杜祥琬一直认为，对这种科学性很强、责任又很重的工作，严格和谨慎是绝对必要的，这对矫正近年来我国学术界日益盛行的学术浮躁显得非常重要。

在杜祥琬担负了工程物理研究院部分科技领导工作之初，于敏先生曾嘱咐他一句话："要善于从微观进入宏观，从宏观驾

2009年杜祥琬（右二）与胡仁宇（左一）、胡思得（左二）、郑爱琴（左三）、周光召（左四）

驭微观。"在后来的工作中，杜祥琬经常记起这句充满哲理、对自己有深刻启迪的话。

作为杰出的物理学家，于敏先生是做事的榜样，也是做人的楷模。他总是站在国家的高度想问题，有很强的责任心、奉献精神，唯真求实、不断创新。他享有很高的威望，却一贯平易近人、平等待人、朴实无华。他尊重领导，也尊重每一位普通的工作人员。他又是一位具有很高人文素养、富有东方文化情趣的人。杜祥琬由衷地尊敬他、感谢他。在于敏先生80华诞之际，杜祥琬写了《于敏的治学风格和哲学智慧》一文，发表于《中国科学报》。

2019年1月，于敏先生仙逝，杜祥琬一口气写下了《科学泰斗，人民功臣——悼于敏先生》一文，发表于《光明日报》。

2018年清明节，杜祥琬和爱人毛剑琴去绵阳，重访1969年搬迁三线时的梓潼院部原址和当时九所的搬迁原址曹家沟。当年因为山里条件太简陋，无法搞科研，搬过去两个月后大部分科技人员又返回北京，可是他们的行李在曹家沟一放就是20年。在这里杜祥琬还存放了他的青春记忆。

院部原址现在已成为两弹城，作为爱国主义教育基地。杜祥琬找到当年的办公室、住过的宿舍和招待所、吃饭的食堂、放电影的广场等，还特地拜谒了邓稼先先生和王淦昌先生的旧

杜祥琬夫妇在邓稼先塑像旁

居。正值清明，他们给邓稼先先生的遗像献花悼念。

由于当年物资十分短缺，每天的伙食是水煮白菜或萝卜，所以在周末人们都到梓潼来改善生活。两位老人翻过长卿山的黑风口，到了潼江边。站在当年走过的漫水桥上，杜祥琬对爱人说："在黑风口下面的江边，老邓和我一起吃过潼江的鱼。"又指着对面的梓潼县城说："在街边的小饭馆，老周和我们一起吃过炒猪肝。""在潼江里我还游过泳。"

如今黑风口、潼江、漫水桥都在，可是老邓、老周……当年在潼江里游泳的31岁小伙子杜祥琬如今也已80岁了，真是物是人非呀！

回京后，爱人做了一个音乐相册，杜祥琬看了以后写了一段话：这个音乐相册使人思绪连篇，无论多少曲曲折折，无论多少是是非非，始终不变的是爱的力量。爱——对国家和民族的爱，支撑着几代人的奋斗，战胜物质上的短缺和人世间的折腾，做了载入史册的事。

精神传承

在老一辈的科学家身上，杜祥琬感受到一种精神。这种精神，也传承到了杜祥琬的身上。

青海省海晏县金银滩，是中国第一个核武器研制基地，也是老一辈科学家洒下汗水的地方，当时那里对外称221厂。1987年6月，根据国家战略部署的调整，国务院、中央军委作出了撤销国营221厂的决定。1993年基地退役后移交地方政府，青海省将这里命名为西海镇，并确定为海北藏族自治州首府。

2002年，中国科学院、工程院院士、中国"两弹"的领导者和技术负责人朱光亚同志向中央有关部门反映，希望有关部门能成立原子城国家级爱国主义教育示范基地，以达到传承"两弹一星"精神，激励后人、教育后人的目的。这封信引起了中央和青海省有关领导的高度重视，有关领导相继在信上做出批示。2005年原子城被命名为全国爱国主义教育示范基地。

海北藏族自治州于2008年10月新建了一堵浮雕墙——《民族的脊梁，国家的骄傲》，正中是原子弹爆炸时升腾起的蘑菇云，两边镌刻着为中国核武器事业立下赫赫功勋的10位人物：钱三强、王淦昌、邓稼先、陈能宽、彭桓武、周光召、朱光亚、郭永怀、程开甲、于敏。

这十位人物，杜祥琬都有幸和他们有过接触。2009年5月26日原子城纪念馆开馆正式对外开放，馆方联络了杜祥琬，希望多展览一些相关的物件，杜祥琬思虑再三，趁去青海开会之机带同事们一起去造访了原子城，并带去了三本书和一把计算尺。

一本是纪念王淦昌的文集，一本是在朱光亚85寿辰之际，杜祥琬花了不少时间完成的《战略科学家朱光亚》，第三本是

在朱光亚（左）办公室

《高技术要揽——激光卷》。三本书都是杜祥琬主编的。

"前两本书是讲老一辈科学家的故事。这一拨人，他们都是为了这个事业献身的一代，也是充满故事的一代。《高技术要览——激光卷》则代表的是原子能事业新的开拓，是新的标志。"杜祥琬带去的那把计算尺，是他当年在苏联买的，那上面的量都是用俄文标志，回国之后，参加氢弹理论突破研究，杜祥琬一直拿着它，在基地帐篷里，在221厂去分析含有热核材料的核试验，都用这把尺。这把尺子，可谓是中国原子能发展的一个见证者，非常有意义。

而同时，这些物件的背后，还凝聚着老一辈科学家的精神。杜祥琬把那天在原子城的即席讲话整理成一篇文章，对老一辈科学家的精神，做了一个回顾。

时隔多年，再来原子城，回想起那个不寻常的岁月，心情难免激动。

半个世纪前，曾有一批中年人和青年人在这里奋斗。他们留下了足迹，奉献了青春；他们在铸就历史伟业的同时，也创造了事业的文化，留下了宝贵的精神财富。他们是富有故事的一代人。我今天送给原子城展览馆的三本书，一本书是为王淦昌先生百年诞辰编写的一本文集，另一本书是为朱光亚先生85周年华诞编写的文集，他们代表了很多人。这两位前辈现在都离开了我们，但是他们的故事不仅跃然纸上，而且活在人们心里。第三本书是大家写的，就是后来中国工程物理研究院搞的激光，这也是我主编的一本书。另外，还有一把当年用过的计算尺。这是我在莫斯科上学时买的，回国后参加氢弹理论突破时用过。1966年上半年在221厂，与实验部的同志们一起分析596L试验时，它也帮了忙。记得最后一次用它是1966年底，在罗布泊核试验场的帐篷里，为校核氢弹原理实验的理论预估数据拉过它，是和同组的陈侠先、姜树权一起参加核校。当时直接领导我们工作的周光召、于敏也都住在一个大帐篷里。这把尺子算是一个纪念，一个见证吧。

这些故事有点久远了，现在还有意义吗？我想无论在什么时代，无论在任何社会，都会有不同的人，选择不同的价值观。中国的第一代原子人，选择为国奉献，成就了理想和事业。而在价值观多元化，各种利益、诱惑纷呈的当今社会，同样还会有一批年轻人选择默默奉献，选择崇高理想。一个充满希望的民族和国家，必然有一代又一代的新人选择有理想的生活道路。原子城承载的就是这样一种价值观和精神理念，这将激励一代代的青年朋友，做出正确的选择。

感谢青海省、海北州和海晏县领导，重建了这么好的一个展览馆，记录历史伟业，传承精神财富。它不仅引导我们回味历史，更使一代又一代的新人，有机会感受那段在共和国历史上留下浓墨重彩的历程，吸收精神的营养，并在新的世纪发扬光大。

事实上，杜祥琬也是老一辈科学家的精神继承者和发扬者。在清华大学，杜祥琬曾经做过一次演讲，题为《做民族的脊梁》，概括了老一辈物理学家报效祖国的崇高价值观。"铸国防基石，做民族脊梁"，这句话后来成为中国工程物理研究院的"院训"。在2006年欧美同学会论坛上，他作了题为《新时代"海归"的继承和创新》的演讲，着重讲了价值观的选择，在青年朋友中激起了十分强烈的反响。

2005年，杜祥琬重返核武器试验基地，在新疆戈壁滩上执行了一项新的任务。时年，他67岁，已近古稀之年，回忆起那热血洒热土的激情年代，加上完成任务的喜悦，心中颇多感想，在戈壁滩上写下了一篇散文。两年之后，这篇散文以《享受辽阔》为标题，发表在《光明日报》上。这篇文章，是杜祥琬的人生感悟，也是他对人生价值、对科学精神的一次总结。

吉普车飞驰在戈壁滩上。

举目四望，大漠无际。波纹形的沙丘起伏着，簇簇骆驼草点缀其中，是一幅壮阔的画卷。数时行程，类似情景。眼睛望不到这道路的尽头，目光测不出这戈壁的宽度，极目之处是天地相连的朦胧边界，真是"不到戈壁不知中国之大"。车内播放着大西北豪放而深情的民族乐曲，悠扬而大气，更令人心潮起伏，思绪飞扬。这世上还有什么比戈壁更辽阔？是无边的草原，还是浩瀚的大海？

如果就几何尺度而言，更为辽阔的当数太空了。宇航员从戈壁滩起飞，直上云霄，他们在那里鸟瞰地球，仰望深空，亿万颗心分享着他们的感受，人们赞叹人类科学技术的进步，称颂为探索未知的不吝付出和奉献精神。可是，宇航员才飞了多高呢？只有几百公里，用宇宙的尺子来衡量，那真是一丁点儿！即使登上了月球，也才跑到38万公里的高度，那只是一个光秒的距离，还在地球"郊区"的范围里。人类向金星、火星、木星、土星乃至冥王星成功地发射探测器，是宇航史上一曲曲动人的凯歌。不过，它们走的也只有若干光时的距离，还没有跑出太阳系呢！银河系里有多少颗太阳这样的恒星，银河系外，又有多少未知的存在？暗物质、暗能量、反物质……谜团如何破解？

遐想诱人，无边无际……

如果就时间尺度而言，最辽阔的莫过于历史了。人类一代代经历了多少个波澜壮阔、丰富多彩的历史变革！有原始和质朴，有灾难和战争，有奴役和反抗，有丑陋和邪恶，有美丽和善良，有建设和创造，有文明和进步，有和平和幸福……历史的天空像漫长的画卷和诗篇，留下了无数的感叹和教益。但在自然历史的长河中，全部的人类历史也只是短短的一瞬，人类还太过年轻！生命源于何时？尚无明确的答案，宇宙从何而来？更是探索中的课题。我们生活在时间之中，却不明时间的源头和起点。人类对一个世纪以后的一切，都难以给出准确的预测，更不明人类、地球和宇宙遥远的未来。这个有趣的探索，则是"未来学"的使命。我们今天看到的是一个不明始点和终点的时间轴，是一部没有开篇和结尾的史书！

然而，宇宙之大、历史之长皆可包容在人的心田和脑海之中，最辽阔的还是人们的思维和胸怀！思想家和科学家的思维可超越已知的时空，幻想宏观和微观世界的未知，怀着对真理的执着追求，进行不倦的探索——无论成功和失败，都是饶有兴味的享受。人们的胸怀因饱受磨难而深沉，因俯视人生而超脱，在平凡中升华着高尚。善良的心灵，怀着对亲人、朋友、老幼和弱者的深情，能做出无条件的奉献和牺牲。进步人类的胸怀，能接纳多元的文化，创造出无尺度而高价值的精神产品，涌奏出一部部雄浑的协奏曲，不断把文明推向新的高度。法国作家雨果说过："世界上最宽阔的是海洋，比海洋更宽阔的是天空，比天空更宽阔的是人的胸怀。"茅盾也说过："人类的高贵精神的辐射，填补了自然界的贫乏，增添了景色，形式的和内容的。"真是所见略同。这里有时空结合在一起的多彩的存在，于有限中充满无限，和谐着激情和理性，丰富着深邃和崇高。

一阵颠簸，思绪又回到面前的戈壁世界。正是这里，可以使人同时感受大自然和人文的辽阔。这广袤无垠的戈壁荒漠，给一批批为国奋斗的人提供了广阔的用武之地。穿军装和不穿军装的几代人，隐姓埋名，历尽艰辛，他们在曲折磨砺中成熟，却也享受着一次次成功给予的无可比拟的激动和兴奋。为民族的兴盛和老百姓扬眉吐气，做成一点有用的事，这种精神享受是无可替代的。在他们的眼里，和一番大事业密不可分的戈壁滩不仅广阔，更美丽得魅惑人心。在他们的耳中，不仅回响着醉人的欢呼，而且鸣奏着只有内心才能感受的动人乐章——一种民族振兴的弦外之音。

也许他们清苦，也许他们平凡，但崇高的事业使他们心田丰美，心胸辽阔。

辽阔源于超越自我。

辽阔是至高的享受！

第十章

"结缘"气候变化

"能源惹的祸"

2010年,杜祥琬72岁,已经担任了两届中国工程院副院长,到了换届的时候。他本打算就此隐退,颐养天年,但是阴错阳差,又被任命为专家委员会主任,挑起了气候变化专家委员会的担子。杜祥琬开玩笑说,"都是能源惹的祸"。

事情要从2009年说起。2009年前,杜祥琬一直在工程院牵头做能源发展的战略咨询,担任国家能源专家咨询委员会副主任,负责做中国能源中长期发展战略研究,对能源的战略规划做得非常系统,涉及未来几十年中国能源的结构。气候变化跟能源利用有极为密切的关系,因为这层关系,发改委的负责同志找到了中国工程院。

当时是2009年上半年,哥本哈根气候大会要在年底召开,中国2020年低碳减排能够做到什么程度,发改委在做论证。当时的负责人是国家发改委副主任解振华。解振华注意到了工程院的研究,于是就和气候司的苏伟司长来到工程院,找到院长徐匡迪和副院长杜祥琬,希望工程院能参与进来。

这次会谈之后,没多久,就组织了一次初步的论证会。会议地址选在工程院,气候变化专家委员会何建坤副主任也来了。会上首先介绍了他们的初步论证,杜祥琬则把工程院之前做的2050年能源发展战略主要观点和展望,包括一些定量的数据和曲线,做了一个粗略的介绍。解振华对工程院的能源战略研究非常关注,平日忙得不可开交,这次从上午坐到下午,全程参加了会议。

两边讲完以后,大家都觉得工程院的论证跟当时的气候变化专家委员会的基本观点比较一致。工程院提供的很多数据,可以作为支撑。解振华现场邀约,请工程院一起参加完善论证。

2009年八九月,时任国务院总理温家宝召开关于2020年减排目标的一次会议,实际上是为哥本哈根的气候大会做准备。解振华做了汇报,这个汇报集中了专家委员会和那次在中国工程院论证的一些结果。在当时论证的基础上,考虑到对外留有余地,最后确定为2020年的碳排放强度要比2005年下降40%~45%。另外就是能源结构问题,当时的论证,是到2020年,中国能源结构中的非化石能源占比在一次能源结构当中要占15%。

就这样,杜祥琬开始介入了气候变化的工作。2009年12月,杜祥琬作为哥本哈根气候大会中国代表团顾问,第一次参加了哥本哈根气候大会。在哥本哈根大会上,每个国家都有自己的新闻中心,解振华要大家利用好这个"中国角",宣讲中国的目标和围绕低碳发展与减排做的努力。

哥本哈根像一个大集市,有政府领导人、学者专家,还有各种公益环保组织,而且,里面也有很多企业家的身影。杜祥琬发现,美孚石油、壳牌、埃克森、德士古,全世界那"几桶油"都到了。为什么企业家这么积极?后来他才明白,这里面蕴藏着很多商机,这些企业要了解谈判方向。另外,来到哥本哈根,企业可以寻求到很多合作。一个小小的丹麦,居然有300多家企业跟中国有合作协议。

哥本哈根会议,中美是主角。一个是最大的发展中国家,一个是最大的发达国家,所以,这两个国家的新闻中心备受瞩目。在贝拉会议中心,中国新闻与交流中心人头攒动。房间虽然不小,但仍然无法容纳蜂拥而至的中外记者。杜祥琬在新闻中心做了一个报告,题目为《中国大幅度降低碳排放强度需做出非凡努力》。

报告着重从如下两方面阐述:

一、降低碳排放强度40%~45%,必须通过非凡的努力才能实现

1. 必须下大力气转变发展方式。

中国必须发展。中国集中精力用于发展的时间才仅有30年，虽进展很大，但至今中国人均GDP只有3000美元，在世界各国的排名在100位之后，全国还有1.5亿贫困人口。同时，科技水平仍比较落后，因而发展比较粗放。近三十年的快速发展在一定程度上靠着几个初级要素的支撑，这是不可持续的。必须从粗放发展方式转变为创新驱动的发展方式，注重发展的质量、效率，使经济、环境双赢。降低碳排放强度和减少污染排放都必须基于大力转变发展方式。

2. 必须努力调整产业结构。

中国处在工业化、城市化快速发展阶段，高耗能产业（钢铁、水泥……）比重大，必须逐步转变产业结构。

为主动转变发展方式，调整产业结构，中国制定了"十一五"单位GDP能耗下降20%左右的目标，这是很不容易的。至年底，四年累计能耗下降14%，即使第二年再降4%，也只能达到18%。

有人以为，你们五年能下降20%，实现下降40%的目标，只需2010—2020的十年再降20%就够了，目标提得低了。其实，这是对中国实际情况缺乏了解的误解。说明两点：第一，"十一五"是扭转能源强度（偏离"通常情景"）的最初五年，是在一个比较粗放的经济基础上，采取一些较为初级的手段（如淘汰落后产能）实现能源强度和碳排放强度下降的。如"十一五"以来，已关闭六千万吨的炼铁、四千多万吨的炼钢、一亿四千万吨的落后小水泥厂……即使这样，实现"十一五"能源强度下降的目标也很勉强，很吃力。第二，"十二五"和"十三五"是在一个有所改善的经济基础上，继续使能耗强度和碳排放强度下降的，所依靠的手段（下面会提到）将有更高的技术含量，也需有更高的投资强度，而且越来越难。所以，降40%~45%是一个相当积极的目标。

3. 中国是人口大国，又是人均资源小国，必须大力节能、提效。

目前中国人均能耗约2 Tce/年（吨标准煤，余同），约为美国的六分之一。生活改善，人均能耗需要提高，但必须控制总量，中国的人均能耗必须控制到显著低于美国这样的发达国家水平。节能潜力巨大，但需付出巨大努力，特别要力求使化石能源的消耗最小化。（希望通过努力，使2020年全国的总能耗不大于40亿Tce。）

4. 必须大力优化能源结构，实施低碳能源战略。

煤炭是第一能源，必须大力推进煤的洁净化、低碳化，提高能效。将洁净度、低碳度作为考核指标；同时，降低煤炭在总能耗中的比重（从目前的70%下降到2050年的40%以下）；化石能源洁净化，也包括增加天然气（含煤层气等）的比重。

必须大力改善能源结构：大力发展非化石能源，主要是核能和可再生能源，使其总和在2020年在总能耗中的比重超过15%，到2050年达到30%~40%（其中，核能占10%，含水电在内的可再生能源占20%~25%以上)。为此,必须大力攻关,解决这些新能源发展的技术与经济瓶颈问题。

通过这些努力,实现中国能源体系的革命,把目前比较粗放、污染、欠安全的能源体系,转变为高效、洁净、多元、安全的现代化能源体系。2030年前是实现这个变革的攻坚期。为此,需要投入,需要时间,需要技术。

5. 人口大国必须确立节约、绿色、低碳的新型生活方式、消费方式。这涉及深刻的观念转变、习惯转变和一系列设施的改变,是一种深刻的社会进步,这需要花费时间和做出巨大努力。

附表:碳排放强度下降

	碳排放强度下降
按目前能源结构增长(不节能)	0
按目前能源结构增长 + 节能	26%
改善能源结构 + 节能	33.5%(+7.5%)
改善能源结构 + 节能 + 煤洁净化	41%(+7.5%)

表中数据仅指与能源消费有关的CO_2排放,如果包括森林碳汇的作用,实现的目标要更好些。

总之,通过以上五个方面的努力,主动实现碳排放强度的大幅度降低,这是中国式的"偏离通常""自我挑战"。

正如美国国际和平基金会威廉·钱德勒博士(Dr. William Chandler)所说:

"The Chinese commitment target is a strong one by

any measure. No developing country in economic history has cut its energy-related greenhouse gas emissions growth so deeply for so long."（"中国的承诺从任何意义上说都是很强的。在经济发展史上没有哪个发展中国家对与能源有关的温室气体排放作出过如此深度的长期减排承诺。"）

"China's offer to the Copenhagen summit is significant."（"中国对哥本哈根气候峰会的贡献是重要的。"）

二、为什么中国愿意做出这种非凡的努力

1.总结国内外的经验教训，得出的结论：必须改变发展方式，调整产业结构并使企业升级、转型，舍此不能长期持续发展。必须建设"资源节约、环境友好型社会"，走新型工业化道路，降低发展的资源、环境代价，促进生态文明建设，促进社会和谐，探索新的发展模式。

2.低碳和绿色是两个有差异的概念，但在中国能源的具体情况下，二者在方向上高度一致：节约、调结构、洁净化、发展新能源、倡导新型消费模式，既导致低碳，也导致绿色（环境友好）。几种情景研究得出的低碳化度和洁净化度相当一致。

3.科学的论证表明：经卓越努力，承诺是有可能实现的。因为国家有了一定的经济基础，并可以此促进技术进步，发展国际合作，促进国民素质的提高。

4.负责任大国的态度：中国的利益与全人类的根本利益是一致的。作为最大的发展中国家，中国深刻意识到自己的历史责任，同时也促使发达国家更自觉承担应尽的义务。

总之，主动承诺大幅度降低碳排放强度，既是中国自身的内在需求，也是对人类可持续发展负责的体现。

杜祥琬站在可操作性的角度，阐述中国需要作出的"非凡努力"，受到媒体的关注，多家媒体都做了报道。

同时，在会议期间，杜祥琬还参加了企业家聚会，并且发表致辞，呼吁企业家在低碳绿色方面做出贡献。

时任总理温家宝在哥本哈根做了发言，温家宝阐述了中国在过去的节能成果和承诺，同时，对哥本哈根会议也提出了中国的期望和建议。特别是他最后的一句话，令在座的每一个参会者印象深刻。

"中国政府确定减缓温室气体排放的目标是中国根据国情采取的自主行动，是对中国人民和全人类负责的，不附加任何条件，不与任何国家的减排目标挂钩。我们言必信、行必果，无论本次会议达成什么成果，都将坚定不移地为实现，甚至超过这个目标而努力。"

经过十多天的大会讨论，哥本哈根气候会议落幕，会议达成不具法律约束力的《哥本哈根协议》。这当然不是一个实质性的结果，多个环保组织都表达了不满。回国之后，杜祥琬对哥本哈根之行作了总结，写了一篇文章，《练好内功是根本——哥本哈根只是一个逗号》，发表在《人民日报》上。现摘要如下：

我国在维护发展权的同时,主动作出降低碳排放强度的承诺,不仅是展现负责任大国态度,更是我国转变发展方式,真正走科学发展之路的内在需求。其中,核心的内涵就是:低碳、绿色的中国能源发展战略。

虽然哥本哈根最终没能承载人们的预期梦想,但《哥本哈根协议》表达了各方共同应对的积极意愿,坚持了"共同但有区别的责任"等原则,中国为会议做出了积极的贡献,中国的主动承诺也是经过反复科学论证的。

科学家们能确定的是,1750年大气中的二氧化碳浓度约为250ppm(1ppm代表百万分之一浓度),工业革命后逐步上升,现已达385ppm,并呈继续上升趋势。二氧化碳有温室气体作用,工业革命以来大气温度总体上呈上升趋势,但有振荡。不确定的是,影响气候变化的自然和人为因素的定量估计问题,大气温度变化的长周期和短周期的规律问题,这些有待深入研究。

但这些都不影响问题的深刻性和矛盾的尖锐性:二氧化碳浓度的显著上升反映了资源、能源的高消耗模式,全人类的持续发展受到威胁,影响资源的后继和环境的宜居;发达国家和发展中国家处在完全不同的发展阶段,责任和义务差别大。虽有一般性共识,但利益有冲突,达成定量协议有难度。

哥本哈根只是一个逗号,围绕气候变化的谈判、讨论将长期继续。对中国来说,练好内功是根本。其中,核心的内涵就是：低碳、绿色的中国能源发展战略。低碳、绿色是人类可持续发展的共同出路。

温室气体排放和污染排放是两个有差异的概念，因而，低碳与绿色（低污染）也是两个有差异的概念，但就中国能源的具体情况而言，这是两个方向上高度一致的概念：走向低碳和走向绿色并行不悖。

在哥本哈根会议上，我国主动承诺的降低碳排放强度靠什么来实现？一是通过节能、提效，降低能耗强度，降26%~30%。二是发展非化石能源（核、可再生），降8%~10%。三是通过化石能源洁净化，降6%~7%，合计下降40%~47%。这三个要素也说明："绿色"和"低碳"方向一致。

从中国能源结构主要特点看，总能源结构中煤炭占比超过70%。煤炭的采收和利用总效率只及世界先进水平的一半左右，且能源浪费大。我国必须创新自己的发展方式，由比较粗放的发展，转向创新驱动的发展，注重发展的质量、效率，实现经济、环境双赢。我们必须冷静对待国际媒体对"中国模式"的"赞扬"，"中国模式"仍在探索中。

经济、环境双赢的能源战略，可以概括为"低碳、绿色能源战略"，其具体内涵是：通过三个子战略，发展三种概念的绿色能源，走出一条中国特色的新型能源道路。

第一个子战略是大力节能、提高能效、控制总量。节能提效应看作一项巨大廉价的优质能源，是零污染的绿色能源。第二个子战略是洁净化利用化石能源，特别是煤炭，使这一黑色能源逐步"绿色化"。第三个子战略就是加快可再生能源和核能发展，使其成为中国能源的绿色支柱。中国可再生能源和核能的战略地位将由补充传统能源提升为替代能源乃至主导能源之一，并将为减少温室气体排放做出重要贡献。

21世纪上半期是中国能源发展的战略过渡期、转型期，将目前低效、粗放、污染的能源体系，逐步转型为洁净、高效、节约、多元、安全的现代化能源体系，能源结构、"颜色"和质量将发生革命性变革。今后20年是这个转型期中的困难期也是攻坚期，如节能要花大力气，新型洁净能源要突破，煤炭洁净化利用需付出巨大努力，能源的供需模式需要转型等。而低碳能源战略也将成为通向生态文明的绿色通道。

2010年6月，解振华主任找到杜祥琬，提出想让杜祥琬担任气候变化专家委员会主任。这个时候，杜祥琬刚刚卸任中国工程院副院长，解振华估计也是瞅准了这个机会。

国家气候变化领导小组是时任总理温家宝负责牵头的，下面有一个部委级的协调会，由发改委牵头，日常负责工作的是发改委和气象局，还有一个咨询机构，就是国家气候变化专家委员会，是给国家提供咨询和论证的专家机构。专家委员会四年一届，2010年就到届了，解振华想到了杜祥琬。

杜祥琬毫无思想准备，这时他已经72岁了，第一个反应就是推辞，建议解振华找个年富力强的人担任，并且点了好几位更加年轻的气候专家，表示自己敲边鼓、当参谋都可以，但是不想当主任了。但是解振华不由分说，就把第二届专家委员会的名单报给了温家宝总理，并于当年9月召开了气候变化专家委员会换届大会。杜祥琬院士担任专家委员会主任，副主任则由中国科学院副院长丁仲礼院士、国家气候中心原主任丁一汇院士、清华大学原副校长何建坤教授担任。

专家委员会的主要职责，是参与应对气候变化各项工作，担任参谋和智囊的角色，尤其是在气候变化科学研究、应对气候变化重大战略和政策制定、地方应对气候变化和推动低碳发

2012年气候变化专家委员会在青海瓦里关大气本底观测站调研

展等方面；通过认识和研究气候变化，做好国内应对气候变化相关工作，为国际谈判提供科技支撑。

从哥本哈根到巴黎

事实上，担任气候变化专家委员会主任，杜祥琬还是有一点"基础"的。除了一直致力于能源战略咨询之外，2009年开完哥本哈根会议之后，杜祥琬就在工程院成立了一个咨询项目，叫作"应对气候变化的科学技术问题"，工程院很支持，杜祥琬和搞气候科学的丁一汇院士一起负责。到2010年，这个题目已经做了一年，对气候问题已大概有一个思路，而且线条比较清晰。

新一届气候变化专家委员会一共31名委员，委员级别都比较高，既是领导又是专家，除了气候科学的气象专家外，还有

2015年第二届国家气候变化专家委员会委员合影

能源、工业、经济、农业、林业、人口、交通、建筑、外交等领域专家，因为这些都跟气候有关。三位副主任：何建坤是从事能源研究的；丁仲礼是中国科学院副院长，从事地理学研究的；丁一汇是搞气候科学的。

在杜祥琬的建议下，专家委员会分成了三个组：第一组是负责气候变化科学方面的工作，第二组负责国内应对战略方面的工作，第三组负责支撑国际谈判的工作。委员们根据个人的长处，选择参加某一个或者几个组来做日常工作，把产生的意见写成咨询报告，递交国家气候变化领导小组。工作就这么展开了。

当年12月，坎昆会议在墨西哥召开，杜祥琬作为中国代表团高级顾问参加了会议。

坎昆会议是基于2009年哥本哈根会议的推进。杜祥琬参加哥本哈根会议时，恰恰遭遇了北欧的寒流和大雪，室外冰天雪地，室内人山人海，热气蒸腾，室内室外两重天带给他极其深刻的印象。但是坎昆却完全不同，室外是亚热带的骄阳，会场里却多了几分清净与平和。也许这种冷静和清凉恰恰是坎昆会议需要的，更容易让人们对气候和气候谈判有更多的认识、更深的思考，更为理性地意识到气候谈判的复杂性，需要付出更多的耐心和智慧。

坎昆会议的正式名称是 COP16 和 CMP6，也就是联合国气候变化框架公约缔约方第16次会议和京都议定书缔约方第6次会议，围绕这两个名称的不同系列的会议就是目前的"双轨制谈判"。"京都议定书"是1997年在日本京都达成的，其积极意义在于：它规定了发达国家在2012年前必须承担的温室气体绝对减排义务。眼看这个期限很快到了，发达国家表现如何？如何延续"议定书"，给发达国家规定第二期减排义务？这是坎昆会议上人们的期待之一。

190多个国家不同肤色的代表齐集坎昆，从11月29日到12月10日，大会、小会、工作组会、边会、谈判代表会、部长会……连轴转。会场毗邻风光秀丽的加勒比海滨，代表们却连周末也泡在会场上。东道兼主席国墨西哥作了多方努力和周到安排，杜祥琬能感受到，会场上的主流心态是：人们都不希望会议无果而终，尽管难以期望太高。

然而，某个发达国家却突然提出废弃"京都议定书"。这个行动立刻遭到普遍反对，就连它的某些盟友国也不敢明确表态支持。广大发展中国家一致主张坚持"议定书"的延续，但指望在坎昆制定发达国家应承担的第二期目标，难度很大。虽然各发达国家也提出了减排目标，但离发展中国家希望的目标和控制升温不超过2℃的要求相去甚远。

1992年签署的"框架公约"，以及在此基础上2007年的巴厘路线图和2009年的哥本哈根协议都一再明确了发达国家和发展中国家"共同而有区别责任的原则"。全球的事大家当然要共同努力，而强调"有区别"则是尊重历史尊重事实的必然结论。

"共同而有区别的责任"（Common but Differentiated Responsibilities），是1992年联合国环境与发展大会所确定的国际环境合作原则，国际社会在应对气候变化这一突出的全球性环境问题上，已将这一原则作为法律框架和基础性机制。因为从18世纪工业革命到1950年的二百年间，人类燃烧化石能源排放的二氧化碳总量中，发达国家贡献了95%，从1950年至2000年，发达国家的贡献仍占77%；今天，占全球总人数22%的发达国家消耗着全球70%的年能耗总量，排放着50%以上的二氧化碳，发达国家历史累积的人均温室气体排放远高于发展中国家，理所当然地应当承担绝对量减排的义务。

另外，由于发展中国家处在完全不同的发展阶段，应鼓励它们自愿降低排放强度。坎昆会议需要继续维护这个原则。同时，由于科学技术的落后，发展中国家又是气候变化恶果的主要受害者。眼看着海平面的上升，四十几个小岛国心急如焚，有生死存亡的危机感，就是一个典型的例子。因此，发达国家有责任出资金和技术，帮助发展中国家适应和减缓气候变化的影响。这一点，正是坎昆会议需要落实的谈判焦点之一。

气候谈判的另一个焦点，是对责任承诺和资金技术援助效果的"三可"，即可测量、可报告与可核查。实际上，这一点也应该是有区别的、合情合理的：对发达国家应承担的责任，理应落实"三可"；对接受了资金和技术援助的国家，需建立内容相应的"三可"机制；对自愿主动承诺的国家，应立足自主的测量、通报和通过国际磋商分析，相互信息透明。而在"可核查"这个环节还应以尊重各国的主权为原则。

减排固然重要，保护和发展碳汇以吸收二氧化碳，同样具有积极的意义。因而，减少和制止毁林，培育森林等碳汇，也成了一个专门的话题。有关工作组的谈判还涉及清洁发展机制、碳的捕获、利用和存储技术，对落后国家的培训、教育和能力建设，对气候变化科学问题的合作研究以及对公众的科学普及工作等。这些领域，中国气候变化专家委员会基本上全部涵盖了。而且杜祥琬发现，各国之间在人员上的准备也有异曲同工之处，各国代表团的人员构成，不仅包括气候专家，还必须有经济、外交、科技、能源、林业、农业、教育、信息等多方面的官员和专家。

而中国为应对气候变化所做的努力，在坎昆会议上也得到越来越多的理解和认可。中国为实现"十一五"降低单位GDP能耗20%的目标，进行了艰辛的努力，而新的节能减排目标将作为约束性指标纳入"十二五"规划。英国环保网站在会前发表评论称：中国的承诺会得到与会者的欢迎，是中国传递出的积极信号。美国能源部长承认，中国为发展清洁能源做出的努力意义非凡。

同时，中国感受到的压力也逐年俱增。

尽管中国的人均排放比发达国家低许多，但毕竟已是排放总量最高的国家，因而受到"责任论"的压力。实际上，中国的排放中有一部分是出口到美国等国的商品在中国制造的结果，是西方的碳排放向中国的转移，因此，大力调整产业结构也是中国必须要做的工作。但是就目前中国的发展阶段而言，主动做出2020年要实现的三项承诺是非常不容易的。

温家宝总理在哥本哈根大会上强调：中国的主动承诺，不与其他国家的承诺挂钩，也不跟是否提供资金和技术挂钩，中国将坚定不移兑现承诺，并争取超过。

在现场，听到温总理的庄严承诺，杜祥琬感触很深，他认为，首先这是一个负责任大国的领导人对国际责任的深切理解和坚定信念；而"言必信，行必果"，是中国的文化、中国的传统、中国的国格；更重要的，这是中国自身可持续发展的内在需要，体现了中国转变发展方式，走科学、绿色、低碳新型发展道路的决心；不管国际谈判进展如何，在维护发展权的同时，中国必须为落实"科学发展""两型社会"，实现经济、环境双赢做出更为扎实的努力。

在现场，杜祥琬还有一点感受，那就是对气候变化的规律、变化的程度和后果，还会长期存在不同的认识，但对"地球村的气候在变化"这一点，已几乎听不到否定的声音了。在诸多的气候变化现象中，"变暖"是基本表象中的一种，但这个变暖随时间的变化并非一个单调上升的曲线，而是伴着波动起伏；这个变暖随地域的分布也并非全球均匀，而是有强有弱的。这种不均衡自然导致一些不规则的改变，也就不难理解各种反常的、灾难性的气候现象的发生。对于这一点，世界各地的人们都无法幸免且愈益频繁地感受着，强化了人们应对气候变化的紧迫感。引起气候变化的虽然有自然的和人为的各种原因，但人类活动是造成气候变化的主要原因，也是难以否认的。

在坎昆，杜祥琬把这些感受写下来，以《坎昆笔记》为名，发表在《光明日报》。在文章的最后，他写道：

"气候谈判就是这样：既有共识，又有差异；既有矛盾，还得合作。会上大声讲，会下细细聊。少不了吵架，也必须握手。应对气候变化这个大课题，考验着共生在同一个星球上的人类的智慧，并影响着人类长远的共同未来。"

坎昆会议比预计的时间加了一天多，会开到半夜，没达成有效协议，从结果上看，主要是为次年的谈判做了一些铺垫和推进。如果说有成果，外界普遍认为有两个，一是坚持了公约、议定书和"巴厘路线图"，坚持了"共同但有区别的责任"原则，确保了次年的谈判继续按照"巴厘路线图"确定的两轨方式进行；二是就适应、技术转让、资金和能力建设等发展中国家关心的问题，取得了不同程度的进展，保证了谈判进程继续向前，释放了积极的信号。

坎昆会议期间，杜祥琬还去美国参加了一个交流会。

事情源于香港前特首董建华，董建华当时担任全国政协副主席，一直致力于促进中美民间交流。坎昆会议期间，在华盛顿有一个中美间的新能源和气候变化交流会，董建华找到当时的中国工程院院长徐匡迪，徐匡迪推荐了杜祥琬参加。于是，其间杜祥琬又飞到华盛顿参加了交流会。

这个会议上的美国参会人员，都是民主党的智库，中国这边，也是董建华先生找的一些国内的高级智库专家。在这次会议上，杜祥琬提出一个观点，美国的发展模式，是一种高消耗、高耗能、高排放的模式，是不可推广的，也不该这样做。因为美国的人均能耗是全球平均值的四倍，如果全球都跟美国学，得需要四个地球，这是不可能的。

现场各位美国智库，不得不承认这个事实，他们也向杜祥琬坦率承认，民主、共和两个党，无论谁提出降低人均能耗的议案，肯定通不过，还影响选票。

后来杜祥琬专门写了一篇文章，对发达国家的数据做了分析。"我们提了一个新概念，从能源经济学的角度，发达国家有两种类型，美国、加拿大、澳大利亚是一类；欧洲和日本是第二类。这两类国家的人均能耗、人均电力、人均排放，前者是后者的一倍以上。我们当然不能学美国，这肯定走不通，但是我们可以借鉴欧洲、日本，因为我们是后发，甚至可以做得比欧洲和日本更好。"杜祥琬说，"经常听到有人说我们可以做到发达国家的平均水平，这个提法也很危险。所谓平均水平，就是把这两种类型加起来除以2，这也不可取，这将导致一种准美国模式。中国是后发，理应比欧洲、日本做得还要好。"

2011年，杜祥琬作为顾问，参加了在南非举办的德班会议。在本次德班会议上，中国政府首次以政府代表团名义，在会议期间举办"中国角边会"系列活动。全方位、多角度、多层次地开展与国际社会的沟通与交流，向国际社会全面展示中国应对气候变化政策、行动与进展，促进国际社会更加全面、客观地了解和评价中国在气候变化领域取得的各项成就。

"中国角边会"系列活动为期9天，共有23场主题活动，涉及南南合作、适应活动、节能服务、技术创新、地方行动、国家战略、气候融资、碳交易与碳市场、低碳城市建设等多个主题。边会的主办者既有国家发改委、财政部等中央部委和一些地方政府，也有企业、研究机构和非政府组织等。

杜祥琬在德班会议闭幕前夕，写了一篇《德班笔记》，发表在《科技日报》上。

德班笔记
——写在德班会议闭会前夕

往日的德班，仿佛是地球边上默默的一角，世界气候大会一开，它一下成了广为人知的舆论中心；一年来世界各地频发的经济和政治危机，似乎使气候问题退居边缘，德班会议的召开，又使它重新成了关注的焦点。

客观存在的气候变化问题并没有因为其他热点的出现而变凉。德班会议前夕，世界气象组织在日内瓦发布《温室气体公报》称，根据世界范围的监测，全球大气中的温室气体浓度又攀新高，极端天气事件更为频繁。中国发布了气候变化白皮书，系统阐述了中国对气候变化的高度重视，为应对气候变化采取的行动以及今后努力的目标和国际谈判的立场，力促德班会议取得积极成果。同时，中国发布了第二次气候变化国家评估报告，以数据和事实指出，在近百年尺度上，中国地表的升温与全球一致；三江源区的冰川大部都在后退。会议前夕，又有媒体炒作英国一个研究组的数据作假的"气候门"，有关专家立即指出，即使那一个研究组的数据全错了,也不能颠覆IPCC(政府间气候变化专门委员会)的基本结论,因为那是由世界多个研究组作出的一致结果。

由科学家首先提出的气候变化问题,引起了越来越普遍和深刻的认识,导致了联合国气候变化的系列会议,各国政治家和各界人士广泛参与其中。这次世界190多个国家和地区的两万多人来到德班,为共同应对气候变化作出新一轮的努力。德班会议的议题诸多,但核心的期待是:1997年达成的《京都议定书》是为减缓气候变化作出历史性承诺的文件。议定书第一承诺期明年就要到期了,如何在2012年后延续和完善议定书是一个具有实质性的重要议题;同时,为帮助发展中国家适应气候变化,已确定设立的绿色气候基金和技术转让如何落实并开始行动,是另一个受到高度关切的重要议题。

德班会议是困难的。难在两点:基本的难点是各国(和国家集团)发展阶段不同,造成气候变化的历史责任和应承担的义务不同,国家利益和关切不同,尤其是有的发达国家对自己应担责任缺乏应有的意愿。根本的难点是难在发展方式的转变。发达国家经过200多年达到了高度现代化水平,同时伴随着高消耗、高排放的发展方式和生活方式。尽管金融危机和气候变化对这种发展方式敲响了警钟,它们却难以或不愿意改变这种发展方式。从这个意义上说,国际谈判中的困难是国内困难的延续。

德班会议也是有希望的。一是大家分享着同一个地球，在应对气候变化的问题上，各国有着长期利益的一致性，毕竟应对气候变化是人类可持续发展的共同需要；二是经过多年的共同努力，从"公约"到"议定书"，从巴厘、哥本哈根到坎昆，已经有了较成熟的工作框架、共同认可的原则、初步的努力目标和为实现目标提出的行动指南。德班是在这个基础上往前推进。即使有的国家"推进"意识不强，恐怕也不愿承担谈判破局的责任。

德班会议的特点是务实。相对哥本哈根会上带火药味的"高温"，现在多了几分冷静。分歧矛盾客观存在，解决的办法虽然少不了吵架，更需要耐心的谈判，明智的磋商。各大国更应以全球胸怀和历史眼光，出于对后代和物种的责任感，公平、公正、科学地对待各方的诉求，以达到全面、平衡的协议。

中国代表团的一百多位成员，在团长的领导下，以积极、开放、务实的态度，参加了大会和几十个工作组的谈判与磋商。与基础四国、发展中国家、各小岛国和发达国家多次交流、讨论，并频繁举办双边多边会议。他们夜以继日，甚至无暇看一眼德班这个海港城市是什么模样。中国代表团在各项议题中既坚持原则又表现出必要的灵活性。

东道国南非不仅为大会提供了各项支持条件，而且希望"在复杂的磋商中发挥主导作用"。非盟各国也鼎力支持南非，主场发力，力争德班会议成为有成果的里程碑，他们说："非洲大陆不能成为议定书的'坟墓'。"

应对气候变化的主旋律是绿色、低碳发展。尽管对气候变化的科学认知仍有不确定性，走绿色、低碳发展道路，是人类可持续发展的长远之计，已成了广泛的共识。在德班，人们经常把"能源安全"和"应对气候变化"并提，正是意识到大力发展非化石能源是同时解决两个问题的长远战略；而保护环境和应对气候变化的一致性，已经是一个不需争议的常识。无论德班会议具体成果大小，它都会增强人类可持续发展的意识。对中国来说，应对气候变化从一个侧面推动着中国经济的结构调整和转型发展。这不仅是为了争得国际上的主动，更是为了中国的发展不致陷入不可持续的危机。

我们生活在一个充满矛盾冲突的世界上。21世纪的人类，一面在创造着高度的现代文明，但同时，频繁发生的穷兵黩武，也显示出现代人仍未完全摆脱原始野蛮的烙印。在这样的国际秩序下，人类面对的一系列重大问题中，有哪一个能在190多个国家间求得全体一致的解决呢？！气候谈判所确定的多边协商一致的框架是少有的、难得的，指望它短期取得重大突破是不现实的。只要能在正确的轨道和原则的基础上，一步步取得阶段性进展，就是理智的胜利。本文搁笔时，德班会议已进入最后一天的冲刺，相信它不会无果而终。

12月9日于德班

德班会议取得了一定成果。大会于2011年12月11日早晨五点半落下帷幕，大会通过了"德班一揽子决议"。

建立德班增强行动平台特设工作组，决定实施《京都议定书》第二承诺期并启动绿色气候基金，德国和丹麦分别注资4000万和1500万欧元作为其运营经费和首笔资助资金。

同时，德班会议各国达成了一个意见，就是要在2015年的巴黎会议上，达成一个2020年以后全球如何治理气候变化的协议。

这一点非常重要，因为《京都议定书》第二期延续到2020年。1997年通过的《京都议定书》，只是针对发达国家提出了要求和责任，因为当时有一种认识，认为发达国家排放碳多，责任更大，所以要先减排。第一期到2012年，第二期延续到2020年。其间，虽然美国在议定书上签字但并未核准之，之后首先退出了《京都议定书》，后来加拿大也在2011年退出了，而且，签署《京都议定书》的一些国家，执行得也并不好，但是《京都议定书》还是起到了很大的作用。

而德班达成的决议，是要在2020年制订一个全球国家都要参与的计划。为了这个决议，在之后的几次会议如何进行讨论和落实，德班会议的决议都做了说明。

针对如何落实达成2020后协议，德班会议逐步形成了一个机制，就是国家自主贡献，各国根据自己的能力，根据自己的发展阶段，自下而上提出自己应承担的责任。

这样一来，一些国家的减排计划可能会有些保守，但是无疑比较容易形成结果。同时，在原则上，一定要体现"共同而有区别的责任"这一精神。比如发达国家一定得带头减排，在这个精神之下，各个国家提出自主贡献。为了保证效果，还要定期进行排查或者盘点，商量如何持续改进，基本形成了一个机制。

为中国承诺论证

2014年以后，中国对国际气候谈判，包括应对气候变化变得更加积极和务实。因为领导人也认识到，降低温室气体跟减少大气污染、改善空气质量在方向上是一致的，具有一定的协同性。受到雾霾困扰的中国，迫切需要在高碳能源上做出改变。中国煤炭石油用量大量增加，而且又比较低效，是迫切需要解决的问题。

"这个减排对中国是需要的，是推动中国进步的，比如说能使我们的能效提高，推动节能，推动中国能源结构的优化等，这样一系列的效应都是中国进步的标志。"杜祥琬说，"这个思路非常清楚，气候变化专家委员会也是按这样的思路，来推进国内应对的工作。"

从2014年以来，中国在节能减排上做了很多，比如淘汰落后产能，调整产业结构等。2014年，为了主动应对德班平台，讨论中国在2020后拿出什么样的自主贡献，中央和国务院提前开始做准备、做论证。其实在这之前，就已经做了很多论证工作，只不过如今是正式启动。

气候变化专家委员会的一个重点工作还是国内的应对战略，国内应对战略的重点就是讨论中国进一步降低碳排放的路径、目标。其中之一就是节能减排，因为中国的排放总量占世界排放比重已经超过1/4，是相当大的比重了。

"我们算了一点这样的数据，比如中国东部，单位国土面积煤炭的消耗量是世界平均水平的12倍。而京津冀地区单位国土面积的煤炭消耗量，是全球平均值的30倍，这样一算，我们东部有雾霾也是不奇怪的了。"杜祥琬说，"中国的人均碳排放已经达到了每人每年6吨～7吨了，已赶上了欧盟和日本的水平，但是我们的发达程度远远不如他们。"

当时也有人认为，欧洲和日本发展初期也排放得比较多，只是现在降低了而已。但是专家组一研究，发现也不是这么回事。欧洲和日本在历史上的峰值，是人均每年10吨二氧化碳的排放，而中国现在东部发达地区，已经超过了10吨。

"如果我们中部、西部都要学习东部，中国还会更加高碳。"杜祥琬说，"但是中国现在还处在高速发展之中，每年的二氧化碳排放还在增加，不可能马上就下来，所以我们就论证了什么时间排放到峰值的问题。"

2014年11月，国家主席习近平和时任美国总统奥巴马在北京联合发表了中美气候变化联合声明。涉及中国气候部分，是这样规划的：

中国到2030年单位国内生产总值二氧化碳排放将比2005年下降60%～65%，非化石能源在一次能源中的占比达到20%。中国二氧化碳排放总量在2030年前后达到峰值，并争取提前，森林蓄积量比2005年增加45亿立方米左右。中国将推动绿色电力调度，优先调用可再生能源发电和高能效、低排放的化石能源发电资源。中国还计划于2017年启动全国碳排放交易体系，将覆盖钢铁、电力、化工、建材、造纸和有色金属等重点工业行业。中国承诺将推动低碳建筑和低碳交通，到2020年城镇新建建筑中绿色建筑占比达到50%，大中城市公共交通占机动化出行比例达到30%。中国将于2016年制定完成下一阶段载重汽车整车燃油效率标准，并于2019年实施。中国将继续支持并加快削减氢氟碳化物行动，包括到2020年有效控制三氟甲烷（HFC-23）排放。

这些承诺背后，是气候变化专家委员会的长时间论证。在之前，各个部委之间、科学界一直在交换意见，气候变化专家委员会首先做论证，联合各相关单位一起参与，然后由发改委集中大家的意见，向国务院报告，国务院讨论后党中央讨论，最后定下来。

"2030年非化石能源在一次能源中的占比达到20%，就是把原来2020年的15%提高到20%，这都是要仔细算计的，因为这20%，主要是靠太阳能、风能、核能等非化石能源，我们到底能做多少，还得适当留点余地。"杜祥琬说。

2014年，习近平主席对外在各种场合针对气候变化做演讲，这些演讲主要说两点。

第一，应对气候变化是我们自己要做，不是谁要我们做。

应对气候变化是中国的内在需求，不是阴谋论、陷阱，首先是中国的发展需要。因为中国的发展、中国的经济进展必须跟环境相适应，不能损害了中国人的基本生活环境。

第二，把国际气候谈判打造成国际治理的平台。

中国作为一个大国，要跟世界各国一道来治理这个世界，建立一个新的国际秩序，在气候制度方面首先得到体现。这样中国对气候变化的态度就更为积极，也变得更为主动。

中国的特点是体量大、水平低，人均GDP只有7000美元，马上到峰值是不可能的，这也是国际公认的事实。所以，中国的目标提出以后，国际上的反应非常正面。中美联合公报之后，又跟中法、中英、中欧发表了联合公报，同时又跟发展中国家诸如印度、巴西等发表了联合公告。这一切都是为了德班平台，事前做好沟通，达成巴黎气候协议，因为联合国气候谈判需要195个国家一致通过，有一个反对都不能敲锤，不能散会。

"有了这两点认识，我们国内变得积极主动，国际上也变得积极主动了。这个应该归功于中央的战略决策，至于专家，只是提供一些论证的支持，做一些这样的工作。"杜祥琬说，"其中原因就是，科学家要对国家负责，当然我们也要对全球尽责，我们这个尽责是在保证中国发展的前提下，同时又要中国的发展健康，环境要好，不光是经济指标要上去，而且环境也要改善，把这两者统一起来，也就是经济、环境双赢，我们就鼓吹这个思想。"

2015年12月巴黎气候会议召开，虽然这次会议耗时两周，而且还延了一天半，延到后半夜，但是这次会议取得圆满的成功。可以说，这个成功的取得，跟中国和各国在前期的工作密切相关。

巴黎气候会议第一天就去了150个国家首脑，中国国家主席习近平发表了讲话，美国总统奥巴马也发表了讲话，首先给这次会议定了调子。

国家领导人的出席，其实是一种政治表态，那就是这个会议必须谈成，各个国家如果拿不到一个像样的成果，回去是无法交代的。这样一来，使得各个国家的谈判代表都奔着成功方向去谈。

这次的巴黎会议成果卓著，按照媒体的说法，"注定将载入史册"。全球195个缔约方国家通过了具有历史意义的全球气候变化新协议。《巴黎协定》也成为历史上首个关于气候变化的全球性协定。

回国之后，在工程院的一次会议上，杜祥琬说，《巴黎协定》开启了全球绿色低碳发展的新阶段。

"在这之前，德班、多哈、华沙这些会议，不止一个记者采访我，媒体喜欢猎奇，很多记者都喜欢报道怎么吵架、怎么争论，我每一次都要说八个字，就是'吵而不崩，斗而不破'。我说你们要注意这一点,没有谁说过要退出这个国际气候谈判。因为大家都有一个制约或者是紧箍咒,那就是全球的气候正义。这是一个道义制高点,大家生活在一个地球上,气候变化是需要共同应对的事,谁退出就要受到谴责。"

2010—2014年,杜祥琬做了一届气候变化专家委员会主任。快到2014年期满的时候,杜祥琬提出换人,他提议找一个年轻一点的来担任主任。当时领导们都在紧张地准备巴黎会议,解振华怕临阵换帅影响工作,于是提出巴黎会议之后再换。2015年12月,巴黎会议画了一个完满的句号,杜祥琬再次提出换届的事。说自己这么大年纪,不能再当主任了,说了好几次,解振华主任才相信了他的诚意。2016年9月底,第三届专家委员会成立,科技部原副部长刘燕华接任杜祥琬。领导又"留了个心眼",让杜祥琬和解振华做名誉主任。虽然没完全卸掉,但是毕竟工作有了"弹性"。说是有"弹性",但实际的工作也不少,我国做低碳城市试点很认真,杜祥琬要做参谋,做评估,少不了调研和讨论。

在巴黎会议期间,2015年12月8日,英国气候变化委员会和中国气候变化专家委员会签订了为期两年的"气候变化风险评估研究双边合作协议",协议将研究的重点确定为三个方面:

1. 未来全球温室气体排放路径;
2. 全球温室气体排放给气候系统带来的直接风险;
3. 气候变化与复杂的人类系统相互作用而产生的间接风险。

这一协议旨在为应对气候变化的决策者提供决策的科学依

据,也为社会公众提供参考,以利于凝聚更多共识。

这一合作于2016年1月正式启动,代表中方签署这个合作协议的是杜祥琬,他也成了这一研究的中方负责人。中国几十位专家参与其中。直到2018年2月,正式完成这一评估报告,并出版和发布。

卸任气候变化专家委员会主任,杜祥琬本来以为能休息休息,却没想到,随即又背上了几副担子。

一个是工程院的咨询工作。近年来杜祥琬特别关注农村能源革命和固废资源化利用的问题。这些咨询一定要下去做现场调研。他还参与了科学院和工程院资深院士们进行的"百年科技强国战略咨询研究",宋健院士牵头。

与宋健(右)在一起

另一个是科协的事情。2015年3月12日,国家主席习近平在十二届全国人大三次会议解放军代表团全体会议上提出,把军民融合上升为国家战略。当年10月底,十八届中央委员会第五次会议通过了"十三五"规划,明确提出,"实施军民融合发展战略,形成全要素、多领域、高效益的军民深度融合发展格局"。

科协立刻行动起来,在中国科协党组书记、常务副主席、书记处第一书记尚勇主持下,中国兵工学会、中国航空学会、中国造船工程学会、中国核学会、中国宇航学会、中国电子学会、中国仪器仪表学会、中国复合材料学会组成了军民融合学会联合体。联合体的主要任务,是建设军民融合科技创新高端智库,为国家实施军民融合发展战略提供科技智力支撑。

这个联合体主席谁来当?科协想到了杜祥琬。杜祥琬推辞,说自己年纪太大,建议找一个年富力强的。科协考虑了一下,对杜祥琬说,听你一部分意见,找一个年富力强的人做执行主席,主席还是你。2016年6月27日开了成立大会,刚刚当选工程院士的吴伟仁当执行主席,杜祥琬担任主席,就这样又加了一副担子。同年9月底,在西安举办了第十八届中国科协年会军民融合科技创新展览会。国家副主席李源潮、科技部部长万钢、全国人大常委会原副委员长路甬祥、陈至立,以及陕西省委书记娄勤俭、省长胡和平都出席了开幕式,科协党组书记尚勇主持。

第三个是工程物理研究院和工程院的事。工程院跟工程物理研究院两院战略联盟,成立中国工程科技创新战略研究院,主要围绕工程科技创新,特别是颠覆性技术创新开展战略性、前瞻性、综合性、持续性的咨询研究。两家的院长要杜祥琬当学术委员会主任。杜祥琬推说自己年纪太大,但没推掉,又当上了第一届学术委员会主任。

"有一种活法,到这种年龄就不干任何事,到处走走、玩玩,或随便搞点研究、写点东西。这种有责任的事,虽然是软的,但也不一样,你还得费脑子,还得开会,你得张罗。你不发话,别人不好动作,因为你是头。"杜祥琬无奈地笑笑。

创新战略研究院学术委员会会议

"上接天气、下接地气"

除了在咨询层面的工作之外,杜祥琬还尽自己的能力,做起了绿色低碳"宣传大使"。

2011年12月,杜祥琬在德班参加国际气候会议期间,接受电视台采访,后来在中央台播出,被小孙女学校的老师看见了。老师找到他的小孙女,说你爷爷去开气候大会了,等他回来给我们学校讲讲气候好不好。小孙女当时读四年级,很积极,跑来找爷爷开后门。杜祥琬想,小孩关心气候,树立环保意识,是一件很好的事儿,于是就去给孙子所在的四年级学生讲了气候变化的科普知识。20分钟的讲解之后,是互动提问时间,杜祥琬发现,孩子们对气候其实非常关注,而且发言非常踊跃。

一个孩子举手问:"那些煤炭不干净,咱们可以做核能啊。"

杜祥琬笑了:"你怎么知道核能?"

"咱们不是有快堆吗?"嗬,孩子们懂得还挺多。

杜祥琬认真回答:"我们的快中子反应堆现在正在做,不过还需要一些年才能发挥大的作用。"

之后,杜祥琬给孩子们列出了他们能做的九件环保小事,诸如不要浪费纸张、不要浪费电等,孩子们很受鼓舞。

2010年,杜祥琬和妻子去妻子的老家余姚,本地政府得知了消息,特地邀请他给中心组处级以上干部做了一次能源问题的讲座。在那次演讲中,杜祥琬注意到有一个听众一直在非常用心地做笔记,讲座结束,还留下来问了很多问题。进一步交谈才知道，这是一位小学女校长。校长邀请杜祥琬去他们的学校看看，说自己学校已经做了18年的节能环保教育。杜祥琬一听很受触动，欣然受邀前往。

东风小学的环保教育从1992年开始，那一年，联合国召开环境与发展大会，是有史以来规模最大的政府间会议，通过了具有里程碑意义的可持续发展行动计划——《21世纪议程》。学校一位老师注意到这个消息，提出利用联合国环境日为契机，对孩子进行节能环保教育。校长很支持，他们就自己开始编教材，一年级到六年级，按照水平从低到高，编了六种教材。

校长向杜祥琬展示了东风小学的第一份环保教材。当时用的是很粗糙的纸，印刷也粗糙，但是一份比一份好，如今的最新教材，已经是彩色印刷，设计也非常漂亮。这些都是学校自筹资金来做的。校长陪杜祥琬参观了学校的一个展室，展示了学生们节能环保的一些做法，有照片，有实物。本校的一位小学生担任解说员，带着稚气的解说绘声绘色，令人喜爱。

参观完毕，校长请杜祥琬给学校题词留念，就这样，杜祥琬和东风小学结成了朋友。回到北京以后，杜祥琬在不同场合宣传东风小学的事迹。2012年，东风小学的环保教育已经进行了20年。这一年，联合国环境日也有了20年的历史，准备就环境日20周年举行一次大会，不知道怎么了解到了东风小学的事迹，联合国联系余姚市政府，邀请东风小学的小学生做一个20分钟的演讲，去讲他们的节能环保教育。东风小学派了一个名叫方涵的五年级学生，准备了英文PPT，由校长陪同，去了一趟联合国所在地纽约，演讲过后，在全世界都很有影响力。

"我还在中央电视台提过东风小学，孩子在学校学了怎么节能环保、节约用水、节约用电、不乱扔垃圾，回家批评家长浪费水电，家长到学校反馈说，挨了批评也很高兴。如果全国的小学都有这个理念，对孩子是非常好的素质教育。"杜祥琬说。

近些年来，随着人们对环境的重视，杜祥琬受邀做环境气候讲座特别多。根据杜祥琬秘书统计，最近几年，他每年都有几十场报告。

这些报告大概有两类，第一类是关于能源、环境和气候变化的，这三块其实是互为影响和共生的，可以算一类问题。能源涉及环境，能不能既发展又保护环境？能不能双赢？杜祥琬提出了很多新的观点。另外，能源涉及气候变化问题，杜祥琬担任了气候变化专家委员会主任，在这方面也很有自己的一些观点。

第二大类就是科学道德、学风和精神。因为之前在中国工程院做副院长的时候，杜祥琬主抓过这一块，所以，在社会上类似演讲邀约也比较多。

中国科协每年组织一场针对北京各高校6000名研究生的讲堂。有一年，杜祥琬受邀，在人民大会堂给年轻的学子讲了"两弹一星"科学家的故事。工程物理研究院的研究生入学时，院里也曾让杜祥琬给年轻人讲一讲做人做事、做学问的道理。

北京科协也有一个科学讲堂，地点在王府井新华书店六层，面向市民开放，场地最多容纳200人。近年来，杜祥琬受邀讲过好几次，因为雾霾困扰北京城，所以，杜祥琬主要讲气候变化和环境。

有一次，杜祥琬去讲的时候，现场座位都坐不下了，好多人站在后面听，两个小时的讲座，所有观众一直坚持站到最后。现场有老人、有小孩，还拿着笔记本做记录。讲完以后，人们提问很踊跃，也很实在。市民都很关心 PM2.5 的问题，还有人和杜祥琬分享自己在农村的见闻。杜祥琬很受触动，感受到人们的求知欲，也感受到了人们对环境、对国家发展的关切。

除此之外，杜祥琬的讲座还涉及一些新武器装备的知识，包括武器装备的发展史，以及现在新的发展，涉及激光、核、网这几个方面的科普讲座。在不涉密的前提下，杜祥琬做了很多科普讲座。

"到了这个年龄，我也做不了很具体的工作，但是有责任做一些科学普及工作，社会上也很有这个需要。"杜祥琬说。

针对环境保护，国内目前有两种声音。一种是在保护中发展，另一种是在发展中保护。这两句话说起来都对，但是实际上差别很大，主次不同，在现实中完全是两种做法。

在发展中保护，是先确定发展目标，对环境做到"尽量"保护。一些人总是认为，在经济发展阶段，环境的牺牲好像是不可避免的事情。

在保护中发展，是先把环境保护好，在这个前提下发展。有环境红线在，发展可能会相对慢一些，但是比较稳，讲究的是健康发展，有质量的发展。杜祥琬举了新加坡的例子。新加坡的发展把蓝天、绿水、青山作为红线，作为必须不能改变的基本要求，在这种前提下，只要不影响这三条，经济可以放开脚步发展。结果看来，新加坡发展得也不慢，而且没有环境后遗症。

2003年，时任国家主席胡锦涛提出科学发展观，并在十七大报告里，把科学发展观写入党章。习近平主政后，强调生态文明建设，提出"绿水青山就是金山银山"，把环境保护提到了更高的高度。

而现在，认同环境和经济双赢思想的人也越来越多。但是，到底是在发展中保护，还是在保护中发展，从认识上还没有完全解决，强调在发展中保护的人还不少。

杜祥琬是坚定支持"在保护中发展"的。

"现在要全面小康，要补短板，短板之一就是环境，就是生态文明建设。"近年来，在讲科普的时候，杜祥琬一直在普及这个概念。

杜祥琬提到环境容量的概念。环境不是不允许一点点污染，地球有一定的自净化、自修复能力，湖水、空气都有这个能力。在环境容量下，尽管有污染，它可以自修复、自净化。

但是如果超过环境容量，它就不能自净化、自修复，所造成的后果会呈现非线性上升。所以说，经济发展跟环境污染后果之间的关系是非线性的。杜祥琬在科普讲座中，一直在谈这个道理。"并不是说经济发展一分，环境污染就增加一分，发展两分，环境污染就增加两分。只有当污染超过了环境容量，才会有严重的后果。"

发展和环境污染之间的关系，人们常常引用库兹涅斯曲线的规律。先发展、先污染，到一定程度再治理，各国都脱离不了这个曲线。但是，这个倒U形的山坡高度，各国却又不同。比如二氧化碳或某个污染物，美国、加拿大是一个高度，但是欧洲和日本只有美国、加拿大的一半高。

"我们国家提新型工业化道路，文字描述是用较少的资源投入、较少的污染达到同样的发展。只发展、不污染，简言之就是一个隧道效应，实际上这个是很难做到的。我们只是希望这个山坡低一点，争取比欧洲、日本还要低一点。现在看起来，能做欧洲、日本这样子就很不容易了，因为目前水、空气、土壤这三大污染太厉害了。"杜祥琬说。这跟中国的能源资源和发展方式都有关系。

近年来，国家一直在提去库存、去产能，就是因为过去发展太粗放了。

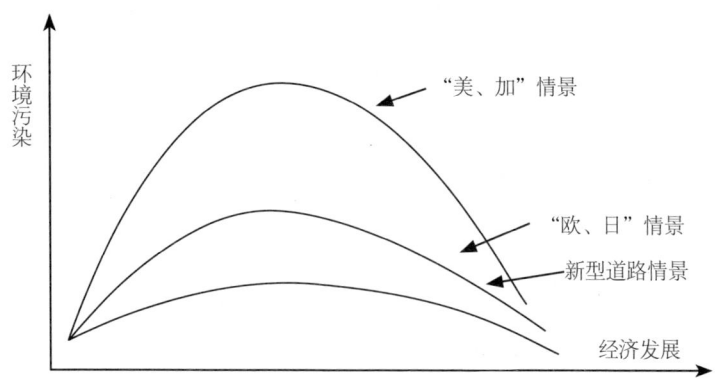

环境污染与经济发展之间的库兹涅斯曲线

"在保护中发展的原则就是，像电解铝、水泥这些可以继续做，但首先必须保证达标，在这个前提下发展。政府定标准，做监管，企业也有责任自觉执行。环境不是不可以弄好，只是发展方式的问题。"杜祥琬解释说。

杜祥琬参加两岸环境交流会，多次讲这些问题。"中国讲，发展才是硬道理，但是也有国家提，环境保护是第一要务。比如韩国，现在看来做得也很好。"

杜祥琬去黑龙江伊春，在交流的时候，伊春的领导表示，他们GDP也做不到那么高，但是一定要把这块森林绿地保护好。他在伊春参观，看到整个伊春就是一个森林城市，生态环境做得非常好。

黔东南是少数民族聚集区，杜祥琬去的时候，自治州的州长跟他说，他们主要发展旅游，老百姓的幸福感很强，但是GDP不够。"后来我就想，中国幅员辽阔，本就是一个不均衡的国家，而且千姿百态，东部沿海城市经济发达，西部是草原，少数民族，我们不能都拿GDP去衡量，要允许差别化发展。像呼伦贝尔大草原，它把草原弄好，黔东南自治州把旅游弄好，老百姓自己觉得满意，生活挺好，这不是我们的目的吗？"

2011年，在十一届全国人民代表大会第四次会议上，温家宝在政府工作报告里提出，我国发展中不平衡、不协调、不可持续的问题依然突出。为什么不可持续？杜祥琬对这个问题做了分析。

"不可持续就是因为驱动因子、发展动力，第一是靠投入大量的资源,第二就是牺牲环境,第三就是投资拉动,第四就是引进技术,第五就是廉价劳动力。靠这五个要素,可以实现一段时间内的快速发展,但是一看就知道,它是不可持续的。"

其中有很多的工作在能源上。2016年,在北京能源论坛上,杜祥琬讲了散烧煤的替代问题,认为替代散烧煤必须要认真规划。特别是城乡接合部、农村的烧煤问题。煤电厂用煤,可以做脱硫脱硝除尘的措施,但散烧煤没法管,也没法上技术。所以污染最重,又最低效。全国每年消耗近40亿吨煤炭,其中5亿~6亿吨是散烧煤,占近20%。如果这块替代下来,雾霾就会好很多。同时,农村的能源面貌、能源形态就会有进步。散烧煤不但有煤气中毒的危险,对人的呼吸系统也有伤害。

在散烧煤替代上,业内有很高的共识,但是这个事情要做起来谈何容易?首先天然气、电成本更高,即使是改造,也要花不少的钱。要农民拿出这个钱来,也很困难。政策怎么引导,这些都是面临的现实问题。

针对这些问题,杜祥琬提出了分布式低碳能源网络的办法。零零散散的太阳能、生物能、天然气和地热,工业余热,这些都可以做成分布式网络,实现一个小区一个微网。

2016年,杜祥琬去新疆吐鲁番小区,发现那里的分布式网络就做得相当不错。这个几万人的小区,屋顶、墙壁上都是太阳能电池,供暖供冷靠地热,都是可再生能源。但是天有阴晴,太阳能源不稳定,要解决这个问题,就要有个储能设备,光照强的时候把它储存起来,没有光照的时候释放出来。为此,小区建设了一个小微网。几万人的小区，电靠自己发，热靠自己供，不够了就从大电网上取一点，用不完的话，就往大电网送一点。

"这就是集中式的大电网和分布式的微网互动的模式。如果中国有千千万万个这种小微网星罗棋布，会节约多少大能源？现在大家都在提能源互联网，其实就是这个理念。就是提高清洁能源的比例，减少高碳能源的比例。"

事实上，杜祥琬在工程院做的能源研究一直没停，第一期发展战略研究之后，又继续做第二期。2014年，工程院开了"固体废弃物的资源化利用"的题，做了一系列调研，针对固体废物利用，分了三大部分：

第一部分是城市矿山，城市的废物其实是一个资源矿山，应该充分利用和开发。

第二部分是工业固废，针对大工业企业，比如鞍钢，产生的固体废弃物很多，其实都是可以利用的。

第三部分就是农村废弃物，既包括生活废弃物，也包括农业和林业、畜牧业的废弃物，90%都可以再利用。杜祥琬有段时间常跑农村，一开始，他以为农村比城市干净一点，结果看了几个农村，到处是垃圾污水，严重缺乏管理。其实很多生活垃圾都是资源，比如废弃物、秸秆等，都是可以再利用的。

之所以开这个题，是受到我国台湾和瑞典的刺激。有一段时期，杜祥琬去台湾、去瑞典做合作交流。瑞典的垃圾焚烧发电供热很成功。台湾花了几十年的努力，在城市固废的再利用上做得很好。

"谈固废资源化再利用，我一说瑞典，就有人回答我，瑞典的垃圾跟中国不一样。我说台湾人的生活习惯跟大陆相似，他们跟咱们差不多吧。台湾一步步走过来，花了几十年的工夫。从台北、新北到台中，看到他们几个厂，我们的差距太大了。他们真是下了一番功夫，建立了一套制度，从减量化、严格分类作为基础，做成了一个产业链条。把垃圾变成了电、变成了沼气，变成了肥料。"杜祥琬说，所以他就跟环保部的同志商量开这个题，钱易院士、陈勇院士，环保部固废中心积极参与。

中国是人口大国，也必然是垃圾大国，垃圾处理是中国走向现代化必须要迈过去的坎。目前的处理方式里，大概70%是进行废物填埋，但是填埋有很多问题。填埋有一系列要求，比如地下要铺防渗膜，填埋产生的气体可以提取出来作为燃料，但是很多地方没有做。而且，填埋地再多也是有限的，而垃圾是无限的。所以填埋决不是长远之计。另外，填埋虽说是无害化处理，但是不是真的无害，还有待确定。处理这些东西的方向应该是资源化，把垃圾变成可用的东西。

杜祥琬说，其实国家有关部门也在推进这些事情，但是没有把它作为政绩考核指标，进展慢。开这个题就想给国家一些建议。建议之一就是开展"无废城市试点"，把"低碳""智慧""无废"结合起来，建设生态文明城市。因为如今的环境问题太严重了。农村能源变革是另一个题，针对农村能源变革，杜祥琬组织了一批人参加，发现参加的人都很热情，大家都已经认识到这件事的意义。

"有一次，一个记者问我最近在忙什么，我归纳了一下，发现我现在做的事情，是上接天气，下接地气。天气当然是气候变化的事，地气就是废物和农村能源。我们国家一方面在进步，但另一方面的问题也很多，解决这些问题也很费劲。但是不解决这些问题，中国的面貌就改变不了，美丽中国、美丽城市、美丽乡村都跟这些分不开。"杜祥琬回忆说。

国家能源战略研究是杜祥琬学术生涯的第三个领域，而且进一步延伸到相关的生态环境研究和应对气候变化研究，他和众多院士专家一起做了较为系统的研究。他把在这个领域发表的论文和一部分科普文章汇成一册，2016年3月由科学出版社出版了82万字的《中国能源战略研究》一书。为方便读者，他把书中有创新性的26个要点汇集在前言中。徐匡迪院长为该书精心作序。

第十一章

琴瑟和谐　相濡以沫

"斗争性不强"埋下爱情伏笔

有些事，真叫人相信"缘分"，科学的表达叫"机遇"。杜祥琬和妻子毛剑琴从相遇、相爱到结婚，着实让人看到命运造化的玄妙。

两人第一次见面是在1957年。那一年，杜祥琬19岁，毛剑琴17岁。

1957年上半年，鼓励批评与自我批评的"大鸣大放"运动在全国如火如荼展开。6月8日，《人民日报》发表社论《这是为什么？》，揭开了反右派运动的序幕，之后，《人民日报》"七一"社论《文汇报的资产阶级方向应当批判》，"章罗同盟"

第一次被提出来，轰轰烈烈的反右运动开始了。大学也被卷入其中，正常的教学活动停滞了，大会小会天天开。高年级的学生为了增强批判的力量，将低年级的学生也拉过去助阵。

无人能够置身其外。北京大学数力系的大一新生毛剑琴参加了很多场右派批斗会，就是在批斗会上，她和杜祥琬见到了人生中的第一面，之后各投茫茫人海，但却在十年后结为伉俪。

毛剑琴比杜祥琬小两岁。杜祥琬由于多上了一年留苏预备部，1957年被选入北大，而毛剑琴上小学比一般人早了一年，一晚一早两人凑到了一起，同于1957年进入北大数力系，虽然同专业，但却不在一个班。

从小只知读书、不知其他的毛剑琴，对政治一窍不通。她不明白一些好好的学生，怎么突然就成了"右派"。有位学生只是因为反对在图书馆放置一尊苏联名人的塑像，就被打成了右派。有一个班级，三十几名同学，抓出了六七个右派。这让毛剑琴觉得挺不可思议。

在右派批斗会上，她听不清台上的男生在讲些什么。毛剑琴之前一直在女校读书，听惯了女生清脆的声音，对男生低沉的嗓音一时还没适应过来。距离隔得远一点，男声在她耳中就变成了呜噜呜噜的声音。而北大数力系，是绝对的男生天下，一个班级四五十名学生，通常只有两三名女生。

作为刚进入大学的新生，不懂政治，也听不清台上在讲些什么，自然也不知道该对那些"右派"指责些什么，所以在批斗会上，毛剑琴干脆一句话也不说。这时批斗会的组织者就问她："你在想什么呀？"

17岁的少女说出了令人捧腹的话："我想回家。"

但是批斗会是"纪律"，只要批斗会一开，谁也回不了家。就在这些被迫参加的批斗会上，毛剑琴见到了杜祥琬。

批斗会上众生百态，有的人言辞激烈，情绪激昂，恨不得要动手打人，因为组织者希望每个人都要"有极强的斗争性"。在一群唾沫星子乱飞的人群里，毛剑琴看到了一个异类。

这个人是个党员，身材中等，长相英俊，他在批判的时候，"斗争性"明显不强，讲道理，而且温文尔雅，就事论事地指出"右派"的错误在哪里。与那些言辞激烈、气势汹汹的批判者比起来，他显得"正常"多了。这位男生立即引起了毛剑琴的注意。她当时心里想："这个男生还不错，没那么凶。"

这为后来的人生埋下了伏笔。

虽不在一个班，却彼此有所耳闻。在女同学中，毛剑琴是出众者，不但学习好，而且长相秀丽；杜祥琬从大学一年级起就在学生会，还担任过北大学生会生活部部长，食堂、卫生、体育方面很多活动他都是组织者。杜祥琬在北大读了两年，后来留苏了，其间两人并未谈过一句个人的事，但相互都留下了好印象。

1959年暑假，经过短暂的生活习俗培训，杜祥琬离开北大，远赴莫斯科，开始了五年的异国他乡学习生涯。毛剑琴则在北大学习并成了助教。

1960年，北大学习莫斯科大学，扩大院系规模，完全按照苏联模式安排教学。力学系分出来一个新的一般力学专业，教师不够，就从学生里面选拔。毛剑琴虽然不关心政治，但是功课好，人很乖巧，组织上看中了她，让她当助教。就这样，20岁的毛剑琴当上了北大力学系的助教。有时授课，课堂上还坐着比自己年龄大的学生，她为了提高自己，业余抓紧时间学习。

1962年，中共中央在北京召开工作扩大会议（因为参会人员有7118人，人们习惯称为"七千人大会"），提出"调整、巩固、充实、提高"，暂时为"左"刹了车。北大在全校选拔的200名教学人员又回去读书，毛剑琴于是重新做回学生，继续读完剩下的科目。

1963年，读了6年本科，毛剑琴本该毕业了。北大准备让毛剑琴留校继续当老师，但毛剑琴提出要再读一年，教研室主任跟她说："读就读吧，我们把名额给你留着。"

1963年，就在这一年，天作之合良缘配，杜祥琬和毛剑琴永远记得那一天。

这一年暑期，所有留苏学生奉命回国进行集体"反修"学习，驻地设在二里庄西苑宾馆。有一天，留苏同学组织看电影，同时也邀请了十几位四年未曾联系的北大同学，毛剑琴就在其中。两人这才有机会交流，杜祥琬才知道，毛剑琴家就住在百万庄建工部大院，和他们驻地西苑宾馆近在咫尺，很方便去拜访。就这样，因为这场电影，两人有了几次单独交往聊天的机会，并从此建立了朋友关系。那个时候的恋爱，也有着浓浓的时代色彩，他们相互勉励，相约先读书求学，毕业后再考虑终身大事。

杜祥琬返回莫斯科后，两人不仅经常通信，还相互邮寄一些有用的书。杜祥琬留心收集毛剑琴需要的《理论力学》《陀螺》《惯性导航》等外文专著寄回国内。而毛剑琴也精心挑选《汾水长流》等国内新出版的小说寄往莫斯科。鸿雁传书，两颗年轻的心紧紧地贴在一起。至今，这几部外文学术著作仍摆在毛剑琴的书架上，多次搬家都舍不得扔，因为这些书见证了他们的爱情。

毛剑琴是家中长女。父亲毛梓尧，是新中国著名建筑师，祖籍浙江余姚县（今余姚市）余姚镇丰北村。从18岁开始，毛梓尧在上海的一家小型打样间当学徒，后来到上海华盖建筑事务所做绘图员和实习设计师。"华盖"由赵琛、陈植两位留学美国的建筑师创办，后来又有童寯先生加盟，在南京、上海一带很有名气。在"华盖"，毛梓尧有机会见到了梁思成、林徽因、徐志摩等建筑、文化界的名人，耳濡目染他们的智慧、才华和人品，钦佩之余，受益匪浅。在这所技术一流、文化气息浓厚的"学校"里，毛梓尧的专业设计水平迅速提高。他没有读过大学，但是却凭个人努力通过了当时政府部门组织的高等建筑师考试，而且成绩特别好。按照当时的情况，通过这门考试不仅等于获得了大学资格，而且得到了注册建筑师资格，可以自行开业。

1948年，毛梓尧用十几年的积蓄，为自己设计建造了一座二层别墅，这个地方后来成了掩护地下党组织和党的外围组织的据点。毛梓尧冒着危险掩护过金仲华、冯宾符、王德鹏等进步人士开会或躲避特务抓捕。解放军进入上海市前，中共地下党迎接大军进入上海的一次秘密会议就是在他家开的。

新中国成立后，毛梓尧担任上海房地产管理处建筑师。百废待兴的国家和新首都有着太多要做的事情，国家建设北京，要上海派一批建筑师来支援首都建设。怀着强烈的责任感、使命感，毛梓尧第一批报了名，离开自己刚刚住了一年的新居，来到了遥远的、陌生的北京，随后，一家人也一起搬到了北京。

到北京后，毛梓尧赶上了中苏第一个合作项目——北京展览馆（当时称苏联展览馆），苏联派了建筑专家安德烈耶夫、吉斯廖娃等来中国帮助设计，成立了合作设计组，毛梓尧担任中方主任设计师。这项工程仅建筑施工图就有1000多张，凝结了两国设计师的共同智慧。在合作中，毛梓尧收到了安德烈耶夫的一份特殊礼物——一字尺（活轮尺）。新中国成立之初，国内建筑设计一直用木制丁字尺作为绘图工具，相比之下，一字尺由活轮固定，滑动自如，解放了双手，而且采用透明有机玻璃材料，精确性和方便程度都更高。毛梓尧立即把一字尺介绍给同行，使它在国内得到迅速推广和应用。这是一字尺在中国最早的来源。直到今天，这件见证中苏友谊的珍贵礼物一直保存在家。

1954年10月2日，北京展览馆正式落成揭幕，并成功举办了"苏联经济及文化建设成就展览会"。这座建筑融合了俄罗斯建筑风格的高雅端庄和中国传统建筑的简洁严整，是对中华民族建筑的一次理性思考，促进了中国建筑与世界建筑的融合。这是新中国首都第一次引进国外的建筑设计，也是中国的民族建筑设计和国外的经典建筑完美结合的典范作品。这一精美的建筑作品今天看起来仍然是那么俊美清朗。

1958年9月，为了迎接建国十周年，全国各地的建筑专家汇集北京，筹划国庆工程，进驻中央在王府井金鱼胡同安排的封闭住处，可谓中国建筑界的"群英会"。毛梓尧作为建工部东北设计院总建筑师，也在其中。他和陈植、赵琛等一起负责当时第一号重大工程——人民大会堂的建筑规划和设计，时间为一年。他夜以继日地伏在绘图板上忘我工作，后来，毛梓尧和赵琛、陈植、刘敦桢、戴念慈、张镈等人的七个方案上报中央。

10月14日，周恩来总理连夜审查了经上述方案汇总而成的清华大学方案、北京市建筑设计院方案和北京市规划局方案。终于，以毛梓尧方案为蓝本的北京市规划局方案被选为实施方案。周恩来在《伟大的十年》一文中，称赞人民大会堂"不但远远超过我国原有同类建筑的水平，在世界上也属于是第一流的"。

1959年国庆，毛梓尧和陈植、赵琛等一同来京的建筑师们受邀登上天安门观礼台，望着歌声如潮花儿如海的广场，毛梓尧深深感到作为一名新中国人民建筑师的骄傲和自豪以及肩负的重任。

毛家有六朵金花，个个优秀。长女毛剑琴，读的是女中，这是一所很棒的学校，历史悠久，经常有外宾来参观。毛剑琴最早参加的外事活动是1952年召开的亚太和平会议，会务组专门找了一批女学生给代表献花，毛剑琴有幸亲眼见过周恩来、宋庆龄等国家领导人。

毛氏六姐妹都读了大学，大姐毛剑琴读的是北京大学数力系，老二考上了北京师范学院，老三就读于北大物理系，老四在清华大学，老五在天津大学化工系，老六去了华北电力学院。

毛家举家迁往北京后，毛剑琴就读于北京女三中，在这个阶段，她喜欢上了数学。虽然父亲毕生擅长的是更接近艺术门类的建筑设计，但毛剑琴的兴趣和特长却偏向了理科。

爱到什么程度呢？如今70多岁的毛奶奶回顾少年时代对数学的热爱时，她说："你要让我一辈子不学数学，会很难受。"数学在她眼中，不是由抽象符号组成的恐怖的思维迷宫，而是一个充满魅力的可爱的事物。

对老师出的题目，她不满足于一种解法，在考试或者做作业时，她常常会给出解法一、解法二等多种解法。每学到一些新课时，比如对数、三角函数，她总是去图书馆借一大堆书回来看，探索课堂知识以外的更深奥的知识。高中的时候，她就在图书馆看数学专业刊物《数学通报》。《数学通报》上经常刊登一些极难的数学题，向读者求解。

有一回，她看到《数学通报》上刊登了这样一道求解题：
$7+77+777+7777+\cdots\cdots=?$

这是一个无穷级数问题。但既不属于她当时学过的算术级数,也不属于几何级数。毛剑琴执意要攻下这道难题,她向数学老师求教。数学老师是从北大数学系来女三中任教的,看了这道题目后说:"我想想吧。"之后就没了下文。毛剑琴觉得是老师解不出,这更加激发了她的挑战精神。一连好几天,她都在想这个问题,终于找到了答案。几个月后,《数学通报》上刊登了那道题的答案,跟她的答案完全一样。

那个时候,毛剑琴还不知道,《数学通报》是中国科学院所办的期刊,并不是一本中学生读物。如果知道了这个期刊在学术界的地位,也许她就没有勇气去做了。当时真是初生牛犊不怕虎。

这件事给了她信心,她下定决心,一定要学数学。

1957年高中毕业时,毛剑琴除了体育得了三分,各门功课都是五分。报考志愿时,做建筑师的父亲希望她报考建筑或者医学,得知女儿想学数学,父亲没有坚持。从郑州大学数学系到北京大学数学系,毛剑琴把招生简章上的六个数学系都报填上了。

1957年的高考是特别难考的一届。那一年,女三中考上北大和清华的才3人,考上人大的1人,考上外语学院的1人。毛剑琴对此一无所知,她甚至不知道北大是一所国内外闻名的学校。考上之后,有一次和亲友聊天,她才知道,当年北大数学系的录取比例是1∶10。

当时的北大是六年学制,但是毛剑琴却在北大度过了七年的芳华岁月。她感觉在这几年中自己荒废得太多,想再多学一年把基础打得更扎实,向校方主动提出延长一年学习时间。教研室的领导批准了，并告诉她，学校为她保留了毕业留校的名额。当时有人提醒她："你这样太傻了，工龄少算一年。"她对此懵懵懂懂，不以为然。甚至在1964年毕业的时候，她仍然觉得有些基础知识需要学习，婉拒了北大留校的安排。

毛剑琴这个决定是有原因的。

在担任助教期间，为了开设新的课程，教研室安排新教师去北航听课，毛剑琴和另外几名同学一道，在北航进行在职学习，学习相关专业课程。在北航的课堂上，毛剑琴第一次听到陀螺仪导航领域专家林士谔教授讲课。北航二号楼大阶梯教室座无虚席，林士谔穿着一件深灰色的中山装，声音洪亮，板书整齐，课堂上除了林教授的声音，鸦雀无声。

林士谔是美国麻省理工学院的博士，当时担任陀螺惯性导航研究室主任。毛剑琴第一次听林士谔的课就被深深吸引住了。她从林教授的讲授中吃惊地发现，自己很熟悉的理论力学中的柯里奥力，在陀螺仪中竟有如此巧妙的应用，从而对飞机的稳定控制起到重要作用。这使得毛剑琴对力学理论在航天中的应用兴趣陡增，她觉得这应该是她今后学习和研究的方向。同时，她也感觉到自己在航空航天自动控制方面的基础知识不足，期望有机会进一步学习。当她了解到，林士谔教授就是她在学高等代数时解高阶多项式根的林士谔方法的创始人，不禁对林教授又多了几分敬意。

于是她下决心婉拒了北大的留校邀请，决定报考林士谔教授的研究生。当年报考林士谔研究生的共8人，她是唯一一名女生，数学考了100分，俄语考了98分，分数遥遥领先，被林士谔教授录取了。

1964年北航各专业共录取了23名研究生，编成一个班。毛剑琴是班里唯一的女生。对她来说，从北大数力系开始，选择了数学和理工这种重脑力的专业，这种"孤立奇点"的状态已经习以为常。

但是，毛剑琴没想到的是，1964年刚刚入学，还未来得及上课，全国便掀起了"四清"运动，年轻的女研究生又不得不打起背包，奔赴农村，投入轰轰烈烈的运动中去了，在承德一待就是一年。

1965年回到北京，毛剑琴满以为可以接着读书，但谁知不到一年，"文化大革命"开始了，学校瘫痪，没法再继续学习，学校就把他们打发毕业了。

1967年，毛剑琴被迫草草地结束了在北航的研究生学习。从上北大到研究生结束，国家政治运动对毛剑琴产生了很大影响。她非常不甘心，觉得有机会和时间一定要继续学习，这也成为她后来出国留学、继续读博士的动力。

巧合的是，杜祥琬毕业回国后，被分配到九院理论部工作，就在花园路，距北航只有两站地。地缘的便利使他们有更多接触的机会，元大都土城墙的"蓟门烟树"，成了两人周末散步的好去处。而在两人不能相聚的日子里，就互相写信倾吐思念之情，感情越来越深。

"文化大革命"的爆发成了间接的促进因素，1967年9月18

日,中秋节,氢弹成功爆炸后三个月,杜祥琬和毛剑琴在相识10年后终于走到了一起。那一天正好是周日,没有任何结婚仪式,他们在小西天附近的派出所领了证。在北京毛剑琴的家里,和父母以及几位亲戚吃了一顿饭,婚礼就算办了。

当时没有房子,两个人就住在北航的集体宿舍,那是毛剑琴的一位同学"无私"地让出来的。过了一段时间,杜祥琬所在的九院给他分配了一套三室一厅内的一小间,三间三家人,这对新婚夫妇的那间最小,只有12平方米,也没有什么家具。家里人送的几套印有"在大风大浪里锻炼""为人民服务"的枕巾、枕头,就是全部家当。

杜祥琬和妻子、岳父母

杜祥琬与毛剑琴

两人结婚时，杜祥琬29岁，毛剑琴27岁，选择结婚还出于另外一个考虑。当时，毛剑琴面临毕业分配，她所求学的北航，造反派当家，像毛剑琴这样的"逍遥派"，毕业分配肯定不会有好结果；加上毛剑琴的父亲"出身"不好，毛剑琴的毕业分配很不乐观。两人结婚后，杜祥琬就可以找领导帮忙了。后来，毛剑琴由此如愿进了九所，一干就是十年。

这中间还有一段有意思的插曲。

毛剑琴毕业分配，果然被"发配"了。她被分到的那个地方，不仅偏远，条件恶劣，而且根本用不上她所学的专业。事后才知道，这个事是毛剑琴研究生班的一位同学在暗中起了不好的作用。这位同学是"北航红旗"里的积极分子,"北航红旗"战斗队在整个北京是出了名的"造反派",其头头直接接受"四人帮"的指使迫害革命干部、教师和学生。这位同学虽然成绩一般,但依靠"政治觉悟",居然掌握了班上同学的毕业分配权。

毛剑琴认为去那个地方就业对她不合适。但学校毕业分配办公室不同意。告诉她,"这事没有商量余地,你必须去"。

只能自己想办法了。毛剑琴希望能进入杜祥琬所在的九院理论所工作。九院属于二机部下属单位,担负着中国原子能研发任务。理论所领导是邓稼先。毛剑琴找到了邓稼先,表达了这个愿望,邓稼先是一位务实、爱才的科学家,他听完毛剑琴的自我介绍,得知她是北大数力系的,说:"专业是对口的。"马上拍板,同意接收。

但毛剑琴的档案已经调入那家单位的上级部门。要进入九所工作,需要理论所的人事处处长去找那家单位的人事处协商,调走她的档案。人事处处长怕自己单独去找说不清楚,就让在理论所上班的杜祥琬跟他一起去。

两人正在该单位人事处讨论调档事宜的时候,一个人骑着自行车,气喘吁吁地来到院里。来人正是干涉毛剑琴毕业分配的那个同班同学。他走进人事处后,径直对人事处处长说:"你们不能接收毛剑琴!她家里成分有问题!"然后这位男同学说了一大堆毛剑琴的"政治问题",说毛剑琴的父亲是反动学术权威,她的某个姑姑、某个叔叔,跟国民党有什么牵连。站在一旁的杜祥琬心知肚明,这同学所说的,基本上都是编造的。

人事处处长答道:"是啊,我们没打算要她。她的档案马上要被二机部来的这位同志提走!"

那同学看了看二机部的提档干部,又开始对着他们一顿噼里啪啦,最后说:"你们怎么能接收毛剑琴呢?她问题太多了!"

杜祥琬自然最清楚毛剑琴的家庭情况,他站在一旁,对那位同学的指控逐一批驳,指责他纯属无稽之谈!北航的造反派说毛剑琴的姑姑"有问题",这事杜祥琬最清楚,毛剑琴根本就没有姑姑!造反派哑口无言。

那时杜祥琬跟毛剑琴刚结婚不久。在他们结婚之前,出于国家保密工作的需要,二机部对杜、毛二人的家庭背景做过一次详细的调查,结论是没有问题,这才允许他们结婚的。杜祥琬也介绍了这一情况。那个同学见二机部的两人有备而来,就灰溜溜地走了。毛剑琴的档案因此被顺利调往二机部,她可以去九所理论所报到了。

这真是极其巧合的一件事,幸亏当初杜祥琬跟着二机部人事处处长一起去调档。当时"红旗"是很强大的政治势力,如果不是了解情况的杜祥琬当场一一驳斥"红旗"的无端指控,毛剑琴的档案很有可能就调不成了。

从1967年开始,毛剑琴进了九所,开始了十年科研工作生涯。在九院九所工作的十年,除去近两年的五七干校生活,毛剑琴的业务工作基本上是正常的,在工作中她接触到了邓稼先、于敏、周光召、黄祖洽等一批我国"两弹一星"的功勋人物,从他们身上学到了做人做事的学问和学术大家的优秀品质。她努力学习和工作，上大夜班，出差，去新疆参加核试验等，她热爱这一事业，甘愿为祖国的强大奉献力量。回忆往事，毛剑琴对夫妻二人的这个选择，至今觉得庆幸。否则，她宝贵的十年光阴估计就浪费了。

爱情结晶

当他已进入甜美的梦乡／我常常独自回想／庆庆生在那"史无前例"的年代／大庆之年／竟是那样令人悲伤

别说鸡蛋啦／大白菜也只有四斤定量／更不要提／世上的人祸／心中的创伤／不懂事的孩子也难免付出代价／常常生病／至今不算健壮……

这是杜祥琬在儿子毛大庆12周岁时给他写的长诗中的几句。深情地回顾了毛大庆的出生和出生后几年的"不幸"生活。

1969年2月3日上午，还差五天就是春节，杜祥琬夫妻的爱情有了结晶——一个男孩出生了，出生过程极其惊险。

当时北京刚刚下了一场雪，头天夜里，已近半夜时分，身怀六甲的毛剑琴破水了，杜祥琬赶忙叫车，把她送到了北医三院，毛剑琴挺着肚子、忍受着疼痛等待，但是一直没达到分娩条件，折腾了一夜，筋疲力尽。

1969年正是"文革"造反派肆虐的年头，医院也在闹"革命"，一批大夫"靠边站"、挨批或劳动，值班的大夫、护士早上也都得放下工作，丢下孕妇不管，去做"早祝"。到了上午九点多，眼看毛剑琴挣扎得没劲儿了，大夫才发了善心，孩子总算"挤"了出来，好在母子平安，实属万幸。只是婴儿的头上被挤出了一个核桃大的血瘤。

这个孩子的孕育是在"文化大革命"的黑暗巅峰——1968年。在孩子出生前只有几天的时间里，孩子的奶奶——正直、朴素、慈祥的历史学老师段子彬，极其惨烈地走完了不屈的一生；在孩子孕育的1968年，造反派将打倒杜祥琬父亲杜孟模的大字报从河南郑州一直贴到北京学院路，绵延千余公里；毛剑琴的父亲毛梓尧也被打成"阶级异己分子"。家里的狼狈、惊惶和苦痛可想而知。一个呱呱坠地的男婴，对于杜家的意义是非凡的。成年后的毛大庆在文章里曾经这样描述自己的出生，"是黑暗至极时的一抹亮色，苦痛万状里的一丝欢笑"，他的出生给全家带来了难以形容的欢乐。

出院后，毛剑琴和新生儿被接到娘家住。当时，家里原住的一套三间房子，被"造反派"占去两间，全家人挤在一间房子里，又没暖气。到了第十一天，孩子开始生病发烧，在北京儿童医院被确诊为新生儿肺炎，但医院床位紧张，住不上院，全家人急得团团转。

实在没办法，新生儿被转院到北大第一医院，当时北医床位也紧张，只好先留在观察室等待，最后总算住上院了。这个小生命在医院里过了满月。

为了消炎，需要用不少卡那霉素，好心的大夫考虑到国产卡那霉素有使儿童致聋的风险，就为这位病房里最小的病号用了极其珍稀的进口卡那霉素。出院的时候，孩子不但被治好了病，连头上的血瘤也吸收了。后来，每当说起这件事，杜祥琬和妻子都对北大第一医院和那位优秀的儿科大夫充满感激。

杜祥琬的孩子为什么后来姓毛？

人的名字本来是一个符号，但是在特定时代，名字很可能就是一种标签，带着明显的时代烙印。在毛泽东时代，男孩子很多叫学东、向东、卫东及学军、爱军等，女孩则叫冬梅、红梅、俊英、小红……这是那个时代留下的痕迹。

按照常理，这个名字实在是颇具时代特色，很多在1959年、1969年出生的孩子都取名大庆，新中国逢"9"是大庆嘛。但是毛大庆这个"大庆"，对于杜祥琬夫妻来说，却有另外的意思。

当时，"文化大革命"把国家和狂热的人民拖进了无尽痛苦，经济陷入了无底深渊。杜祥琬的父亲、岳父都被打倒，这个孩子出生之时，正值家里最艰难的日子，屡屡遭难，很久没遇到什么好事，他的出世给全家带来无比的欢乐，对于这一家人来说是一个值得大大庆贺的日子。于是最快乐的事情一定要大庆，生命的延续更要大庆！所以毛大庆就理所当然地叫了"大庆"，小名庆庆。

名字确定了，又有了一个问题——姓什么。按习俗，当然是随父亲杜祥琬姓杜了，但是事情远远不是这样简单。在当时那种气氛下，选择跟随"敌我矛盾"的祖父姓杜，还是跟随"人民内部矛盾——阶级异己分子"的外祖父姓毛，相差十万八千里，可谓判若云泥。何况"文革"期间，"毛"是大姓。

杜祥琬考虑这对孩子以后的"出路"十分关键，于是就决定让这个孩子跟随母姓。这其中还有一个原因，杜祥琬已有几个弟兄的小孩姓杜，而岳父那边，是清一色的女孩，当时毛梓尧受到批判，精神抑郁，也为了让岳父母能开心，杜祥琬跟妻子商量，让孩子姓毛。得知这个消息之后，毛梓尧乐开了怀，高高兴兴给孩子上户口去了。在那段阴霾的日子里，因为这件事，老建筑师经常露出久违的笑容，心情好多了。

这个孩子生性开朗，几乎没有哭闹的时候，一睡醒就睁开两只有神的眼睛，对着人笑。外婆推着小推车，带他在室外路边晒太阳，无论谁走过，他都对人笑，十分讨人喜欢。

儿子毛大庆幼年照

孩子出生没多久，大概也就八个月大，毛剑琴被单位安排去了当时核工业部在上蔡县的五七干校，直到毛大庆三岁时才调回北京。在这段时间里，毛大庆一直和爸爸、外婆在一起。骨肉远离，为了让孩子记住母亲，外婆经常给毛大庆看母亲的照片，并告诉他，"妈妈在五七干校干革命"。但毛剑琴回来探亲，抱起孩子时，毛大庆还是没认出自己的妈妈，管她叫阿姨。这一直是毛剑琴心酸的回忆。

1969年，林彪发布一号命令，号召搬迁大三线、备战备荒为人民、反对苏修，杜祥琬所在的工程物理研究院整个连锅端，搬到四川绵阳。夫妻两地，一个在河南，一个在四川，毛梓尧则被下放到衡阳去劳动，只剩下辛苦的外婆带着尚在牙牙学语的孩子。

怀抱小乐天庆庆

因为四川山村里没有计算机,无法进行正常的科研,杜祥琬和同事们在四川待了不到两个月就回来了。那时候,毛梓尧家已经被造反派占据,只留了一间房子,住着很局促。杜祥琬的单位在花园路,宿舍在塔院,就弄了一套两居室的房子,把岳母和孩子接到塔院。

塔院二号楼五单元201室,在"文革"期间就成了这个大家庭的基地,历时八年,直到"文革"结束。毛梓尧和毛剑琴每年的探亲假只有12天,毛大庆的五个姨妈倒是从山西、东北等农村回来多次,杜祥琬一年光火车接站就有几十次。

也许是因为出生有些坎坷,而且还生过一场大病,当时生活环境也不算好,那时候不光买不到鸡和鸡蛋之类营养菜品,就连大白菜也是定量供应,每月四斤。家里又挤,靠生蜂窝煤炉做饭,空气十分不好,所以毛大庆从小身体不算好,上小学一年级时,总是扁桃体发炎。第一个学期请了一百多天病假,第二学期请了五十天病假,后来去南京上大学,毛大庆当了系体育部部长,这让杜祥琬大感意外。

"文革"结束后的1977年,毛剑琴还在九院理论部工作,国家恢复了研究生制度,她之前在北航的导师林士谔鼓动她重新考北航的研究生。毛剑琴一边工作,一边抓紧复习功课,生活节奏紧张,孩子还常生病。紧张、焦虑和不规律的生活,使得年轻的母亲落下了胃病。见到孩子,毛剑琴最习惯的动作就是摸摸他的额头,看体温有无异常……为了彻底根除扁桃体发炎的问题,二年级暑假时,杜祥琬夫妻决定给孩子做扁桃体摘除手术，手术之后果然立竿见影，感冒发烧少了很多。

那是一段狂乱的岁月。但是闲暇时间，家庭的温馨却是阴云密布的"文革"所无法阻挡的。

那个时候，国家经济困难，城市电力不足，经常一片一片地停电，短则半个小时，长则一个晚上。有电的时候，杜祥琬和妻子要忙于工作，一旦停电，工作干不成了，就只能陪孩子玩。这成了毛大庆成年后最温馨的记忆。孩子把家里的被子放在床上围成城堡，藏在里面和爸爸玩打仗。在煤油灯下，杜祥琬和毛剑琴总也会给孩子讲一讲陈年旧事。兴头上，毛剑琴会唱"啦啦啦，啦啦啦，我是卖报的小行家"。杜祥琬拿出尘封已久的二胡，咿咿呀呀地拉上一阵。孩子撒娇要爸爸讲个故事，杜祥琬总是能编出不重样的故事。在忽明忽暗的灯影下，故事多半是破案或抓特务之类，听得年幼的孩子往往屏气凝神。

讲完故事，杜祥琬便在煤油灯前教孩子玩"手影"。父子俩还玩起理发的游戏，毛大庆拿着梳子和一堆玩具，在杜祥琬头上模拟理发。多少年过去，杜祥琬还很留恋孩子的理发游戏，觉得特别舒服。知识分子用脑多，孩子这个游戏，也许是起到了一点按摩的效果吧。

琴瑟和谐　比翼双飞

在生活上，夫妻二人可谓琴瑟和谐，在事业上，更是比翼双飞。

"文革"结束,"四人帮"被清算之后,北航百废待兴,导师林士谔说服毛剑琴重新考研究生。

当时毛剑琴已经37岁,在二机部工作很稳定,她很满意。但是她的导师林士谔"重建北航陀螺仪惯性导航专业"的蓝图和决心激发了她,她决定重回北航,用当时的话说,叫"回炉"。

如果要回炉,就要参加考试,一共有六门考试课程。而当时离考试时间只有一个月。用这点时间,重新捡起十年前扔下的课程,谈何容易?这对37岁、脱离读书生涯十年的毛剑琴来说,是一个巨大的挑战。为此,在一个月的时间里,毛剑琴把捷米多维奇高等数学习题集里的三千多道题从头做了一遍。高负荷的学习使身体不堪重负,有一次,她晕倒了,被送到北医三院。看病的时候,她问大夫:"大夫,你看我这身体条件,还能参加考试吗?"

大夫很奇怪地瞪了她一眼,回答道:"为什么不考?我自己就在准备考试!你没问题的!"

大夫一席话,鼓励了毛剑琴继续奋勇向前。那次考试,毛剑琴考得了第二名。1977年9月,毛剑琴来到北航上学,开始了第二次研究生生涯。

刚返回北航读书不久,国家突然出台了出国留学政策,鼓励各大高校选派优秀学生出国。与杜祥琬那一批20世纪50年代后期留苏的学生不同的是,这次是选派学生去世界各国。一经选中的学生,世界地图摊在面前,留学的目的地自由选择,包括欧美国家。

北航校方积极响应这一政策，选拔了一批学生参加次年春天举行的英语考试，考试合格者将进行为期两年的留学。毛剑琴被选中参加考试。

这是一个突然降临的消息。毛剑琴首先自然想到问计于自己的导师林士谔。因为他当初是从MIT（麻省理工）获博士学位归国的。

虽然林士谔身边极缺得力助手，很舍不得毛剑琴离开北航，但身为MIT博士，林士谔深知留学生涯对一个人视野和知识技能的提升有多重要。他还是支持毛剑琴抓住这次出国机会。

"你很有必要出去看看，学习先进的知识。"林士谔告诉毛剑琴。

在林先生的鼓励下，毛剑琴参加了全国英语考试。她考了68分的成绩。在那次考试中这是一个很高的分数。

根据考试成绩，她可以作为改革开放后的第一批留学生，出国留学！

那时对于走出国门这件事，大家都普遍存在一种恐惧感。不知道出国后将会面临怎样的凶险。

毛剑琴心里也是七上八下，一旦踏出国门，不知命运会怎样，会不会有去无回？会不会遇到困难，孩子怎么办？对于自己的身体，她也很担心。那时，由于长期满负荷工作、熬夜加班上计算机、照顾家庭，紧张得连轴转，通常在做好晚饭，安顿好小孩，再赶赴单位加夜班之前，毛剑琴只有5分钟的时间留给自己吃晚饭。她经常感觉到晚饭是直接倒进胃里的，而不是一口一口地吃进去的。久而久之，形成了严重的胃病。"去了国外，我的胃会怎么样呢？"她也一直担忧。

最后，她心一横，眼睛一闭，干脆打住了所有的忧思，那种"明知山有虎，偏向虎山行"的劲头又上来了："出国去看看吧！不用管那么多了！况且，我是带着任务出去的。国家派我出去，是让我好好学习，掌握技能，回来后把国家建设好！"

杜祥琬非常支持妻子去深造，毛剑琴的母亲也非常支持，最后，毛剑琴选择了英国。在等待了一年多后，1979年7月，她和另外两名男生被派往英国帝国理工学院。

踏上英国的土地后，她发现，那是一个山清水秀、绿草茵茵的国家，生活环境，好得不得了。只是他们自己，刚从一个封闭的国家走出去，因为文化隔阂，引发的冲突和笑话不断。

尽管闹出了很多笑话，但并没有遭到英国人的嘲弄和轻视。他们反而对这些中国学生充满了善意。而来自中国的留学生身上的纯朴、勤奋，令英国人颇为感动。毛剑琴的导师戴维·梅恩（David Mayne）非常欣赏毛剑琴。她作为帝国理工学院的外国留学生当中唯一的一名女性，周末也不休息，除了打理个人卫生、洗衣服、整理房间以外，她都在办公室度过。帝国理工学院是英国仅次于牛津、剑桥的大学，不仅教学条件好，而且教师水平也高——戴维·梅恩还是英国皇家学会的会员。

在英国的留学生活是艰苦的,中国政府为留英学生每月发200英镑生活费,其中98英镑用来交住宿费,生活吃饭费用所剩无几。毛剑琴及中国的同学们外出时,无论到哪里,为了省钱,基本上都靠双脚走,而不是坐公汽或地铁,有时去一个地方走上四五个小时也是家常便饭。每天从学校到住处,平均都要走上一两个小时。

条件虽然艰苦,但毛剑琴没有多想,她心里想的是,应该多学知识,学成后归国。

为了帮毛剑琴缓解生活上的压力,有一天戴维找到毛剑琴,告诉她:"我可以给你找份教微积分的工作,每个月能挣400英镑。"

这对毛剑琴来说是个大好事。但她并没有多想,就婉拒了:"戴维,我不能要这份工作,我要上课,我要将时间用在学习上,学好了回国。"

两年多的留学生活很快就要过去了,毛剑琴和她的中国同学到了该回国的时候了。这时,一个人生机遇来临了。

由于毛剑琴在学习上的出色表现,在她即将学习期满回国之际,戴维又找她谈话,表达出对她的赞赏,并且告诉她:"根据对你学习的评估,我们认为,你待在这里继续再做一年学问,就可以获得博士学位了。"

那时,还没有中国人获得过帝国理工大学的博士学位。这顶桂冠含金量极高,如果拿到了,留在英国发展没有任何障碍。拥有该校博士学位的人,在英国找工作将非常容易。

两年多的留英经历，让毛剑琴亲自感受到在英国做学问也好，生活也好，条件是多么地优越。而回到国内，却连冰箱、电话这种最基本的设施都没有！

这个机会对于毛剑琴来说，并非一点诱惑也没有。她只有一个月的时间来进行选择。因为一个月后，她就要启程归国。

那段时间，她心里很矛盾，反复跟国内方面负责留学生工作的老师通信，通电话，寻求建议。国内的老师没有告诉她明确的答案，只是帮她分析：中国的大学里还没有学位制度，因此帝国理工学院的博士学位在她回国后并没有太大实际作用，她学好了知识后，回国也可以把工作做好。

如果她选择继续留下做学位，极有可能意味着回不来了，因为学位回国后没有用，但对于留在英国，会有极大的作用。留在英国意味着家庭的破裂。因为只有丈夫与孩子一同赴英国，才能保全家庭，但杜祥琬长期在国家军事科技研究部门工作，他移民到英国的可能性不大。

毛剑琴在国内的朋友们也分成两派，一派认为，这么好的学位，才一年就可以拿下，其他人再学两年也不一定拿得到，如果放弃不要，傻啊！另一派认为，还是家庭重要。

经过艰难的抉择，毛剑琴最终决定：回国。

这是一个很不容易做出的决定。因为回国后，意味着重新面对艰苦的条件。打个长途电话还需要去邮局。打个市内电话需要找公用电话亭，夏天站在公用电话亭打完一个电话，两条腿被蚊子叮得满腿是包。

后来有人问她:"在国外生活和在国内生活有什么不同吗?"

她想了想,想不出怎么表达那种巨大的落差,就说:"在国外可以轻松地洗上一个热水澡,国内没有这条件。"

1981年秋天,在英国待了两年多的毛剑琴,回到了中国。

在她离开帝国理工学院之前,戴维·梅恩又找她谈了一次,告诉她,按照她当时的学习表现,如果她愿意按照学院要求交齐学费,可以送给她一个硕士学位。

那是一笔不小的款项,共计3万英镑。这对毛剑琴来说显然太"奢侈",加之,当时认为学位对她回国实际意义也不大,因此,她谢绝了戴维的好意。

命运似乎喜欢开玩笑,1980年2月,第五届全国人民代表大会常务委员会第十三次会议通过了《中华人民共和国学位条例》,重新建立学位制度,自1981年1月1日起施行。当时媒体不发达,毛剑琴没有留意这个政策,一念之差,她错过了获得帝国理工大学学位的机会。

毛剑琴留学归来,择业具有极强的优势,能够在北航得到很好的工作岗位。而且在她回国后不久,她在帝国理工学院的导师戴维·梅恩就到中国访学。毛剑琴作为翻译,陪同戴维参加了若干重大活动,她的表现引人注目。这一切,学校领导看在眼里。给她安排一项好工作,已经没有悬念。

但实行学位制度的政策出来后,这一切又发生了变化。校长沈元和导师林士谔先后找她谈话:"你就做中国第一批博士生吧!"

当时毛剑琴已经41岁了，上有老下有小，对继续追求学位不是特别有兴趣。林士谔鼓励她："你在英国，只差一年就能拿下博士学位，在国内再多做一年，不就行了吗？"毛剑琴同意再用一年时间，拿到博士学位。

但毛剑琴没有想到，沈元和林士谔也没有想到，这个博士学位，不是只花一年时间，而是前后花了四年时间。

所有人都把问题想简单了。由于中国学位制度刚刚开始，没有现成经验，不知道怎么操作，又要为后面做好示范，因此，上面的领导极度慎重，宁严勿松，一切必须合乎规定。

"规定"是什么？读博士需要先拥有硕士学位。要拥有硕士学位，先得通过硕士入学考试，之后要进行各科考试获得学分，学分满了之后，硕士论文通过，拿到硕士学位，然后才能申请博士。当然，博士也要通过入学考试，拿到学分之后，才进入博士论文阶段，最后通过论文答辩获得博士学位。一步都不能省。

毛剑琴1964年第一次进入北航，师从林士谔读硕士研究生，被"文革"中断，1977年"回炉"参加考试，重返研究生课程，紧接着又出国留学。在英国学了两年，那两年并非以学位为目标，只是单纯为了出国学习先进知识，毛剑琴放弃了唾手可得的帝国理工大学博士学位回国。到如今，在严格的"规定"面前，这一切都前功尽弃，英国留学的优势也失去了，她又重新成为一名需要通过硕士研究生入学考试的学生！

虽然有各种后悔，比如在英国为啥没多待一年拿到博士学位？为什么要放弃所有重新来过？但既然已经答应沈校长，已经答应恩师林士谔，她无怨无悔，从头再来！她开始了数不清的考试，硕士入学考，各科学分考，学位考试……一年的时间，终于拿到了硕士学位。

接着是博士入学考试……她只记得，在那段时间，除了考试就是考试。光政治课就考了三四回，英语她是免考的，但俄语作为第二外语必须考。

最后，她终于取得了博士入学资格。那又将是一场艰苦的战斗。由于这是中国实行博士学位制度之后的第一批博士学位，国家硬性要求，必须读满三年，才能进行论文答辩。

这意味着她还要再耗三年。当初"一年拿下博士学位"的计划完全变了。除了应付各种考试以外，她的教学工作要开两门新课，她承担的科研项目要求出成果、发论文；家里，母亲病重，需要照顾，孩子上中学了，需要后勤保障、课余辅导，再加上攻读博士的严格要求，她中间动摇过，但是，林士谔导师的鼓励，让她坚持了下来。

考虑到毛剑琴的具体困难，林士谔让毛剑琴读在职研究生。并且让她自行决定博士论文课题。毛剑琴找到了一个国内工程方面需要改进提高的问题，通过与林士谔先生讨论，将博士论文定为《奇异值分解理论研究及其在导航与控制中的应用》，要解决的是飞行器的捷联式惯性导航系统中的导航精确度问题。论文中用到了她在英国所学的知识。

当时国内计算条件太差，林先生又通过教研室负责人，帮她联系使用当时系里最好的从东欧进口的计算机，进行计算。

那时的计算机都是庞然大物，一台计算机要占据一个房间。需要以在纸质卡片上打孔的方式，输入计算口令。每次去机房上机，都得经历漫长的排队过程。领卡的时候得排长长的队，领取一摞卡片后上机，也要排队，上完机交卡片，还得排队。

1985年9月29日，是毛剑琴论文答辩的日子。由于中国高校以前还从来没有经历过博士论文答辩环节，这是个新鲜事物，因此各方面都严阵以待。

按照西方成熟的大学博士论文答辩制度，只需要三四位权威教授作为评审人参加答辩，即可评判博士生的论文是否合格。后来中国的博士论文答辩制度成熟以后，评审人也通常是3～5人。但在1985年，毛剑琴所经历的中国第一批博士论文答辩，仅评委会成员就将近十人，加之其他评阅老师，答辩的会议室里总共挤进了40多人。答辩现场还拉着一条横幅，感觉像是在开一场"批斗会"。

毛剑琴还记得，答辩会那天，林士谔老师坐在第二排，他穿着一件深灰色的中山装，表情严肃。看得出来，这对他来说，是一件极其重要的事情。毛剑琴非常理解导师的心情，回中国在陀螺仪惯性导航领域从事教学和研究这么多年，自己是由他培养出来的唯一一位博士。

答辩非常顺利，毛剑琴的表现很成功。评审委员们一个个给出了极高的评价。毛剑琴成为我国自己培养的自动控制领域第一名女博士，也是北航培养的第一名女博士。那天，杜祥琬也去现场给妻子鼓劲，他坐在听众席的最后一排。听着妻子自如的答辩，深感她的可爱、可敬，令人佩服。

这个"第一"，迟来了18年。她从1964年读研究生，到1985年完成博士论文答辩，其间历时21年。本来应该在1967年就完成的工作，推迟了18年之久。她的博士之路，伴随着中国的历史而曲折蜿蜒——"文革"、研究生制度的废弃、重新建立，改革开放后第一批留学生、学位制度建立后的第一批博士生……

中科院院士、清华大学教授卢强听完毛剑琴的故事后说："你走了一条最难走的路。"

此后的二十多年，她在自动控制领域从事科研工作，教书育人，培养了一批又一批研究生，包括在海、陆、空军和航天航空领域工作的骨干。她教育学生既重业务，更重品德。其间，作为访问教授，她在洛杉矶的讲台上，给美国学生讲授过"离散数学"，在新奥尔良的IEEE（国际电力与电器工程协会）大会上，接受过优秀分会主席的奖状。在北航被评为二级教授，只有院士才能成为一级教授，二级教授的级别已经很高了。2007年，已满67岁的她，作为第一完成人成功拿到了国防科工委的科技进步奖，她们的成果当场被航天部门的负责人评价为"很有用"。

作为妻子的毛剑琴，特别勤劳，里外一把手。她不辞辛苦地挑起家务重担，会做多种可口的饭菜。杜祥琬和毛剑琴都爱音乐，有时也一起唱歌，听音乐会。她爱鲜花，也会养花，做

2004年与夫人毛剑琴在院士联欢会上唱《雪绒花》

什么事都不肯马虎。

杜祥琬担任中国工程院副院长,做学术道德委员会主任时,主持学术打假,打击学术腐败。同在学术界的毛剑琴对丈夫非常支持,她和丈夫对学术的严谨认真的态度更是合拍。她对自己的学生向来有着极其严格的要求。

20世纪80年代以来,毛剑琴在近30年当中,带出了50多名博士生。她将自己的教学看作是林士谔先生思想的薪火相传。"这其中至少有一半的学生,学到了做人的道理,品德和业务能力都非常过硬。"毛剑琴说。

在毛剑琴担任研究生导师的生涯里,对于抄袭,她零容忍,哪怕是抄袭自己的过去。

她的一位学生毕业以后，经过努力当上了博士生导师，带了一批博士生。有一次，他和一名学生合写的一篇论文，投稿到一本外文专业杂志。杂志要毛剑琴做这篇论文的审稿人。

毛剑琴看了文章以后，找来这位博导，对他说："你以前还写过一篇文章，把它也拿给我。"

那位博导把毛剑琴所指的那篇文章送了过来。

"这篇文章发表了？"毛剑琴问。

"发表了。"

"你要投稿的文章，和现在这篇文章一模一样，就是题目不一样。你为什么还要投稿？"毛剑琴问。

"你把那篇文章给拒了吧，你把那篇文章给拒了吧！"那位博导知道毛剑琴对学术品德一贯要求严格，看这样逼问的架势，心里有些发虚，一迭声说。

"没那么简单！我得给杂志一个交代。你是怎么教学生的？"毛剑琴斥问这位博导、她曾经的学生。

"他不对，没让我看！"这位博导辩解道。

"不管是他不对还是你不对，反正文章有你的署名了，你不去核实，就拿去发表。怎么能干这种事情呢？这次是被我发现了，要是没发现呢？"

那位博导哑口无言，悻然而退。

毛剑琴从自己的导师身上学到了最重要的东西——正直的学术品质，严谨的做事态度。她也努力将这种精神传承下去。

令她感到欣慰的一点是,她自己的学生,毕业之后、走上各自的工作岗位,说起影响,说得最多的一句话就是:"毛老师不仅教给我们知识,也教会我们做人的道理。"

而从另一方面,在她看来,老师造假,也有被学校逼的成分。因为学校对老师的待遇根据职称来定。而评职称又是要求拿文章说话。文章又拿数量说话。在数量上竞争,最后只好造假、充数。

学校也有被逼的成分,因为学校要争夺排名。排名靠前的,获得的教育扶持力度大,各项拨款经费多。

"又要讲科学学术道德,又要硬性排名,学校、老师、学生有时也是被逼干出一些令人不齿的事情。给钱说是为了培养杰出人才,但实际结果呢?反而是严重污染了学校环境,我们有的制度值得反思。"

在面对媒体采访时,杜祥琬好几次如此评价爱人:"文革"中,我们同甘的机会未几,共苦的考验很长。在那些灾害的岁月,我们两人老是在风雨中同行。在我极度忙碌的工作中,她给了我足够的理解和支持。

在毛剑琴56岁生日的时候,杜祥琬曾经为妻子写过一首五言诗,一共56句。开头两句是:"今生有剑琴,世上唯一人。"最后是感谢她对自己的巨大支持:"共度灾难时,困苦见真心。支持我事业,安慰不顺心。内外重负荷,凡事皆认真。但愿人长久,共勉知我心。"

第十二章
父辈的旗帜

冒死去看父亲

那是1969年10月,九院接到搬迁的命令,上级要求,九所从北京搬到四川绵阳,而且要进山、分散、进洞。九所的科研工作者们挤在集装箱一样的火车货车厢——简称闷罐车——浩浩荡荡开往四川。

每个闷罐车厢里面打着地铺,理论部一个室的人员,大概占满了两个车厢。当时连户口都迁走了,每个人几乎带着全部家当,行李打成了箱子塞在车里。杜祥琬连自行车都搬走了,挂在车厢壁上。

这列火车没有车次,也没有站点。当时"文革"几乎把整个中国运行秩序打乱了。火车走走停停，随路况走到哪里算哪里。谁要上厕所，就在车上处理一下然后找机会倒掉。

列车走到郑州郊区，出现了非正常停车。郑州是杜祥琬的老家，被打成走资派的父亲就在那里！杜祥琬当时有一个非常疯狂的想法：下车去看一眼父亲！

那个时候，杜祥琬已经知道母亲被造反派害死的噩耗。杜祥琬的母亲是一名大学老师，造反派凭借一个无法证实的莫须有罪名把老教师打倒了。1969年1月28日，杜祥琬的母亲惨死在一口井中，死因不明。

正因为如此，他更想去看看父亲。父亲一个人生活怎么样？老伴去世了，对他是一个更大的打击啊。当时九院的科研人员都被军管监管，要是知道了他私自去探视走资派，"和走资派划不清界限"，那可是很大的罪名。

但是想见亲人的渴望战胜了恐惧，杜祥琬决定编一个理由去冒一次险。

当时杜祥琬是室负责人，他壮了壮胆子，把自行车从车厢壁上解下来，故作轻松地说，郑州我熟，正好借这个停车的机会进城，看看给大家买点什么吃的。

临时停车不知道要停多久，还有军管监视，杜祥琬扛着自行车恨不得飞快跨过铁轨往家赶。旁边并行的铁轨上，还停着另一辆火车，正常走过去的话，需要绕过长长的火车车厢。杜祥琬等不及，带着自行车就从火车底下爬了过去。跨上自行车狠命地蹬，他要回家看被打倒的父亲啊。

也许是老天爷的巧妙安排，杜祥琬冒险出了车站，发现前面就是当时的河南医学院，河南医学院跟郑州大学就隔着一里路。当时杜孟模就在郑州大学当老师，住在学校。这地方离家太近了，不到10分钟就到了。父亲的家在一楼，一楼有左右两户，左边那户就是家。到了楼底下，杜祥琬把车一扔就冲进去了。

老父亲胡子拉碴的，正低着头坐在床边，看到儿子从天而降，吃惊地脱口而出："你咋回来了？你妈……"他哽咽着，说不下去了，泪水涌出了眼眶。

当时杜祥琬的父亲已经从牛棚放出来了，被关了将近两年。在最早的时候，打倒杜孟模的大字报贴到了北京，造反派先到家里来，拿铁条打老人，然后就是抄家，不光毁了家里所有的文化物品，连饭票粮票，还有钱，家里值钱的东西都拿走了。可谓家徒四壁。

杜孟模一生忙于革命和教育事业，不善做家务，他甚至不会做一顿像样的饭。以前都是妻子做好饭叫他吃，如今只剩他一个人了，生活自理都成问题。杜祥琬在郑州有两个弟弟，因为父亲是走资派，又不能常来。杜祥琬环顾家里，父亲做饭的工具，就是一个小牛奶锅，把鸡蛋打进去煮一煮就是一顿饭，这是父亲唯一能做的饭菜。父亲的前半生为社会进步和新中国的建立而奋斗，后半生又献身于教书育人事业，如今的所谓文化大革命，却把这个文化之家弄到这般家破人亡的惨景。他眼眶的泪水在打转，但是又不能表现出来，让父亲也跟着难过。火车不知道什么时候会开，时间很紧迫，他只能深情地看一眼受难中的父亲，缓缓而沉重地说："坚持活下去就是最大的贡献。"

杜祥琬不能久留，在家里待了几分钟就不得不走了。这次没有第三个人知道的父子会面，算上来回路上的十多分钟，一共只有二十来分钟。回到火车车厢里，他跟同事们解释说买不到什么吃的，所以赶快回来了。幸好军管没有发现。

这生命里的二十分钟，是那场大灾难中，一个普通人在严酷形势之下偷来的、饱蘸着血脉亲情的二十分钟。偷跑回去探视走资派，与父亲划不清界限，这是罪大恶极的罪名，杜祥琬一直保守着这个秘密。多年之后，想起父亲，他总能想起这个动人镜头。杜祥琬听说，后来弟弟回家看望父亲，父亲跟弟弟说，你二哥回来，给我留了一句话。

"坚持活下去就是最大的贡献。"这句话杜祥琬的父亲记住了，从1969年，他挣扎着活到1974年。虽然是病死的，而且病跟挨批斗有关，但毕竟死在病床上了，没有选择自杀。在1974年政治气氛稍有缓解的情况下，郑州大学为杜孟模开了一个简单的追悼会。

但是，母亲却没有能够挺过"文革"。"文革"时期，杜祥琬的母亲在郑州大学做大学讲师，没有什么政治经历、没有任何政治问题的她也被卷入了。

回忆起自己的母亲，杜祥琬总是有一种锥心之痛的感觉。1961年前后，经济困难时期，杜祥琬在苏联上学，见不到母亲。整个中国走极左路线之后，社会动荡时期开始了。杜祥琬的母亲是大学教师,当时学校也不办学了,全部关门,国家让教师们到农村去,在驻马店西平县农村,带着学生改造。母子俩时常通信,在信中,杜祥琬能感觉到母亲经历的艰难。

当时杜祥琬的母亲52岁,带着学生劳动改造锻炼,推土修建筑,干的是重体力活,每天的口粮就是四两红薯秧,时间一长,就开始营养不良,导致身上大面积的浮肿。

据说揭发她的是一个有前科的年轻女教师,说杜祥琬的母亲几年前上中国近代史,讲上海学生运动的时候,公然喊了"打倒共产党"。至于是什么时候喊的,在场有哪些学生,证据在哪里?完全没有。在那个时代,只要有人揭发,马上就开批斗会,直到斗死为止。因为这个莫须有的"罪名",杜祥琬的母亲就被打成了"现行反革命"。白天干活,晚上挨批斗。母亲受尽了折磨,有人甚至高喊:不投降就叫她灭亡。这是"文革"时期典型的、蛮不讲理的批斗方式。

元月的一天,批斗会结束得很晚,当晚极冷,寒风彻骨。第二天早上,有人发现杜祥琬的母亲不见了,找了半天,从一口井里找到了,人已经死了。

谁也说不清老教师是怎么死的,也没有人能证明什么。最后工宣队认定是自杀,用下乡带来的箱子,简单钉了一个极简易的木板箱,就这样草草掩埋了。

这都是杜祥琬在知道母亲死之后,事后向周围的人打听出来的。"文革"开始之后,母亲下放到河南西平农村,杜祥琬每月都会写一封信,母亲也回信,但是到了1969年2月,寄出去的信被打回来，说查无此人。杜祥琬就开始担忧起来。

当时他的父亲已经被关牛棚了，但是母亲有一段时间还是有人身自由的，夫妻俩不能见面，也互相不知道情况。在家里遭灾之前，杜祥琬每年的春节都回家过年。他的心一直悬着，但是因为要"划清界限"，又不敢公然请假回家看。直到1969年8月，母亲都杳无音信。

不久之后，在北京工业学院（今北京理工大学）读书的弟弟得到了消息，告诉了杜祥琬，杜祥琬才知道母亲已经死了。他很意外，也很震惊，兄弟两人一起去政治学院找哥哥。杜祥琬至今记得，当晚他们在哥哥那里，和弟弟、哥哥在院子里说话。那时候，这种事属于反革命，不能公开说，也不能公开哭。失去亲人的泪水，只能偷偷咽在肚子里，三兄弟在院子里承受失去母亲的哀痛。那个哀伤、悲痛、愤怒、恐怖的夏夜，杜祥琬一生难忘。回到单位工作，眼泪只能往肚子里咽，还不能流露出一丝难过。有一段时间，他常常做梦，梦到慈祥的母亲回到他的身边，面带微笑，好几次半夜醒来，泪水打湿了枕头。

1972年，林彪出逃事件之后，政治气氛松动了一些。杜祥琬可以公开探望父亲了。当时，杜孟模家里条件有所改善，但是因为摔了一跤导致骨折，已经卧床不起，兄弟几个轮流照顾父亲，杜祥琬也尽孝道，请假回去照顾父亲。1974年，历经折磨的杜孟模在病床上去世了。

当时整个气氛已经开始变化，压在杜孟模头上的罪状，也似乎有松动的迹象。杜祥琬回郑州，一是料理父亲的后事，另外，他特别想了解一下母亲的死因，算是一个交代。对母亲不明不白的死，他始终耿耿于怀。

杜祥琬找了母亲当年的同事，几位历史系的老师，一一登门拜访。当他敲开一家家的大门，自我介绍说：我是段子彬的儿子。很多人都吓一跳，好像怕他找上门来闹事。因为不管怎样，这些人都是当时批斗的参与者。杜祥琬表示，自己就是想知道一下，母亲是怎么死的。

但是他们好像都说不清楚。通过拜访，杜祥琬也大概了解了母亲当时被批斗的情况。那天晚上批斗很晚，天寒地冻，第二天早上人就不见了。至于细节，没有人说得清楚。说来也巧，在杜祥琬的母亲去世后几天，在遥远的北京，杜祥琬的儿子出生了。

杜祥琬和兄弟们商量，决定把母亲"请回来"。杜祥琬在郑州买了一口棺材，和弟弟杜祥琛找了一辆卡车，从郑州南下开到西平，一路颠簸着跑了一天，终于到了西平县城。第二天一早起来，杜祥琬到杂货铺买了一枝花，去农村找母亲的坟地。善良的农民很有心，在掩埋的时候留了一个小土包，所以很快就找到了。土包还在，上面长满了草。

杜祥琬请了几个农民把土刨开，把遗骨放入棺木，献上小花，把母亲从西平"请回"郑州。火化之后，兄弟几个就把父亲和母亲的骨灰盒放在一起了。当时杜孟模还"有问题"，所以也没什么待遇，就暂时存放在火葬场的骨灰间里。

1979年，时任中共中央组织部部长的胡耀邦，亲自过问并批示了关于杜孟模同志的平反和善后事宜,为杜孟模彻底平反。中共河南省委召开了隆重的平反昭雪追悼大会。河南省委负责人接见杜孟模的五个子女,并且告知,他们的父亲是一名共产党员。这个事实,杜孟模至死坚守纪律,一直对孩子们保密。

杜孟模的骨灰盒上覆盖党旗,长长的车队缓缓出发,骨灰盒最终被安放在郑州烈士陵园第一室。

永远的妈妈

在这之前,"四人帮"被打倒后,郑州大学第一个平反昭雪的就是杜祥琬的母亲段子彬。凡知道她的人,无不说她死得冤、死得惨。昭雪追悼大会隆重而朴素,壮烈的哀乐响彻了整个郑大校园!在追悼会上,杜祥琬作为子女代表发表了一番情深意切的讲话,回忆了母亲平凡而伟大的一生,可谓字字如血,声声控诉。以下为当时的讲话原文。

我们怀着无比沉痛和激动的心情,深切地悼念我们的好妈妈、中国共产党的好党员、教育战线的老战士段子彬同志。

妈妈受林彪、"四人帮"假左真右路线的残酷迫害而去世已经将近十年了。可是直到十年后的今天,才得以开这样的追悼大会。在此,我们衷心地感激以华主席为首的党中央领导全国人民一举粉碎"四人帮",制定了一系列正确

母亲段子彬

的路线方针政策,推倒了强加在妈妈身上的诬蔑不实之词,昭雪沉冤,使妈妈在天之英灵得以慰藉!

我们亲爱的妈妈,历史清白。她九岁丧母,十一岁丧父。她不堪忍受封建家庭的虐待,从家乡逃出,依靠勤工俭学读书而后从事教育工作。在黑暗的旧社会,她深受三座大山的压迫。抗日战争时期,她带领我们子女逃难到南阳、陕西,不避风险,坚持自学革命书籍,教学生和子女唱《太行山》《吕梁山》等革命歌曲,给我们讲述"吕梁英雄儿女"等故事,在我们幼小的心灵中播下革命的种子。抗战胜利后,她同情、支持当时"反饥饿、反内战、反迫害"的群众运动。解放前,她保护爸爸同解放区来人联系,传播革命书刊,向解放区输送干部,掩护解放区来的同志在家里开会,做了许多有益于革命的工作。

1948年开封解放以后,母亲积极投身于革命队伍中,在民主改革、土改、镇反、三反、五反、肃反、反右斗争等历次政治运动中,她坚定地站在党性和党的政策的立场上,旗帜是鲜明的。

在国民经济暂时困难时期,她在特重灾区参加救灾工作,发扬了艰苦奋斗的传统,受到了贫下中农的好评。

她刻苦学习,孜孜不倦;她认真工作,严肃负责;她联系群众,平易近人;而对于危害革命的不良倾向,疾恶如仇,表现了一个共产党员的高度原则性。在家里,妈妈勤俭朴素,严格要求子女,处处以身作则,树立革命家风,我们的妈妈,是革命的好妈妈。妈妈的一生,是革命的一生,战斗的一生,光明磊落的一生。

可是,在那黑云压城的日子里,就是这样一个好党员、好干部、好教师,这样一个清白无辜、忠心耿耿于党的教育事业的共产党人,却成了林彪、"四人帮"推行法西斯专政的对象,被林彪、"四人帮"及其追随者打成"历史加现行反革命"。

……

妈妈,妈妈呀!您在哪里?您怎么不给我们回信哪?妈妈!好妈妈,我们多么想您哪!

……

万万没有想到的巨大不幸,终于发生了,全家人陷入了极度的悲痛之中!我们心中的问号,向哪里说?!妈妈有什么罪？他们为什么要害死我们的妈妈？妈妈！您还身强力壮！妈！您还精力充沛！您一心一意想为党的教育事业多做些工作，以报答党和毛主席的恩情。可是现在，我们再也看不到您那慈祥的面容，再也听不到您那严格的教诲了！……林彪、"四人帮"害死了我们的好妈妈，这笔血债是一定要偿还的！在座的同志都有父母，都有子女，许多同志深受林彪、"四人帮"之害，我们相信同志们是完全能够理解我们的心情的。

……

林彪、"四人帮"颠倒敌我，把革命者打成"反革命"，而把一些打砸抢分子、投机分子、出卖灵魂的人和其他坏分子捧上了天，他们害死了妈妈。

掩埋前，不让任何亲人到场，草菅人命，事后又一直不通知子女亲属，而是继续散布流言蜚语，欺骗群众，欺骗舆论。可是民心不可侮，党员之心压不服。我们坚决要求查清段子彬同志被害致死的真相。我们这个要求完全合理合法。随着揭批"四人帮"运动的深入，随着阶级斗争、路线斗争盖子的进一步揭开，群众必将进一步发动，妈妈被害含冤致死的真相是一定会查个水落石出的！

由于林彪、"四人帮"的迫害，妈妈过早地去世了！她没能看到林彪、"四人帮"覆灭的下场，她没有分享我们粉碎"四人帮"的胜利欢乐。如果妈妈今天还活着，她一定会加倍努力做好工作的！妈妈被迫害的事实教育我们，更加珍惜今天取得的伟大胜利果实。

……

妈妈被害的事实也教育我们，能不能坚决贯彻党的知识分子政策确实是关系到党的生命的大事，那种把知识分子看成"臭老九""地主老财"、看成"革命对象"的极左思潮，是必须坚决批判、必须彻底纠正的。一系列的冤案、错案、假案是必须要平反昭雪的！

妈妈被害的事实也教育我们，能不能坚决贯彻党的干部政策，确实是关系到党的生命的大事。那种把革命的老干部、共产党员当作"党内资产阶级""民主派""走资派"的反动思想必须坚决批判，彻底纠正。

历史的辩证法是无情的。"善有善报，恶有恶报"。实践是检验真理的唯一标准，我们相信历史一定要还其本来面目。

……

妈妈不知疲倦、永不妥协的革命精神鼓舞着我们把揭批"四人帮"的伟大斗争进行到底，激励着我们为实现祖国的四个现代化贡献一切力量！我们一定继承妈妈的遗志，努力学习，继续战斗！

亲爱的妈妈，永垂不朽！

之后很长一段时间，杜祥琬母亲的骨灰一直暂放在火葬场，杜祥琬放心不下。

20世纪80年代，杜祥琬的爱人毛剑琴从英国留学回来，也提起了这事。夫妻俩决定去郑州，把双亲的骨灰放在一起。

因为时间太久，加上火葬场的骨灰管理问题，一开始的时候，母亲的骨灰盒怎么也找不到，工作人员建议他们去旁边的厅找，果然找到了。找到之后，为了把父母的骨灰放在一个骨灰盒，需要先把母亲的骨灰取出，正当杜祥琬要打开盒子的时候，骨灰盒里响了一声。

"这是我很难理解的事情，我觉得那好像是母亲的回应，告诉我们，这个事办得到位。"杜祥琬说。把母亲的骨灰带到烈士陵园和父亲的骨灰会合，并在父亲的骨灰盒上，另外加了一张母亲的照片。至此，"文革"的冲击给杜祥琬兄弟姐妹带来的亲情伤痛，也算告一段落了。

母亲的死对杜祥琬刺激很大，他平时不轻易流泪，流泪最多的就是为了母亲。1989年1月28日，母亲去世20周年，杜祥琬中午下班回到家，对母亲的怀念，让他不思茶饭，提笔写了一篇文章《永远怀念亲爱的妈妈》，一气呵成。

> 有人说："人总是要死的，生、老、病、死是人间常事。中国有红白喜事之说，是不无道理的。死，像生一样，是自然规律的表现，是辩证法的胜利。是啊，如果孔老夫子至今不死，恐怕也是一副吓死人的模样了。"
>
> 但，我要说，这种关于死的议论，是对于正常死亡、寿终正寝而言的。

妈妈的死不是这样的！她死得那样冤，死得那样惨！廿年前的事了，至今每每想起还是那样心潮起伏，不能平静！

妈妈在我心里留下的爱竟是那样深！那个不堪回首的年代留下的伤痕和疼痛，竟是这样难以磨灭，这是连我自己过去也不曾意识到的！这种感情不时地在我心中涌动，我仿佛刚刚懂得：真正的感情常不是用语言能形容的。

其实，我并不记得"妈妈的吻"，那时候，我还没有记性呢！我倒是记得，在逃难的年代，在小小的农舍里，我们团坐在一起，她给我们唱歌："吕梁，伟大的吕梁……"那时我不懂这是一首振奋民族精神的歌，在那个年代，那个环境里，她唱得缓慢、深沉，我现在还记得那个旋律。她唱歌音调很准，我后来喜欢唱歌，可能是从她那儿来的。

我也不记得她当面说过爱抚的话，倒是记得她在家备课的时候，把我叫到身边，征求我的意见。流利的钢笔字写成的教案和讲稿，堆放在她的案头，她认真同我讨论。作为孩子的我，在妈妈面前，第一次有了成人的自我感觉。我做过妈妈的学生，记得她在台上给我们讲课的情景。我感觉得出来，同学们喜欢这个老师。

我记得最深的，是她那善良、大方的微笑。只有心地纯正而宽阔的人，才有那样安详的眼神和笑容。她死后，多次来到我梦中的，正是这慈祥、漂亮的笑容，"呵！妈没有死！"这使我意外兴奋地惊醒，在黑暗中睁大双眼，去寻找……泪珠夺眶滚下，只有枕头知晓。

妈妈自幼失去了母爱，她挣脱后母之家，外出求学。从早年的北京师范大学毕业后，她做的就是教书和家务两件事。爸爸从事地下工作时，她放哨担风险；孩子一个个出生，她承担了繁重的家务；我们稍微长大了，她便走上讲台，生活在青年学生的环抱之中。妈妈是无瑕的。她的一生就是"工作"和"简朴"四个字，自己没有什么享受可言。一个教授之家，竟没有一个挂衣服的衣橱（书柜倒是不少），墙上钉上钉子，她的一件深蓝色的外套用衣架挂在上面，为了防尘土，搭上一块布，如此而已。这就是妈妈的生活方式给我留下的一个典型镜头。

1967年杜孟模夫妇在郑州大学校园

五十多岁了,赶上国家经济困难时期,她还下农村劳动,和学生们比赛拉架子车,往地里送粪。一天只有四两红薯秧充饥!她写信告诉我这些,鞭策还在莫斯科学习的我,为了国家,奋发向上。妈妈,儿子可以告慰于您,我至今没有忘记,我是这样做的!

当史无前例的恶浪兴起的时候,爸爸被关进"牛棚",妈妈也惨遭铁条鞭笞之苦。家里的文化品,以及并非属于文化范畴的钱、粮(包括食堂的馒头票),均被洗劫一空。她承受了这一切。这是我后来才知道的。当时,为了不影响我们,她在信中对这些事情都只字未提。当魔掌终于向她伸来的时候,我们竟然毫无所知。我真后悔,我没有能够去保护妈妈。(一个为保卫祖国工作的人,竟未能保护自己的母亲!)

"查无此人"的信件一封封被退回。一个庄严的灵魂被消灭了,却对我们封锁消息,长达半年之久。我万万没有料到,妈妈的生命之火竟会那样突然猝灭!不到六十岁。据说那是一个风雪交加的黑夜……她以死抗议邪恶!以死捍卫纯洁!她的死是在呼唤民族的觉醒,呼唤一个文明、崇高的世界。她的死,在我的心中是比泰山还要重的。

在豫中平原的一块庄稼地里,有一个小土堆,不是坟墓。那是好心的农民为她保留的印记。当大地稍有春意的时候,我们终于找到了她。草菅人命用的破木箱早已腐烂，而她的骨骸却依然洁白坚硬。我们接了回来，把她重新安葬。

哀乐，响彻了校园。

良知，在为她哭泣！

当年，在您那不寻常的坟头上，我曾献上一朵素净的小花；今天，再以这篇短文，献上一首我心中的歌！这是一首用泪水谱就的歌！

永远怀念您，亲爱的妈妈！

这么多年来，杜祥琬一直把这篇文章锁在保险柜里。

2019年1月28日，是母亲去世50周年的日子，杜祥琬带着家人一起在雍和宫祭奠。杜祥琬的妻子毛剑琴写了《深情的怀念——婆婆遇害50周年》一文，纪念伟大的母亲。

亲爱的婆婆，今天我和祥琬及我们的儿子您的孙子毛大庆到这里来祭奠您去世50周年。我们的心情是悲痛的，因为作为您的亲人，在您健在时我们没能在身边尽孝；而当那场灾难冲击到家庭时，我们又无法保护您；甚至在您去世半年之久才知道这一迟来的消息……那时我们只能将深深的悲痛强压在心底。今天，我们终于可以公开地在阳光下来祭奠您，也使我们得到一些安慰。

1967年中秋节（那年正好是9月18日）我和祥琬领结婚证后，随即买了去郑州的火车票，去见您和公公。那场景，在我脑海中还历历在目。祥琬领我到您们住的郑州大学的教授宿舍楼,您和公公在门口迎我们。两位衣着朴素、和蔼可亲、学问不外露的父母真的和我的父母非常像,也和我们在北大见到的老师们非常相像。虽然我们是第一次见面,但好像早就认识一样,真是"不是一家人不进一家门"。您个子不高,长得浓眉大眼、端庄大方,笑起来更好看。家里没有刻意为我们的新婚布置什么,但又看出您们是精心地收拾了一番。我们住的屋子里床上的被子虽然不是新的,但却洗得干干净净,棉絮很松软舒服。您们的生活简朴到了极点,卧室中一只古老的黑色衣柜里放的竟全是书,而您们的衣服则用衣架挂在墙上,只在墙面贴了一层报纸。进门的屋子里放着一张书桌、一把椅子、一张餐桌、几把餐椅,还有一把旧藤椅。公公不爱说话,您问了我是哪里人,上学的情况等。当说到我是北大数力系毕业时,您和公公都很高兴,因为公公也是北大数学系毕业的,他还是我的学长呢。得知我是上海人,您拿出来家里的一个老式饼干箱(这样的饼干箱我们家也有),里面盛有十来只小的干海参(估计那是珍藏了好多年的宝贝),要我做了吃。其实那时我哪会做饭呀。您们的伙食十分简单,每天去学校食堂打饭(买馒头),一天就吃那几个馒头和一点粥,馒头就吃凉的。在那个"形势大好"的时代,每户的面粉有定量,不能顿顿吃馒头,那是我们去了才吃的。在中午的一餐,您给公公煎一个鸡蛋,就算是一天的营养了,而您自己不吃。因为每家只供应两斤鸡蛋，顶多二十个吧。您的贤惠、善良、母爱给我留下了深刻的印象。您是一位克己为人，在风雨中撑起全家，把五个孩子培养成才的伟大的母亲。我顿时觉得很荣幸有您这样一位婆婆，有幸加入您的大家庭中。

我和祥琬在郑州只待了三天，就这样我回校后还受到造反派的严厉批评。那三天我们相处愉快，嫂子和小侄女、侄子来了，祥玙弟弟和弟妹来了，我们一起包饺子，其乐融融。我带了父亲的相机去，一起照了全家照，没想到那竟是永别的相片了。我隐约感到您和公公心中有些不安，后来才知道您们是预感到暴风雨来临，要祸及家人了。分别时您和

一家人在"暴风雨"来临前的郑大校园

公公要我把一箱数学方面的名著等带走。我没有带，总想公公以后教书会用到的，我带走了不合适。我当时太迟钝了，几个月后家里被抄，那些名著都被造反派撕烂、乱扔，全都毁了，十分可惜。我作为儿媳，特别想为家里做点什么事，可这么个简约的生活环境，除了帮忙扫地外，没其他事可做。我发现藤椅扶手的藤条磨断了、扎手，就用自己扎辫子的塑料绳一圈一圈地绕，把扶手修得不扎手了，这是我为您们做的唯一一件事。三天很快过完了，我们走了，没太多的告别，因为没想到这会是永别啊！

您知道吗？ 1969年2月3日，就在您离世后的第五天，您的孙子、我们的儿子毛大庆出生了，是祥琬让他姓毛的，一个很重要的原因，是1968年初河南造反派"二七公社"将打倒公公的小字报贴到了北大门口的电线杆上，我们必须保护这个小生命。毛大庆出生在动荡的年代，刚来到这个世上就经受了物质极度贫乏、医院很不正常等种种困难，在生死线上挣扎着总算活了下来。他特别爱笑，见了谁都笑，笑起来特别可爱。在那个严寒的冬天，给我们带来了很多快乐和温暖。

您知道吗？ 大庆出生后，祥琬就给您寄了挂号信报喜，也希望让您和公公高兴。但十多天后挂号信被退回，说："查无此人"，让我们心里充满疑虑。半年后才知道您就在孙子出生前五天离世了，可是没一个人告诉我们啊！祥琬为此经常说毛大庆是您托生的！

您知道吗？您去世后的半年多，1969年秋，祥琛郑州的一个同学到北京时将这一噩耗告诉了他，他立即找到了祥琬和当时正在北京部队工作的哥哥祥琳，三兄弟在一起相视无语。祥琛大哭时被祥琳喝停，三人只能将眼泪吞下，从此祥琬经常为您梦中惊醒，多年来他的睡眠一直不好。

您知道吗？1975年秋天，郑州大学开始平反"文革"中的冤假错案，您的案子是作为郑大的第一个冤假错案被平反的。您的五个儿女和他们的配偶都回了郑州。祥琬和祥琛去西平把您找到并接回了家。1969年1月28日那个寒冷的冬日，您在河南西平郑大干校被迫害致死，被草菅人命时，善良的农民为您留了坟头做记。所以孩子们去找您时没有费许多周折，凭一双您平常穿的尼龙袜确认是您。就这样等待了六年，孩子们终于找到了朝思暮想的母亲的遗骨。可惜公公没等到正义到来的这一天，在您走以后不久他就卧床不起，于1974年9月16日也离我们而去了。

您知道吗？1979年"文革"结束后，时任中组部部长的胡耀邦主持了全国的平反工作，咱们家的冤案也彻底平反了。省里开了全省的追悼会，《河南日报》头版为河南省政府副省长杜孟模同志平反昭雪。祥琬带着毛大庆和几位兄妹都到齐了，可惜那时我作为国家改革开放后第一批派出的访问学者，去英国了。后来我从照片上看到，追悼会去了很多人。

您知道吗？"文革"结束后祥琬、祥瑛等姐弟尽最大努力找了当时与您一起被下放到一个生产队的郑州大学的老师们，想弄清您离世前后的实情。但人们一听说是段子彬的子女，都讳莫如深。从他们不连贯的叙述中还是了解到您当时蒙受了许多不白之冤，受了许多精神折磨和皮肉之苦，这其中确有人借机报私愤洗白自己，您最终被迫害致死。作为子女我们没能在母亲受难之时保护您，真感到切肤之痛。对那些制造冤案、加害于您的人恨之入骨，相信终有一天他们将受到天理和国法的严惩。

　　您知道吗？1993年4月4日清明节，我和祥琬去郑州烈士陵园先给公公扫墓，然后去存放公墓找您的骨灰盒，却没有找到。4月6日我们带了存放证再次去找，结果发现，您所在的公墓正在清理，没经家属同意，您的骨灰盒已被堆放在要被清出之列，我们好不容易找到了您！当时那失而复得、悲喜交集的激动过了好一阵子才平复。当把您从地上捧起来时，听到骨灰盒里响了一声，当时我和祥琬都愣了很久。您是在跟我们打招呼？还是有什么话要跟我们说？那时我们当即决定把您和公公合葬在一起，于是从烈士陵墓中请出公公的骨灰盒，将您的骨灰放进了公公的骨灰盒里。分别25年后，您们二位又团聚在一起！您们舒心了，我们晚辈也感到欣慰了。

　　您知道吗？现在我和祥琬都已老了，今年祥琬81岁，我也79岁了；孙子毛大庆50岁。他有了一儿一女，您们的重孙重孙女，都很健康，品行学习都很好。

家里的生活比我们见面时要好多了，物质丰富了，住房也很好，您们在天之灵可以放心。我们特别遗憾的是您在59年的有生之年，没有任何享受，只有付出。等条件允许时，我们又没有机会为您们尽孝、养老了！

今天，祥琬率全家来祭奠您和公公，愿您们在天之灵安息！您们永远活在我们和子孙后代的心中！我们永远敬爱并怀念您们！

剑琴于2019年1月28日
北京雍和宫

爱、勤、俭

也正是那次平反，杜祥琬兄弟姐妹才知道，自己的父亲居然是一名共产党员。当时子女们都非常震惊，他们的父亲为党做了几十年的地下工作，为党默默奋斗了一生，直到去世，都没有向守在身边的家人透露过一句秘密。"这需要多强的党性啊。"有一次和儿子毛大庆聊起来，杜祥琬忍不住感慨。

大约从1999年，杜祥琬的姐姐杜祥瑛和弟弟开始有意识地收集父亲的历史资料。从北京到开封，从南阳到郑州，杜孟模足迹所至，有关党史、教育的回忆文章，他们都细心收集，颇有收获。

《战斗在北大的共产党人》一书中，有一份简历这样介绍杜祥琬的父亲：杜孟模，字宏远，中共党员。1904年生于河南杞县。1925年考入北京大学理科（预），1925年由马培义介绍入团，后任北大共青团支部书记，1926年初转为正式党员。1927年初担任北京大学党支部书记（前几任分别由李大钊、邓中夏、罗章龙、范鸿吉、苏怡、陈宝符、张经武、段纯担任）。1927年下半年，白色恐怖严峻时刻，出任中共北平市东城区委书记。1928年夏至1929年春再次担任中共北京大学支部书记。1931年毕业于北京大学数学系。曾在北京、济南、开封等地开展和领导民主革命和抗日救亡活动，长期以教育工作者的身份从事大量党的地下工作。新中国成立之初，历任开封高中校长、河南大学教授、开封市副市长、河南省数学学会理事长……"文化大革命"中受林彪、"四人帮"残酷迫害，于1974年9月16日含冤辞世。1979年，由时任中组部部长胡耀邦亲自过问并批示，杜孟模冤案得以彻底平反昭雪。

抗日战争胜利后，杜孟模回到开封，1945年8月离开开封高中。1947年3月，他根据党的要求，与王毅斋、李俊甫、卢治国等共同组织成立了河南省民盟地下支部，并秘密向豫皖苏区党委提供情报。当时他住在开封双龙巷，以这个"大学教授寓所"作为掩护革命活动的地点，直到开封解放。1948年8月至1949年1月，杜孟模按照党组织的安排，到豫皖苏区建国学院任教授，随后，受组织委派，担任开封高中校长。

杜家姐弟与父母、奶奶在开封双龙巷老宅前

杜孟模有相当一段时间当老师。他尊重人才、尊重知识、尊重学生,从不讲"师道尊严",不摆架子,而是平易近人,与学生交朋友。他大气、平等、有亲和力,使他与学生建立了亲密和谐的关系。

他尊重同学的创造力和独立思考精神,经常鼓励学生探索解题的新思路、新方法。在一次考试中,一位同学在解一道数学难题时采用了一种与课本不同的便捷解法,杜先生破例给他打了103分。这件事在同学中引起了不小的反响和震动。正由于他的这些做法,在课堂上下营造出了"教学相长、真情互动"的良好氛围。

如今,聆听过杜孟模授课的弟子分布在全国各地,其中有不少已是知名度很高的老教授和党的高级干部。当年的学生对他满怀深情的赞誉,使杜祥琬兄妹们屡屡深受感动。

离休老干部李中说:"杜老师注重理论联系实际,他能把枯燥的数学讲得趣味化、生活化,使学生易于接受。"原中科院外事局局长郝汀1936年开封高中毕业,他回忆道:"杜老师当年能用英语授课,讲数学,讲得很好。他和蔼可亲,循循善诱,治学态度严谨。他教出的学生成绩好的不少,培养出许多优秀人才。"

许多杜孟模当年的学生都终身受益于老师的全面发展的教育理念,称:"杜老师是一位成绩卓著的优秀教师,他的教育思想很明确,用现在的话说,就是注重'素质教育',引导学生培养高尚的人品和道德,走身心健康全面发展的道路。"

2004年为开封高中杜孟模雕像揭幕

在当时，开封各学校都知道开封高中有个"杜大代"（大代数）、"杜解析"（解析几何）。他讲授数学，但同时又是"社会科学读书社"的导师，指导同学阅读《共产党宣言》《列宁论"左派"幼稚病》等书刊。他教导学生"兴趣各人可有所侧重，但专业不可偏废，数理化、社科人文的基础都要打好，涉猎知识要广泛"。在抗日战争年代艰苦条件下，杜孟模任教开封高中期间，他帮助同学们先后成立了"自然科学读书社""文艺读书社""英文读书社""艺社""剧社"等。到1942年，这些进步社团会员发展到200多人。

杜孟模当年的学生中，有任北京市政协副秘书长的，有水利科学院的副院长，还有中科院外事局的局长、眼科专家、中国工程院院士等，他们对杜孟模的正直谦虚、平易近人的品格，以及认真负责、鼓励学生创新思考的教学风格，至今记忆犹新。

曾在《河南日报》工作24年的河南省作家协会名誉主席张一弓，在开封高中读二年级时，写了一首叙事诗，获得全校文艺比赛第一名。杜孟模介绍他去《河南大众报》和《河南日报》任记者、编辑，一做就是30年。张一弓的小说，曾获第一、二、三届全国优秀中篇小说奖，有多部被搬上电影银幕。在《杜校长送我远行》一文中，张一弓回忆道，孟模先生在开封高中任校长期间看出他是搞创作的苗子，就鼓励他学文、写诗作画，亲自推荐他去报社工作。张一弓在这篇文章的结尾写道："我向杜校长深深鞠了一躬，离开了给我留下那么多美好记忆的开高。我常常想起，我离开母校时曾回过头去，看见杜校长还站在礼堂门前望着我。在我未完的人生旅途中，杜校长还会望着我的。我要走得好一些。"

"十年树木，百年树人。"杜孟模和众多革命先辈们为共和国亲手栽下的幼苗，如今已绿满中原，绿染神州，蔚然成林。

杜祥琬的儿子毛大庆，曾是一位著名的职业经理人，担任过万科北京公司总经理，后来响应李克强总理号召，下海创业，创办优客工场，尝试共享经济，为创业者提供联合办公空间。他经常向杜祥琬询问关于自己爷爷的情况。毛大庆曾经写过一篇文章，谈到他有一次和父亲的对话。

> 我问父亲："爷爷为什么给您起名'祥琬'呢？"杜祥琬沉思片刻说："你爷爷希望我能像良玉一样，质朴而有内涵！"
>
> "那您认为，爷爷对您有哪些重要影响呢？"
>
> 父亲稍作沉吟，和缓而意味深长地说了三个字："爱，简，勤。"
>
> "爱，就是爱国，爱家乡，爱事业，爱学生，爱家人。"
>
> 在儿女们心目中，爷爷是多才多艺的：他酷爱京剧，能够吟唱一些名曲名段，爱好文学艺术，家中藏书有大量古今中外的名著。言谈之间古诗名句常常脱口而出，也常给孩子们讲一些有趣的故事或笑话。
>
> 爷爷很重视对子女的教育，对子女的缺点和错误他会一针见血地指出，还帮助分析原因。但他慈祥、亲切，从

未打骂过孩子。在子女上中学时,遇有情绪波动,他就叮嘱说:"一个人不要得失心太重!"并向子女讲述诸葛亮《诫子书》中"非淡泊无以明志,非宁静无以致远"的道理,使子女受益匪浅,铭记终生。

姑姑杜祥瑛说,自己的父亲是一个感情很细腻的人,虽然话不多,但儿女们随时可以感受到他体贴入微的关怀。

当年14岁的大伯参加中国人民解放军,爷爷是大力支持的,但心里也确实放心不下。大伯随南下的部队解放南京,寄回来一张在南京总统府拍的照片,爷爷看了又看,摸了又摸,满脸是笑容,眼里却噙满了泪水。

"简,就是简朴,平易。愿意做一个普通人,保持一颗平常心。"

杜孟模怀抱儿时的祥琳

说到爷爷的平易近人，据父亲回忆，小时他常见到爷爷和理发师、清洁工亲热地打招呼，听说邻居谁家有困难，总是想方设法接济，街坊邻居平时根本看不出他是一位省部级干部。所以，父亲他们兄妹都以此为家风。爷爷有专车，但他看到群众躲自己的车，为车让路，心里很过意不去。常嘱咐司机在路窄的时候，一定要让群众先过。20世纪60年代初，有一次省里派人给家里送来一套沙发，当即被他拒收。因为在那个年代，老百姓家中很少用沙发，他说："我们不要特殊，那不合适，会脱离群众。"

"勤，就是'朝闻道，夕死可矣'，'天行健，君子以自强不息'的精神。"

1961年，父亲在莫斯科留学的时候，爷爷不仅已是年高德劭的名师，而且已经担任了繁忙的领导工作。可他还不断要求儿子为他购买最新出版的英、俄文数学书籍，研究《泛函分析》和《测度论》等。父亲曾向我感慨，爷爷的确是活到老学到老，从不懈息。父亲甚至有时听到爷爷晚上的梦话，断断续续，说的都是一套套的数学公式。在莫斯科留学的五年中，爷爷和父亲之间书信往来不断，经常研讨学习问题。一次放假回家，爷爷鼓励父亲自学英语，有空就用英语和他探讨问题，结果还真有一个单词把父亲难住了，从那时起，这个单词就永远刻在了父亲的心里。

爷爷是一本书，他的一生波澜壮阔，令人敬仰，了解他们那一代人，让我更加懂得了青年人使命感和责任感的真意所在，更懂得了"科学"和"民主"对我们这个民族能够真正屹立于世界民族之林，并走出治乱循环历史规律而永不衰败的真正意义。

从这几段话也可以看到杜孟模高尚的人格，这种高尚的人格，也同时传递给了杜祥琬和他的兄弟姐妹。在生活和工作中，杜祥琬都是温文尔雅、平易近人。与此同时，杜孟模的家国情怀、民族大义，也传递到了杜祥琬身上，杜祥琬把自己一辈子都奉献给了中国的科学技术研究。

第十三章

永远的家国情怀

"院士诗人"

杜祥琬是一个爱好广泛的人,曾经喜欢拉二胡,在高中时,学校文艺会演,全班集体登台表演二胡合奏,赢得满堂彩。但是,工作之后,这点爱好也没能保留下来。

读书却成了他的习惯。在工作之余,杜祥琬极为喜欢读书,这是他几十年下来养成的良好习惯。他认为书能传情,家里不多的空间充满书柜、书架。在他的带动下,书成了全家每一个人的朋友。

多年来,杜祥琬和爱人毛剑琴在科研、教学第一线忙碌着,回到家里,书房又变成了他们的第二办公室。杜祥琬把家中三室一厅朝南光线最好、面积最大的房间辟作书房，里面的书架、书桌井然有序，分列窗户东、西两侧，北面一堵墙打造成一排书柜，上面摆满了夫人毛剑琴的书籍。他礼让爱人，把自己的大部分书籍放到办公室里，东墙挂着一幅书法作品，"心平气和"四个字让人感叹读书需要环境，更需要一种好心情！书房成了这对科学家夫妇最喜欢的地方。

几十年的科研奋斗，杜祥琬对书的喜爱不减当年，不同的是，读书范围越来越广。杜祥琬工作繁忙，读书时间都是挤出来的。时间少书只能读得精。杜祥琬说："每读一本书都要经过一番思考，要举一反三，不动脑筋就没有创造性。"

搞自然科学的人并不都是枯燥的。杜祥琬从中学时就喜欢用自由体诗歌的形式表达自己的心情，记录个人的经历，作品经常见诸报章。直至参加工作，结婚生子，一首小诗，一篇小文，成为杜祥琬抒发感情、表达爱意、激励后辈的最佳载体。有人称他为"院士诗人"。他听到这个称呼直摇头，"我那些只能算打油诗"。

杜祥琬曾送给爱人毛剑琴一首诗，表达夫妻二人相濡以沫的感情，毛剑琴非常喜欢。

共度灾难时，
困苦见真心。
支持我事业，
安慰不顺心。

杜祥琬夫妇近影

内外重负荷，

凡事皆认真。

但愿人长久，

共勉知我心。

在20世纪90年代，带领年轻人研发激光时，他也曾经写诗，激励年轻人：

抒怀——赠青年朋友

人生脚步坚实走，众友齐心同奋斗，艰难磨砺开新路，并非闲白少年头。少年头，后生可赞，再织锦绣！

同时,他也喜欢用自己手中的笔,为社会正能量呐喊呼吁。2005年,在新疆旅行时,看到大片白桦林被"剥皮",他痛心疾首为此专门写了一篇文章《白桦的无奈,良知的呐喊》,发表在《光明日报》上,呼吁"林木存亡,匹夫有责;保卫生态,迫在眉睫!"

北疆的阿勒泰地区风景秀美,闻名已久,今夏终于有机会来此一游。来前只知道著名的喀纳斯湖,今天才发现阿勒泰市内还有一处宝地——桦林公园。这个公园占地三十万平方米,是一片茂密的天然林,以白桦树为主,是我国少有的城市森林。可兰河贯穿林园,河水清澈、湍急,多条林中小溪汇入河中。流水滋润的白桦,郁郁葱葱。哗哗的水声是林中的天然音乐,这乐声的伴奏不仅使游人心旷神怡,白桦树也仿佛更加精神抖擞。

我一直很喜欢白桦。它生长在寒冷的北国,不屈不挠地焕发着生命的激情;它那挺拔俊秀的身姿、细白的皮肤别有一种天然的美。白桦是树中的精灵,是大自然的馈赠,人们本该善待这珍贵的礼物,但使人难以理解的是,不少白桦的树皮被人一块块地剥去。伸手够得着的地方,桦树细白的皮肤变成大片的黑斑,有一棵倾倒的白桦,竟被人从头到根实施了"剥皮术",惨不忍睹。我们发现,凡是有部分树皮被剥掉的树,上面就有部分树枝枯黄;树干大部分被剥了皮的,树干折断甚至整棵枯死。常言说:"人要脸,树要皮。"树皮不仅保护着树的生命,也维护着树的尊严。白桦树是无言的，却是有知的。你看，桦树干从上到下一颗颗的"眼睛"都在无声地表达着她们的感受和心声：一种痛苦、一种悲伤，眼睁睁地诉说着她们的无奈，呼唤着人们的理解和善待。

良知在呐喊：这伤痕累累的白桦树的形象，让人们都看一看，想一想吧。当你拿起刀子割开白桦的时候，你是否想到她也是有尊严的生命？树木是人类的好朋友，它能净化空气、调节环境，无欲无求地为人类奉献着。你怎能背信弃义，把刀锋对准这忠诚的朋友？爱护林木，就是爱护我们自己！如果大自然固有的美好不能永续存在，人类又如何赖以生存呢？如果人与自然不能和谐相处，和谐社会又从何谈起呢？人作为地球上具有最高理智的生物，在大自然的面前不应该是为所欲为的掠夺者，而应是善待自然的朋友。停止这类剥树皮的恶作剧，保护好我们的绿色宝地，不仅是阿勒泰每位公民的责任和愿望，也是各地来此游人的共同责任和由衷诉求。

林木存亡，匹夫有责。保卫生态，迫在眉睫！

2005年8月6日写于阿勒泰

因早年参加四清运动，对武家山的那份牵挂，杜祥琬从那之后就没放下。尤其是年近古稀之后，他一直想去看看，于是才有了重回武家山的故事。

2014年10月，杜祥琬去河南三门峡出差，有了回武家山探望的机会。在灵宝市委副书记杨海让、三门峡科协郭亚娟书记的陪同下，看望了武家山的乡亲们。

听说当年的杜干部要来，乡亲们早早在村子里等着了。杜祥琬一下车，就在村头看到一群老人，有男有女，热烈的掌声即刻响起，气氛一下沸腾起来。翘首以盼的乡亲们迅速将杜祥琬团团围住，大家争先恐后自报家门，杜祥琬与他们一一握手。老乡们仔细端详，齐说："老了，老了"，有几个老乡直接喊出了"杜祥琬"的名字。

"你是当年的小会计，那时你18岁""你住我隔壁窑洞吧？""你父亲和我一起下山挑过水，现在还好吗？"……当年同吃一锅饭，建立了深厚的感情，50年后重逢，怎能不激动？没想到这个老杜还会再来，在场人无不动情、无不动容。

回想当年，老杜觉得自己虽然努力做到了和贫下中农同吃同住同劳动，但是也执行了错误的指示，对老乡做了些不对的事，比如干预老乡对村干部的选举等。坐定后老杜跟大家说："那年'四清'中我也做了些错事，比如选举时……"话还没说完，老乡就接过去说："你们那会儿很年轻，从城里到我们这儿来，帮我们做了很多好事，不容易啊……"多淳朴的老乡！只记得你做的好事，根本不想听你的歉意，杜祥琬的眼圈红了。

"老杜，你还记得我吗？那个时候咱村吃水不方便，你经常走几里山路帮我家挑水，我父母都说你是个为农民办实事的好干部！"一位满头银发、精神矍铄的老农妇拉着杜祥琬的手激动地说，身上穿着的红毛衣格外显眼。杜祥琬回答说："你是李仙荣吧，我当然记得了，那时候我们都还年轻，你比我小！"时隔50年，饱经岁月沧桑，杜祥琬仍然记得这些淳朴的老乡。

一位年近花甲的老乡紧紧握住杜祥琬的手说："祥琬老兄，1965年您来我们村搞四清运动，待我们像亲兄弟。回去后还不忘我父亲的病，先后两次来信慰问，并帮助联系好医生，我弟兄俩一直记着呢，念叨了50年，今天终于把您给盼来了。"

杜祥琬握着乡亲们的手，动情地说："这块土地我想念了整整半个世纪啊，很多次做梦都梦到当年村里的情景，梦到大家，一直想回来看一看，和亲人们聊一聊，今天终于和大家见面了，大家都好吧？"

乡亲们齐声说："都很好！"当得知乡亲们都是自发聚集在一起欢迎自己到来的时候，杜祥琬连声说"谢谢大家！"

一位年龄更长、行动不便的老乡，看到杜祥琬向他走来，便摘下头巾，紧紧拉住杜祥琬的双手，久久不愿松开，嘴里不停地重复："是什么风把你吹来的？到底是什么风把你吹来了？"还拿出早已准备好的礼物——新鲜的大枣送给杜祥琬。杜祥琬接过大枣，动情地说："是我心里的风把我吹来的！"

乡亲们将杜祥琬拥入早已收拾好的"贵宾室（村文化大院会议室）"，并精心准备了家乡的特产——苹果。大家坐在一起叙旧聊天。

村子里已经大变样了，水泥地面上堆放着丰收的粮食，两边竖立着崭新的篮球架，正前方是高起的舞台，有小朋友正在场地上开心玩耍。杜祥琬特地到当年住宿的窑洞去看了看。土窑已经坍塌了,看了看周围,他兴奋地说:"对,对,就是这里,就是这个窑洞,我想起来了!"

依依不舍告别之后,在返回的路上,杜祥琬收到了武家山村支书赵景谋发来的短信,是一首诗:

迎杜祥琬老先生故地重游

折柳当年拭泪腮,青山张臂故人来。

居同孤老寒窑洞,食在贫家土灶台。

指点乡村犹小道,纵横学海展雄才。

沧桑半纪风云事,执手何须叹发白。

武家山人:赵景谋

一路上,杜祥琬回味着老乡们的深情,于赶飞机途中写下了一首简诗答谢老乡:

答景谋老弟

心系武家山,梦牵五十年。

桑榆终圆梦,激情胜语言!

紧握不忍释,兄弟姐妹般。

寻觅当年路,却见多新颜。

祈我好乡亲,幸福更美满!

杜祥琬

杜祥琬还是一位有着慈善意识、公德意识的科学家。

2011年，在上海实习的洛阳女孩小陈，为了救一名孩子，被材料包砸到，经上海交通大学附属第三人民医院诊断为腰椎两处粉碎性骨折，情况严重。一周后手术进行，3组钢板和6根钢钉植入了她的身体。因为见义勇为的事迹，这位洛阳女孩被媒体称为"最美女孩"。杜祥琬当时正要去洛阳开会，在飞机上看到了女孩的事迹。一下飞机，就让秘书与报社记者取得联系。做完报告之后，杜祥琬就约见记者了解情况，在记者的带领下，赶到了小陈家中，看望了这位"最美女孩"。

杜祥琬称赞小陈"美丽心灵，可爱可颂"，并且题字，感谢洛阳媒体及时报道小陈的事迹，让大家认识了这位"最美女孩"。

在小陈病床前，杜祥琬说，自己也是一个河南人，如今外地人对河南人有一些不好的印象和说法，但是，质朴、善良才是河南人的本质，小陈是洛阳的骄傲。同时，他称赞洛阳媒体的责任心，希望洛阳媒体能把这件事情追踪下去，最终让全社会看到，做一个正直的好人一定会有好的结果。临别时，杜祥琬给小陈留了他家里的电话，并嘱咐她的家人，有什么需要帮助的地方，尽管和他联系。

除此之外，杜祥琬还利用自己力所能及的力量资助贫困生。从2003年开始，杜祥琬被聘为空军首席院士顾问，每年的顾问费大概有一万多元钱，他从来没有领取这笔顾问费，而是委托空军找贫困国防生，资助他们读书。

空军领导觉得这是个好事，于是联络了武汉理工大学的两名国防生，一名男生、一名女生。男孩来自云南农村，家里贫困到难以想象的地步，大学报到的时候，他的全部行装就是一床凉席，杜祥琬听了之后很心疼。

后来有一次，杜祥琬去武汉做报告，武汉理工大学的老师把国防班的同学都找齐，杜祥琬给他们讲课。讲完之后，两个被杜祥琬资助的学生留下，给杜祥琬讲他们的情况。杜祥琬向他们了解，一天三顿饭花几块钱，学生回答六块钱。

"这些孩子是真困难，身体瘦得很。我说六块钱吃什么，有一块肉没有？你稍微加一点，哪怕八块钱。给他们的那一点资助，对我无所谓，但是对他们来说很有用的。"杜祥琬说，这件事情是他力所能及的小事，当时要求空军不要对外报道，结果空军还是找媒体做了宣传。

"我们也只能做这个小事，因为没有太多资本。"

到2016年，杜祥琬已先后资助十多名空军特困国防生，很多已经成长为所在单位的专业技术骨干。

他这种精神，也传给了自己的儿子、优客工场创始人毛大庆。毛大庆曾在汶川地震时亲赴四川救灾，后来还资助了"芭蕾女孩"李月，帮助她在北京找学校读书，并安排她母亲在北京的生活。

空军首席院士顾问三年换届，后来杜祥琬从工程院退下来，空军政治部找到杜祥琬，希望他继续做这个首席院士顾问。一是在装备和科技发展方面给空军提供咨询、建议；另外就是给空军对口的部队、官兵做一些交流。

2016年，应空军政治工作部的邀请，杜祥琬和于全、范滇元、顾金才院士及中国科学院郭光灿、龚健雅院士等空军院士顾问，参加了珠海航展开幕式。但是，没过几天，就传来中国首位歼–10女飞行员余旭牺牲的消息。杜祥琬很震惊，因为在珠海，他和其他院士还一起观看了余旭的表演，印象深刻。

杜祥琬为空军痛失英才感到惋惜，他特地给空军政治部主任发了唁电：

> 惊闻空军飞行员余旭不幸牺牲的消息，十分震惊和惋惜。特别是刚在珠海航展上看到她出色的空中表演，更令人难以释怀。请向她的家人和战友转达我们深切的悼念，并献上鲜花。
>
> 她展翅高飞拥抱蓝天去了，让我们向她致敬。

空军政治部回信：

> 感谢对空军的关心、支持和深情。

2017年9月，新一届空军院士顾问开了工作会议，杜祥琬继续担任首席院士顾问。

杜祥琬是一位慈父，对儿子毛大庆的教育细润无声，言传身教，亦师亦友。

我心中的希望——寄语庆庆

孩子的慈父、良师、益友

今天的庆庆,就要告别小学的生活。前面的路,多么宽广!灾难已成过去,生活充满阳光。这一代少年,是两千年的主将,21世纪的栋梁!真正的"四化",靠你们来实现!多难的祖国,靠你们变富强!啊!庆庆,你可懂得这个时代的期望?

……

我的车轮,奔驰在熟悉的马路上,它不靠马达的推动,全靠心中的力量。望庆庆快快成长,天真活泼,聪明健壮,成为21世纪合格的公民,为光明的未来,献出一份力量。这也许是我后半生最大的希望。不,这不只是父母的心愿,多难的祖国,伟大的时代,都对你寄予殷切的希望!呵!庆庆,我相信你会用行动,作出响亮的回答:我一定不辜负这个希望!

这是1981年,杜祥琬写给12岁儿子毛大庆的一首长篇自由体诗歌。其时,毛大庆即将小学毕业,杜祥琬写了这首《我心中的希望》,寄语孩子。

当时的毛大庆还是个懵懂少年,不能完全理解父亲的良苦用心。

1989年7月大二暑假,他又把这首浸透着父亲博大慈爱的诗翻了出来,工整地抄在了日记本上,一有空就拿出来读一下,时刻鼓励自己不能懈怠。1989年春节,毛大庆年满20周岁时,杜祥琬给儿子写了一首五言诗,在生日会上送给了他。

为庆庆二十周岁作歌

回想二十年,
思绪有万千。
"史无前例"时,
庆庆到人间。
世上正无情,
我得小乐天,
悲中有大喜,
合家添新颜。
"大庆"寓深意,
家史开新篇。
幼时体多病,
画书伴三餐。
踏破医院门,
父母受熬煎。
可喜好性情,
笑神讨人欢。

亦有调皮时，
罚站幼儿园，
拆人床上席，
大人去道歉。
家关"小黑屋"，
有道"看表现"，
大开水龙头，
哗哗为壮胆。
童年多趣事，
如今成笑谈。
九一又向群，
内外多不安，
姥姥真费心，
周末聚塔院。
百行庆庆歌，
句句肺腑言。
转入北航附，
接送校门前。
多少家长会，
忧喜常参半。
德智渐长进，
领巾变少年。
五百六十一，

总结十五年。
冲浪北戴河，
写生渤海边。
老师多偏爱，
三载高中班。
学业有起色，
爱好更多般。
全家齐切磋，
策略报志愿。
保证孩儿事，
高考有苦战。
沐浴夏家河，
听浪黄海滩。
为求称心业，
妈妈苦征战。
天不负我心，
大事遂如愿。
首次离家去，
求学下东南。
新版"三国志"，
迢迢常挂牵。
回身游石窟，
手托棒槌山。

漫话夫子庙,
细雨走校园。
父子知心友,
情意常绵绵。
昔日小东西,
今日已青年。
社会多培育,
已非私有产。
自尊加自爱,
任重且道远。
世纪交接时,
寄望男子汉。
历史要前进,
愿儿多奉献!

爸爸
1989年元月

毛大庆也把它抄下来,经常带在身边,这使杜祥琬觉得高兴和满足。通过这几首诗可以看出,杜祥琬把家国情怀潜移默化地融入对儿子的教育。事实证明,他的家国情怀,深刻影响了毛大庆。毛大庆辞任万科高级副总裁之后,创办优客工场,就是响应李克强总理"双创"的号召,为中国创业者提供创业服务的平台。

杜祥琬一直重视对孩子的教育，毛大庆出生在"文革"期间，物资匮乏，后来读小学时，又是夫妻二人事业的冲刺时期，为了辅导孩子，夫妻二人互相配合，轮番上阵。

1982年，儿子毛大庆13岁，在读初中。每天，孩子放学之际，杜祥琬的爱人毛剑琴将晚饭做好。晚饭过后，毛大庆摆出所有的功课作业。数学和外语，由毛剑琴负责辅导，语文、物理、化学，由杜祥琬辅导。毛剑琴负责英语、数学的辅导，硬是把毛大庆从英语课落后生"恶补"成了英语课代表。

有一天，辅导完所有功课后，毛剑琴问："还有什么课没做？"

"音乐课，还没做。"

"音乐课本，拿出来。"

"老师让我们唱支歌，我不会唱。"

"什么歌？"

"《重归苏莲托》。"

毛大庆不会识简谱。于是由杜祥琬充当临时音乐老师，一句句教他唱。唱了几遍学会后，毛大庆该上床睡觉了。这时通常会到晚上九点左右，杜祥琬和毛剑琴的挑灯夜战开始了，他们各自在桌前铺开了自己熬夜要做的事情。

后来，毛大庆在学校参加歌咏比赛，夫妻两人很支持，杜祥琬还悄悄跑到北航的礼堂，在台下给他拍照留念。

针对孩子的教育，杜祥琬在一段家庭自述里，是这么阐述的。

我们比较早就明白了跟孩子相处的指导思想，把孩子当朋友。从他稍懂事起，就对他提出行为规则的要求，并讲清道理。所以他从不无理取闹。尽可能为他创造比较好的生活和学习条件，从小学、中学我们就分工辅导他的学习，并与老师保持经常的沟通。带他爬长城、看小人书、听音乐、唱歌、养蚕、下棋等，培养他的人文兴趣。他从小学画水墨画，开始喜欢上了美术。第一个美术老师对他很有帮助，长大些，就开始练钢笔画。上小学时，有一次一位外宾到家里做客，看到墙上他的一幅水墨画说，价值二百美元。他对美术十分迷恋，孩童时常把自己画的画挂得满堂……以至高中毕业高考时，他报的六个志愿，竟是清一色的建筑系。我的建筑师岳父有六个女儿，一直希望有一个学建筑的，结果未能如愿，却在这个大外孙身上隔代遗传了。

在他人生轨迹的每一个重要转折点上，我们都给他鼎力相助或指导。为他如愿考取南工（现东南大学）建筑系，下了一番功夫；参加工作后，又想方设法让他离开了一个不景气的单位，获得自我奋斗发展的空间；出国工作进修，导向他去新加坡，得以施展才能；被公司派回上海做项目，导向他在同济大学在职攻读博士学位；再次被派往北京负责公司重要工作时，建议他再做一个博士后，进一步提高自己的素质和知识积累。让我们欣慰的是，他自己十分努力上进，一有机遇就能抓住，并取得成功，属于那种"给点阳光就灿烂"的人，事业不断有所发展。在他结婚数年后，又为我们

给小孙女讲故事

的家添了聪明可爱的第三代，使我们享受天伦之乐。在他年满12周岁之际，我曾为他写过一首较长的自由体诗，表达心中的希望，在他年满20周岁时，又送过他一首五言诗。他都抄写在自己的日记本上，经常带在身边，这使我高兴和满足。现在他在工作之余，也从事一些公益性的活动，并写一些颇有意味的文章与诗歌，既是我们家庭的乐趣，也是在他的博客上与网友们分享他们那一代人难得的经历与记忆。

杜祥琬注重家庭的民主教育，这一点和他的父亲杜孟模一脉相承。当年，杜孟模对杜祥琬就很注重民主，杜祥琬要报考天文系，杜孟模非常支持。同时，杜祥琬对儿子的教育也是言传身教式的。

尽管事业繁忙,但杜祥琬几乎没有和儿子分开过。爱人毛剑琴曾经出国两年,有一段时期,毛大庆由外婆带着,在向群小学读书,而杜祥琬则在花园路上班,每隔一天都会骑着自行车去看儿子,风雨无阻,很有规律,因此,父子的感情很深。

毛大庆至今记得杜祥琬教自己学骑自行车。

在毛大庆小学二年级暑假一个周末的下午,他本想午睡,爸爸问:"想不想去学骑自行车?"孩子心里早就想学了,特别羡慕马路上叔叔阿姨骑着自行车上下班,于是兴冲冲地和爸爸来到空无一人的北京医学院(现为北京大学医学部)的大操场上,用的是毛剑琴那辆26凤凰女式自行车,因为没有"大梁"容易学些。毛大庆后来出版的《童梦京华》一书中,深情回忆了这段故事。

当年上班族很拉风的交通工具——自行车

一到空场，我兴奋地就想马上骑上去，父亲在后面死死把住方向。可是这车子好像并不喜欢我这小孩似的，偏偏跟我唱反调。我要向左，它偏向右，我要向右，它偏向左，搞得我晕头转向。尽管跑道上空空如也，但我还是紧张得两腿发抖，心里更像十五只水桶——七上八下。好不容易车子有点听我话了，但是只要爸爸一松手，我立即就会摔跤。

我当时觉得，这么大一个家伙，就凭两个窄窄的轱辘怎么可能立在地上行走……三个小时左右以后，我开始在爸爸把持方向的情况下可以较为放松地骑了。正当我骑得欢时，纳闷儿怎么没听见爸爸那粗重的呼吸时，回头一看，爸爸正在百米之外优哉游哉地看着我呢！我顿时吓傻了，又重重地摔了一跤。这时，爸爸赶上来，把我扶起来，笑着对我说："你会了！"

杜祥琬还教会了毛大庆游泳，后来儿子游得比父亲好了，很快就敢去深水区撒欢了，但杜祥琬却不敢去。

受父母的影响，从上小学开始，毛大庆就喜欢读书，经常让父母帮忙，从单位的图书馆借书。

那时，单位都是给职工办理借书证或借书卡。从图书馆借来的书的最后一页上粘着一个小口袋，里面插着一张卡片，上面可以看到谁借过这本书。那上面很多都是我崇拜的对象，热门的图书多是被翻得旧旧的。我记得看过《金光大道》《沸腾的群山》《新来的小石柱》，还有诸如《李自成》《水浒传》《巴黎圣母院》《茶花女》《钢铁是怎样炼成的》《安徒生童话》等国内外名著，还曾经一度弄混了《钢铁是怎样炼成的》的作者奥斯特洛夫斯基和里面的主人公保尔·柯察金。图书馆也可以借些杂志，《小说月刊》《人民文学》等都是我常借的读物。正好上五年级的时候，老师叮嘱我们要提升自己的写作水平，就要经常看看散文或世界名著，这些书都派上了用场。

杜祥琬夫妻，是典型的新中国成长起来的知识分子，做人做事讲原则，讲究踏踏实实，个人凭本事奋斗，一贯默默地为国家和民族的事业而工作。他们也把这种观念传递给了儿子毛大庆，在这种氛围下成长起来的孩子，从来没有动过利用父母权力的念头。

大概是在1987年前后，杜祥琬已经在忙国家"863"科技攻关。当时毛大庆高考结束后，杜祥琬夫妻出差去大连，带上了毛大庆。夫妻两人坐软卧，但是却没有给毛大庆买软卧，而是给他买了硬座。杜祥琬告诉毛大庆，白天可以在软卧车厢玩儿，但是晚上睡觉必须回到硬座车厢去。

那时候的火车，硬座车厢又臭又脏，和软卧车厢简直没法比。到了晚上，毛大庆回到硬座车厢，因为白天没在，座位被人占了。没办法，他只得拿两张报纸坐在两个车厢中间的空处，其实就是厕所门口。那个地方很臭，睡不了觉，毛大庆只有看车厢里面的人打发时间，发现人们"满脸不高兴"的真实生活状态。

这件事情，到今天毛大庆还记得非常清楚。"通过这件事，我增加了对中国社会的观察与思考，明白了怎么看待、怎么理解这个庞大复杂和多元的社会，怎样去认识自己的生活，并且知道今天的生活和这个社会是什么样的关系。之后很多的人生决定，都跟那个黑暗、晃动、嘈杂的列车车厢时刻有关。"毛大庆说。

在大学二年级的寒假，毛大庆去了河南，想去了解一下自己的爷爷。杜祥琬应允，这次旅行深刻影响了毛大庆的精神世界与之后的人生选择。

在郑州，毛大庆的小叔叔花了几天的时间，跟他讲了爷爷的故事。小叔叔还把毛大庆带去郑州革命烈士陵园，去看爷爷的骨灰。

在烈士陵园第一室，最核心的位置上，放着爷爷的骨灰盒，上面覆盖着党旗。年轻人看了很感动，很崇敬，内心里生出一种敬佩和自豪。

那天，毛大庆在空旷的陵园坐了很久，似乎感受到了祖父与他同时代人精神的存在，那么鲜活的存在。这种精神与他作为一名青年的追求，正发生着某些内在的共鸣与共振。他也在努力地去回顾、感受、理解祖父一生的人生历程与心灵追求。

从河南回来以后，毛大庆就写了一封很长的信给父亲杜祥琬，洋洋洒洒有11页纸。在信里面毛大庆提到，爷爷这些革命者，当时为了革命事业轻生死重大义，换来这个国家、这个社会到今天怎么还这么穷？老百姓生活还这样苦，为什么？当时他的头脑之中产生了很多的困扰。

杜祥琬回了很长一封信，首先告诉孩子，你看了这些问题，思考这些问题，包括问这些问题，本身是非常好的，代表你有时代的使命感、责任感。这正是为什么我们要努力让国家强盛的原因。

"这就是父亲的教育，总是润物无声。我对革命英雄主义、对民族等等的责任感、使命感，都是父亲的言传身教。我们的书信来往看起来很高大上，说的都是民族大义，外人都很难理解。但我们是真的很关心这个国家和民族。最起码从爷爷那一辈开始，这已经成为我们这个家族流传下来的一种基因和精神。"毛大庆说，"父母传递给我的观念是要永远做一个普通人。一个人要把自己对生活的适应能力作为最大的财富，要告诉自己你能够过最普通的、条件最差的生活，而且时刻要记住这是最大的本领。"

革命、铸基、发展——三代人的关键词

在孩子的教育上，杜祥琬取得了巨大的成功，这也成为他幸福的一个重要源泉。谈起儿子毛大庆，杜祥琬总是一脸

1999年和夫人、儿子在三亚海边

骄傲与幸福。加上还有活泼可爱的孙女孙子，杜祥琬人生可谓幸福圆满了。

他的儿子毛大庆，是北京大学区域经济学博士后，清华大学深圳研究生院兼职教授，对外经济贸易大学客座教授，东南大学建筑系特聘教授，中科院MBA中心客座教授，北京大学法学院校外辅导员；英国皇家测量师协会荣誉会员，注册建筑师。曾任万科企业集团高级副总裁，分管集团商用地产业务，同时任职北京万科总经理，北京万科物业管理有限公司董事长。

和父亲一样，毛大庆也有着一颗报国的拳拳之心。下面这篇文章就是毛大庆家国情怀的集中反映。

拥抱最美时光，寻找最初的梦想
——写在告别万科、即将创业之际

2015年，于我而言，有着非常特别的意义，我进入中国房地产行业已满20周年。"当时马上过秦川，倏忽于今二十年"——风云聚散，诗酒轻狂，这是中国房地产行业黄金20年，也是我不断成长的20年。如果非要为这20年的职业生涯加注脚的话，万科将是极为特殊的那一个。在过去30年里，王石主席以其独特的人格魅力为万科注入了广泛的社会关怀与浓郁的理想主义色彩，而郁亮总裁则将这种理想主义的火焰转化为行动、实践与坚持，共同成就了今天的万科。

在过去五年，我有幸与王石、郁亮等一批卓越的万科人同行，并得到了万科集团、北京区域、北京万科、商用地产管理部所有同人的高度信任与大力支持，携手推动北京万科与商用物业不断进步。在此，我对这一家在我心中有着无可替代地位的伟大企业表示最诚挚的感谢，感谢她为我带来职业经理人生涯难以超越的美好职业经历。如果说人生是一本我仍在不倦撰写的专著，那么在万科与各位同人并肩奋斗的光辉岁月必然是书中最清新隽永、充满着熟悉而又温馨墨香的动人美文。无论时光如何流逝，都无法割舍已深深铭刻在我记忆深处的这段华美篇章。

2015年，我对自己的人生做出了全新的选择：创业，怀着梦想再出发。我想用12个字来概括做出这一选择的必然性——"时代召唤、个人追求、生命完善"。"中国梦"的实现是一个国家和民族的梦想，在很多人看来似乎距离自己很遥远，但是在我看来，这却是"匹夫有责"的担当。我的祖父杜孟模先生是中国共产党最早期的党员。战争年代，他坚持宣传革命；和平年代，他积极建设祖国，虽在那个动荡的年代受到了极其不公正的待遇，但始终不忘初心，而他真实的党员身份，一直到他含冤逝世五年以后的1979年才得以公开。祖父一生的追求与坚持，完全出于对国家的希望与对梦想的坚持。对于中国而言，我们过去30年走在"摸着石头过河"的现实道路上，未来，需要有更多的人相信梦想，奔跑在追逐梦想的道路上。

一年多以来，李克强总理在多种场合倡导"大众创业、万众创新"，也深深鼓舞了我，感染了我。只要大力破除对个体和企业创新的种种束缚，形成"人人创新""万众创新"的新局面，中国发展就能再上新水平。创业潮比上山下乡好，比下岗失业好，我认为这是中国社会价值观转型的开始。大众创业，靠智慧创造财富，以市场的力量塑造新的国家精神。这是改革开放以来正确的国策，也是对国家命运和国家前途有重大战略意义的举措。

于是，我希望像一生追梦的祖父一样，听从内心的召唤，重拾最初的梦想，顺应时代潮流，在中国经济与企业转型的进程中实践自己的梦想。虽然不再在万科内部担任管理职务，但我与万科情谊将永远不会割舍。接下来，我将继续以万科外部合伙人的身份，为营建万科新的生态系统贡献自己的一份力量，并衷心祝愿万科在未来取得更大的成功。

暖风已吹响新的旋律，天空蓝得有些肆意，空气中弥散着这个季节独有的芬芳，清新淡雅，沁人心脾。有句谚语："为着后来的回忆，小心着意地描绘你现在的图画。"人生专著的续篇如何书写？只有身临其境地演绎一番方能知晓。于是我怀揣梦想，朝着心中那个目标，踏上征程。

心所愿，力必至，无所畏惧！

明天，你好！

这是在2015年，毛大庆辞任万科高级副总裁时，对外发出的一封信。这一年，毛大庆响应时代号召，辞职创业，创办优客工场。优客工场致力于让平行世界的人相互遇见，以空间为平台，为创新企业提供全产业链服务，以构建国际一流的联合办公空间为目标，建设基于社群的商业社交平台和资源配置平台，充分激发城市创造力阶层的创新活力。

创办三年来，优客工场已在全球35座城市布局了160个共享办公空间。2018年3月，优客工场合并无界空间，估值达到110亿元。同时，优客工场总用户已经突破了20万，平台企业加上洪泰新空间、无界空间、碎片空间，总数接近了7900家，还有服务商820多家，遍及中国内地诸城、中国香港、中国台北。同时，优客工场积极开展国际化战略，海外已落地洛杉矶、纽约、新加坡及雅加达等城市。

从20世纪杜孟模投身"五四"爱国运动，到21世纪的今天毛大庆创业，中国整整走过了100年波澜壮阔的历史进程。这一百年，是中国大革命、大建设、大发展的历程。杜氏祖孙三代都担当了每个时代赋予他们的使命，为时代的主旋律增添了动人心弦的乐章。而无论是在革命年代为了民族解放、新中国成立而舍生忘死的杜孟模，还是在新中国成立之后为了祖国早日强大而选择科技钻研、奋斗终生的杜祥琬与夫人毛剑琴，以及投身于经济发展大潮，为中国梦而毅然创业的毛大庆，一以贯之的是祖孙三代一脉相承、从未改变的家国情怀。

这是一个中国家庭的百年缩影。这也是一代一代中国人，勇赴时艰，薪火相传，共图复兴的真实写照。今天的中国，正是有着这样的一代又一代人的奋斗和奉献，才迎来了一个蓬勃发展、继往开来、屹立世界的新时代。这是我们所有中国人的心血、荣耀与中国梦。

附录一
杜祥琬年表

- 1938年

  4月29日,出生于河南省南阳市镇平县石佛寺镇,系开封高中抗战时期逃难地。

- 1939年　1岁

  春,日军迫近,随父母西迁至内乡县夏馆镇安乐洼。

- 1943年　5岁

  元旦,因叛徒告密,父亲被捕,经多方营救被释放。

- 1945年　7岁

  2月,为躲避战争,随父母逃亡,经湖北郧县,逆汉水,过秦岭,绕道安康、汉中,辗转到宝鸡。10月,抗战胜利返回故乡河南开封,居住在双龙巷,就读于文庙街小学。

- 1950年　12岁

就读于开封初中，期间阅读了大量文学、哲学书籍。同时，读到了很多解放区的书，对崇高二字开始有了模糊的认识。

- 1953年　15岁

进入开封高中读书，加入共青团。在图书馆，读到了巴金、冰心等作家的小说，第一次阅读《共产党宣言》。因为经常阅读《知识就是力量》杂志，对天文产生了兴趣。

- 1956年　18岁

5月，高三加入共产党，同年参加高考，报考南京大学天文系，因成绩优秀被选为留苏预备生。

- 1957—1958年　19～20岁

5月，"整风"运动开始。国家留苏计划取消，教育部根据高考成绩，留苏生重新填志愿，进行再分配，填报北京大学数力系，被录取。

6月，到乡下同学的老家，参加麦收劳动，"改造自己"。

在北大数力系学习，因党员身份，被迫带头反右。同时，参加学校组织的劳动，大炼钢铁。

在北大，先后担任年级学生会主席、校学生会生活部长，锻炼了组织能力。

- 1959年　21岁

8月，国家重启留苏计划，和其他29名留苏生经短暂的集中学习后，于8月底到达莫斯科，就读于莫斯科工程物理学院理论核物理专业。

- 1963年　25岁

暑假期间，奉命回京学习"反修"，后返莫斯科继续学业。

- 1964年　26岁

顺利通过毕业答辩，毕业论文题目为：反质子原子寿命的理论计算，被评为"优"，拿到优等生毕业证。

10月底，返回国内。和其他留苏生受到二机部刘杰部长接见，翻译留苏毕业论文，并参加政治学习。

- 1965年　27岁

1月，春节回到河南，践行"革命化必须劳动化"，积极参加劳动。大年初五，父亲召开家庭会议，对之后的工作产生了很大影响。

2月25日，被分配在"二机部"——第二机械工业部第九研究院理论研究部，主任是邓稼先，副主任为周光召、于敏、黄祖洽、周毓麟等。参与核武器理论研究工作。

8月，在河南灵宝武家山大队参加"四清"运动。

- 1966年　28岁

春节后，被派到青海，到221基地报到，分析含有热核材料的核试验。

7月，因党员身份，被召回北京，参加"文化大革命"。

在上海做氢弹原理试验诊断理论计算，12月中旬，搭乘朱光亚专机到达新疆马兰核试验场，准备减当量氢弹原理试验。

12月28日，减当量氢弹原理试验成功。

● 1967年　29岁

上半年，紧张准备全当量氢弹试验，6月17日，中国首枚氢弹测试成功。

9月18日，和北京航空学院（今北京航空航天大学）研究生毛剑琴结婚。

年底，父亲被造反派关进"牛棚"。

● 1969年　31岁

1月28日，母亲段子彬惨死。

2月3日，儿子毛大庆出生。

10月，随九所搬迁到四川梓潼县。途中非正常停车，冒险探望被打倒的父亲。

● 1971年　33岁

11月，作为核试验理论设计的工作人员，随同朱光亚参加向周恩来为首的中央专委汇报会。现场回答周恩来的问题。

● 1974年　36年

任所科技规划组副组长。这一年，父亲含冤去世。

● 1975年　37岁

谢绝九院九所副所长职务任命，负责重建中子物理学研究室。通过做学术报告的形式开展工作。依托核数据中心，持续改进中国的核数据。从事核试验诊断理论和核武器中子学精确化研究。

- 1976年　38岁

周恩来总理去世。和家人一道去广场献花圈，表达哀悼。被造反派告状，因为是室主任，又参与修改过讽刺"四人帮"的诗，成为批判对象。

7月28日，唐山大地震爆发，和同事组织抗震，因急性痢疾病倒。

10月，打倒"四人帮"，普天同庆。

- 1977年　39岁

郑州大学隆重举行为段子彬平反大会，为杜祥琬母亲平反昭雪。

- 1979年　41岁

经胡耀邦亲自批示，河南省委为杜祥琬的父亲杜孟模召开平反昭雪追悼大会。

- 1982年　44岁

在原子能所出版社出版译著《核反应堆物理学中的变分法》

- 1984年　46岁

担任中国工程物理研究院理论研究所副所长，负责研究生部和外事工作。

随团长周光召，参加国际纯粹与应用物理联合会。期间走访交流，和意大利、瑞士、法国的专家建立了联系，为之后九院的开放交流打下了基础。

- 1986年　48岁

    组建由十个单位联合的中国原子分子数据研究联合体。

    参与论证"863计划"。

- 1987年　49岁

    任国家"863计划"激光技术主题专家组成员兼秘书长，协助首席科学家、中国科学院学部委员陈能宽领导专家组，负责制定并实施强激光研究发展计划。研究领域开始从核武器转到强激光技术。

- 1989年　51岁

    执笔撰写激光主题的第一个发展战略研究报告。

- 1990年　52岁

    任工程物理研究院科技委副主任，负责院外事工作。

    组建九院外事办，建设对外开放交流的机构和相关条例。

- 1991年　53岁

    随中国科学家代表团访美，做核军备控制交流。朱光亚为团长。

    访问莫斯科与俄罗斯原子能部，研究中国工程物理研究院与俄罗斯原子能部的合作问题。

    4月，出任国家高技术"863"激光主题专家组首席科学家。

当选中国物理学会副理事长,负责咨询工作。

- 1992年　54岁

接待俄罗斯原子能部米哈伊洛夫部长来访,陪同米哈伊洛夫参观中国核试验场。

在总结从事核试验研究的实践基础上,与同事合作撰写理论专著。

- 1993年　55岁

贯彻激光主题的导向调整,执笔新的发展战略研究。提出"先期技术综合实验系列"的思想和规划。

在国际纯粹与应用物理联合会上提出,增设计算物理专业委员会,获一致赞成。

- 1995年　57岁

主持激光技术集成实验。

- 1996年　58岁

担任国际纯粹与应用物理联合会计算物理专业委员会成员。

"863"激光专家组换届,继续担任第三届专家组首席科学家。

- 1997年　59岁

提出"863计划"框架下的工程管理模式。提出"样机战略"。

当选为中国工程院能源与矿业工程学部院士。

- 1999年　61岁

主持并成功完成"激光先期技术集成实验系列"。

- 2000年　62岁

  10月19日，荣获何梁何利基金科学与技术进步奖。

- 2001年　63岁

  任"863计划"先进防御技术领域专家委员会主任。

  当选中国科学技术协会常务委员，参与学术交流委员会等工作。

- 2002年　64岁

  当选中国工程院副院长。负责主持院士队伍建设、中国能源发展战略咨询研究等工作。

- 2003年　65岁

  主持工程院"反恐科学技术问题"的研究，至2007年，出版四部理论专著、四部科普丛书，以及一本通俗读物。

  担任空军首席院士顾问。

- 2004年　66岁

  作为"863"大型试验总师，主持并完成试验。

- 2005年　67岁

  负责中瑞工程院合作项目"可再生能源与环境"中方工作。

- 2006年　68岁

  当选俄联邦工程院外籍院士。

  3月，中国工程院正式启动"中国可再生能源发展的战略研究"咨询项目，担任咨询项目负责人。

任中国工程物理研究院高级科学顾问。

- **2007年 69岁**

  启动中国工程院"中国能源中长期（2030，2050）发展战略研究"项目。

- **2008年 70岁**

  12月31日，荣获中华人民共和国国务院国家科技进步特等奖。

- **2009年 71岁**

  作为中国代表团顾问，参加哥本哈根气候大会。

- **2010年 72岁**

  担任第二届国家气候变化专家委员会主任。

  担任国家能源专家咨询委员会副主任。

- **2011年 73岁**

  任中国科协荣誉委员。

- **2012年 74岁**

  2月，在国务院核电安全检查汇报会上，代表工程院向温家宝等国家领导人做"核电再研究"汇报。

- **2010—2015年 72～77岁**

  作为中国代表团科学顾问，参加坎昆、德班、多哈、华沙和巴黎等联合国气候变化大会。参加中国低碳发展目标论证。

- 2016年　78岁

6月，担任科协军民融合学会联合体主席。

8月，担任创新战略院第一届学术委员会主任。

9月，卸任国家气候变化专家委员会主任，担任名誉主任。

主持中英合作项目"气候变化风险评估"中方工作，至2018年完成。

在科学出版社出版《中国能源战略研究》。

- 2017年　79岁

由杜祥琬牵头合著、中国环境出版社出版的《低碳发展总论》获2017年国家图书奖。

继续担任空军首席院士顾问。

在科学出版社出版专著《核物理与核军控研究》。

- 2018年　80岁

在科学出版社出版专著《激光物理与技术研究》。

中国工程物理研究院举办"杜祥琬院士科学人生座谈会"。

参加大连化学物理研究所和安徽光机所举办的"863"激光团队聚会。

"牵头提出"通过"无废城市试点"逐步建设"无废社会"的建议，被国家采纳。

在中国工程院举办的"守正扬清"报告会上，作《道德警钟向"净土"响起》的报告。

- 2019年　81岁

    在中国工程院发布"中英合作气候变化风险评估"中文本。

    在科学出版社出版《写在科学边上》。

    6月，荣获科学中国人年度人物特别奖——终身成就奖。

    8月，荣膺全球绿色低碳领域卓越人物蓝天奖。

    9月，第三届（2019）中国能源产业发展年会暨首届"能源文化节"在能源产业献礼"新中国70华诞"主题评选活动中荣获"能源功勋·泰斗人物"奖。

    10月，荣获由中共中央、国务院、中央军委颁发的"庆祝中华人民共和国成立70周年"纪念章。

附录二
杜祥琬主要论著目录及部分参考文献

论　　文

核物理

杜祥琬. 反质子原子寿命的计算. 莫斯科工程物理学院毕业论文（俄文写作），1964

杜祥琬等. 略谈与核工程应用有关的若干低能核物理课题. 第五次核物理会议资料汇编（上册），1982，应用物理与计算数学研究所年报；1983：P88

杜祥琬等. 三体散射问题的一种解法探讨. 第五次核物理会议资料汇编（下册），1982.

杜祥琬. 非线性中子输运问题的一个解法. 计算物理，

1984/Vol. 1 No. 2：P226，科技学报，1984/01：P1，应用物理与计算数学研究所年报，1983：P88

杜祥琬. 若干积分量的敏感度分析. 核科学与工程，1984/Vol. 4 No. 4：P367

杜祥琬. 电子束在物质中产生的冲击波. 抗核加固，1985/Vol. 2 No. 1：P55

杜祥琬. On Mechanisms Of Reactioon Be^9（n，2n）[论 Be^9（n，2n）反应的机制]. Proceedings of the 4th International Symposium on Nuclear Reaction（第四届国际核反应机制会议文集），1985：P108

杜祥琬等. 轻核少体反应次级粒子双微分谱近似处理研究. 中国核科技报告，1986/00：P1

杜祥琬等. 中子输运的差分解与精确解的比较. 九所学术通报，1980/01：P1，中国核科技报告；1987/S1：P1

杜祥琬等. 激光核聚变物理概述. 核物理动态，1989/Vol. 6 No. 1：P34

杜祥琬. 制止空间武器——军备控制的紧迫任务. 中国核科技报告，1990/00：P1

杜祥琬等. 激光聚变的主要进展与近远期应用前景. 国际技术经济研究学报，1991/04：P41

杜祥琬等. 现代战争与物理学. 物理，1991/Vol. 20 No. 10：P577

杜祥琬等. 激光驱动的ICF（惯性约束核聚变）物理研究.

物理，1991/Vol. 20 No. 8：P467

杜祥琬等. 浅谈军备控制中的物理学问题. 物理，1992/Vol. 21 No. 11：P654，军备控制研究论文集，1994. 10：P1

杜祥琬等. 国际新形势下核武器的作用与核裁军问题. 国际技术经济研究学报，1992/03：P35，军备控制研究论文集，1994. 10：P15

杜祥琬等. Thoughts and proposals on Nuclear Disarmament（对核裁军的思考和建议）. 核物理与核军控研究. 科学出版社. 2017

孙汉城，何祚庥，杜祥琬. 建议在油田发展核供热堆. 现代物理知识，1992/Vol. 4 No. 3：P20

李彬，杜祥琬. The Impact of SDI on The Arms Race—A Solution of Game Theory（星球大战计划对军备竞赛的影响——博弈理论的一个解）. 计算物理，1993/Vol. 10 No. 2：P163

杜祥琬等. 禁止核试验. 军备控制研究论文集，1994年10月：P50

杜祥琬等. 对禁止地下核爆炸试验的核查. 军备控制研究论文集，1994年10月：P65

杜祥琬等. 一种CTBT（全面禁核试条约）的非地震核查方法的初步研究. 军备控制研究论文集：1994年10月：P74

杜祥琬等. 军备控制条约的核查. 军备控制研究论文集，1994年10月：P102

杜祥琬等. 核军备控制与物理学. 物理：1995/Vol. 24 No. 11：P654

杜祥琬等．加强国际核安全保障体系的思考．国际技术经济研究学报，1995/03：P37

于敏，杜祥琬等．中国工程物理研究院的核物理、核技术及相关学科的研究．核物理动态，1995/Vol. 12 No. 4：P1

杜祥琬等．热等离子体内原子物理研究概况与原子分子数据的联合研制．核物理动态，1995/Vol. 12 No. 4：P6

张会，杜祥琬．铀浓缩技术及其核扩散问题．中国核科技报告，1995/00期：P01

张会，杜祥琬．武器用钚的控制及其核查问题．中国核科技报告，1995/S2期：P82

张会，杜祥琬．核动力与核武器扩散问题．物理，1996/Vol. 25 No. 6：P347

杜祥琬等．核军备控制物理学研究简介．现代物理知识，1996/Vol. 8 No. 3：P23

杜祥琬．防止太空污染（Preventing Pollution in Space）．科技伦理问题及其对社会的影响研讨会，2002年7月19日

杜祥琬．浅谈现代物理学与工程技术——献给2005世界物理年．物理，2005/Vol. 34 No. 7'世界物理年专稿'：P480

杜祥琬．让核技术为国家可持续发展再创辉煌．中国工程科学，第10卷第1期，P9

杜祥琬．核的三部曲．环球科学，2007年12月号，P34

杜祥琬．我国工程物理学的历史篇章——为中国工程物理研究院建院50周年而作．物理，2009/Vol. 38 No. 12：P881

杜祥琬. 军民科技融合和国防科技的创新发展. 国防：2011/01：P8

杜祥琬. 核科学是美丽的. 中国军转民，2011/09：P44

激光

杜祥琬. 国家高技术研究发展计划运行机制的若干问题. 科学学与科学技术管理，1989（3）：24-27

张忠建，杜祥琬. 自由电子激光光导的数值模拟与分析. 强激光与粒子束，1991（2）：226-236

陈学印，杜祥琬，竺家亨. 激光聚变的主要进展与近远期应用前景. 国际技术经济研究学报，1991（4）：41-47

丁武，杜祥琬. 红外短脉冲自由电子激光锁模的解析研究. 强激光与粒子束，1992（1）：47-52

李彬，杜祥琬. 地基强激光试验功率的近场核查方法. 强激光与粒子束，1993（4）：601-607

杜祥琬. 方兴未艾的激光技术. 走向新世纪. 殷登祥主编，陕西人民教育出版社，1997

张天树，雷广玉，郑绍唐，杜祥琬. 强激光大气传输中拉曼散射的数值计算. 强激光与粒子束，1994（4）：599-606

杜祥琬，丁武. 自由电子激光及其新近发展. 物理，1992，21（8）：487-491

杜祥琬，谢家麟. 我国自由电子激光研究的最新进展. 物理，1994，23（1）：1-4

王文杰，王光瑞，陈式刚，杜祥琬. 自由电子激光中的混

沌现象及控制.物理学进展,1995(1):19-78

杜祥琬,丁武.对自由电子激光(FEL)发展的评论.强激光与粒子束,1995(1):1-9

丁武,纪文贵,束小建,杜祥琬.两种多色相干光源的比较.强激光与粒子束,1995(2):276-282

杜祥琬.国家高技术计划激光领域.中国科技论坛,1996(2)

丁武,束小建,杜祥琬.增强谐波辐射的一种新途径.强激光与粒子束,1996,08(2):286-290

杜祥琬.实际强激光远场靶面上光束质量的评价因素.中国激光,1997,24(4):327-332

杜祥琬.非线性光学相位共轭及其在激光工程中的应用.物理,1997(6):323-327

王建祥,杜祥琬.化学氧碘激光器的诊断.强激光与粒子束,1997.3

徐勇,丁武,杜祥琬.电子系统HPM(高功率微波)效应敏感度评估新方法.强激光与粒子束,1997,09(4):568-572

王泰春,付汉清,杜祥琬.一种改进型圆形球面虚共焦非稳腔数值模拟研究.强激光与粒子束,1999,11(5):569-574

李有宽,陈栋泉,杜祥琬.发射光学系统分析.强激光与粒子束,2000,12(1):15-18

杜祥琬.为了新世纪强激光事业的辉煌——写在激光问世40周年之际.强激光与粒子束,2000(4):385

李有宽,陈栋泉,杜祥琬.双变形镜自适应光学全场补偿

模拟.强激光与粒子束，2000，12（6）：665-669

张天树，雷广玉，杜祥琬.非线性光学相位共轭补偿激光大气传输束畸变.中国工程物理研究院科技年报，2000

杜祥琬.高能激光与应用光学的几个问题.中国工程科学，2001，3（2）：21-24

罗福，孙承纬，杜祥琬.1.06μm连续激光照射下K9玻璃板的应力松弛破坏.强激光与粒子束，2001，13（1）：19-23

李有宽，杜祥琬，陈栋泉.信标光波长对全场补偿的影响.强激光与粒子束，2001，13（5）：541-544

杜祥琬，李有宽，陈栋泉.靶上激光强度与波长的关系.激光物理与技术研究，科学出版社，2018

张天树，雷广玉，杜祥琬.大气折射对激光瞄准的影响.中国工程物理研究院科技年报，2001

雷广玉，张天树，杜祥琬.大气折射对激光测距的影响.中国工程物理研究院科技年报，2001

杜祥琬.利用太空：新的机遇和挑战.中国科协学术年会分会场特邀报告，2001

姜幼明，王清源，杜祥琬.高功率高增益大直径相对论返波管.计算物理，2002，19（4）：333-338

罗福，杜祥琬，孙承纬.光斑尺寸对K9玻璃近红外激光损伤阈值的影响.爆炸与冲击，2002，22（1）：61-65

杜祥琬.对高能激光系统几个物理因素的讨论.内部

安建祝，李有宽，杜祥琬.激光窗口热透镜效应对光束质

量的影响.强激光与粒子束,2004,16(4):429-433

李有宽,陈栋泉,杜祥琬.大气闪烁对自适应光学校正的影响.强激光与粒子束,2004,16(5):545-550

杜祥琬.定向能武器及其在空军中的可能应用.空军工程大学学报 军事科学版,2005(3):4-6

杜祥琬.远红外自由电子激光出光的启示.光明日报,2005.4.28

杜祥琬.对高平均功率DPL(半导体激光泵浦的固体激光)的几点认识.全国全固态激光技术与应用会议,2004,17(05s):1-3

杜祥琬.国外空军电子对抗装备发展的若干趋势.激光物理与技术研究,科学出版社,2018

杜祥琬.激光发明50周年的几点启示.物理,2010,39(7):462-465

杜祥琬.影响高能激光系统核心特征量的要素.强激光与粒子束,2010,22(5):945-947

杜祥琬.国际强激光武器研究的历史经验.激光物理与技术研究,科学出版社,2018

杜祥琬.对国际激光武器近期进展的评述.激光物理与技术研究,科学出版社.2018

杜祥琬.Four factory description of the beam quality of high power laser(高功率激光光束质量的四因子描述).Proe,SPIE vol. 5777. 650-653

能源、气候变化与环境生态

杜祥琬，呼和涛力，田智宇，袁浩然，赵丹丹，陈勇.生态文明背景下我国能源发展与变革分析.中国工程科学，第8期，2015.

杜祥琬，杨波，刘晓龙，王振海，易建.中国经济发展与能源消费及碳排放解耦分析.中国人口·资源与环境，第25卷，第12期，1-7页，2015.

杜祥琬.能源革命：为了可持续发展的未来.中国人口·资源与环境，第24卷，第7期，1-4页，2014.

杜祥琬，我国能源安全观及战略要素的新思考.西部资源，2014（1）.

杜祥琬，刘晓龙，杨波，王振海，康金城.中国能源发展空间的国际比较研究，中国工程科学，2013，15（6）：4-10.

杜祥琬.我国能源、电力发展空间研究的方法学问题，科技导报，2013，31（z2）：3-3.

杜祥琬.能源发展的哲学观.科学中国人，2013（6）：30-34.

杜祥琬.调整结构，转型发展.中国工程科学，2012，14（3）：4-7.

杜祥琬，周大地.中国的科学、绿色、低碳能源战略.中国工程科学，2011，13（6）：4-10.

杜祥琬.再也不能这样过——由对发展模式的反思谈能源利用之道.科技潮，2010（3）：22-25.

杜祥琬.创绿色低碳能源之路.中国科技奖励，2010（6）：7-7.

杜祥琬.低碳能源战略——中国能源的可持续发展之路.中国科技财富，2010（1）：24-27.

杜祥琬.创新工程技术，支撑科学发展.中国工程科学，2009，11（4）：4-8.

杜祥琬.中国能源发展的战略.山西能源与节能，2009（2）.

杜祥琬.中国能源可持续发展的战略思考.能源与节能，2010（6）：1-5.

杜祥琬.大力推进能源绿色化.中国石油企业，2007（12）：20-21.

杜祥琬.中国能源的问题和可持续发展战略.决策咨询，2007（1）：1-7.

杜祥琬，李庆忠.物理学与中国能源可持续发展——献给2005世界物理年.中国工程科学，2006，8（2）：1-6.

杜祥琬.中国的能源问题和新能源发展前景.中俄工程科技研讨会，2005.

杜祥琬.新能源重在技术突破.经济导刊，2012（9）：68-69.

杜祥琬.发展非化石能源走新型工业化道路.能源与节能，2011（8）：1-2.

杜祥琬.利用"今日阳光"是能源发展的必由之路.科技潮，2009（4）：28-31.

杜祥琬，黄其励，李俊峰，高虎.我国可再生能源战略地位和发展路线图研究.中国工程科学，2009，11（8）：4-9.

杜祥琬.生物质能源是最具前景的可再生能源.应用能源

技术, 2006 (3): 22-22.

杜祥琬. 新能源离我们还有多远. 中国三峡, 2005 (5): 20-25.

杜祥琬. 人类期待大同文明——中国工程院院士杜祥琬访谈实录. 中国核工业, 2013 (9): 20-21.

杜祥琬. 核能发展的历史观. 中国核电, 2014, 7 (1): 2-3.

杜祥琬. 核能: 绿色能源支柱——对我国核能发展战略的几点思考. 中国战略新兴产业, 2014 (10).

杜祥琬. 核能的本质是以人为本的美丽事业. 中国核工业, 2012 (6): 14-15.

杜祥琬. 安全核电, 人类文明进步之果. 中国核工业, 2011 (2): 20-21.

杜祥琬, 竺家亨, 刘成安, 李曼莉. 试论我国能源长远发展的战略问题——关于核能在我国能源结构中的地位. 国际技术经济研究学报, 1989 (3): 23-28.

杜祥琬. 再说霾污染及其破解. 中国科技奖励, 2014 (5): 6-7.

杜祥琬. 对我国能源、环境可持续发展的战略思考. 首都科学讲堂科普讲座, 2008.2.

杜祥琬. 关于建设节约型社会的思考. 发明与创新: 综合版, 2005 (6): 7-7.

杜祥琬. 低碳发展为了可持续的未来. 新湘评论, 2015 (12): 38-38.

杜祥琬.应对气候变化的两个基本问题——应对气候变化战略的科学性及对中国发展的意义.地球科学进展，2014，29（4）：438-442.

杜祥琬.应对气候变化战略的科学性.科技导报，2011，29（31）.

杜祥琬.应对气候变化为中国发展带来机遇.科技导报，2011，29（34）.

杜祥琬.国际气候谈判的实质和出路.气候变化研究进展，2014，10（5）：384-387.

杜祥琬.中国能源战略的三大支柱，2012年联合国气候变化大会边会报告，2012.12.

杜祥琬."十三五"：中国能源低碳转型的关键期.中国电力，2017年2月.

杜祥琬. Responding to Global changes as a community of common destiny（全球命运共同体共同应对全球变化）Engineering 2（2016）52-54.

杜祥琬.低碳发展的理论意义和实践意义.阅江学刊.2018年2月.

杜祥琬.电力转型推动能源革命.电力决策与舆情参考.2018（32）.

杜祥琬等. A study on the classification an Resource utilgation of solid waste in China（中国固废分类和资源化利用）. Stratigic study of CAE（中国工程院战略研究）2017 V. 19. N. 4.

著　述

《核反应堆物理学中的变分法》（原子能出版社，1982.）译著

《核军备控制的科学技术基础》（国防工业出版社，1996.）著

《实验核物理学（第二卷基本粒子物理学）》（原子能出版社，1996.）合译著

《高技术要览·激光卷》（中国科学技术出版社，2003.）主编

《公众应对恐怖事件常识》（科学出版社，2007.）主编

《中国能源战略研究》（科学出版社，2016.）著

《低碳发展总论》（中国环境出版社，2016.）合著

《核物理与核军控研究》（科学出版社，2017.）著

《激光物理与技术研究》（科学出版社，2018.）著

《写在科学边上》（科学出版社，2018.）著

《固体废物分类资源化利用战略研究》（科学出版社，2019.）主编

部分参考文献

[1] 许鹿希等．邓稼先传 [M]. 北京：中国青年出版社，2015.

[2] 王霞．彭桓武传 [M]. 北京：中国青年出版社，2015.

[3] 郭兆甄．王淦昌传 [M]. 北京：中国青年出版社，2015.

[4] 陶纯、陈怀国. 国家命运：中国"两弹一星"的秘密历程 [M]. 上海：上海文艺出版社，2015.

[5] 李旭阁. 原子弹日记：1964-1965[M]. 北京：解放军文艺出版社，2011.

[6] 毛大庆. "童梦京华"：永不可及的美好 [M]. 北京：中信出版社，2012.

[7] 毛大庆. "童梦京华"：无处安放的童年 [M]. 北京：中信出版社，2012.

[8] 杨国桢. 中国科学技术专家传略：4. 理学编物理卷 [M]. 北京：中国科学技术出版社，2012.

[9] 毛剑琴，毛大庆，周畅. 新中国建筑师毛梓尧 [M]. 北京：中国城市出版社，2014.

[10] 毛剑琴，林德伟. 纪念林士谔先生百年诞辰文集 [C]. 北京：北京航空航天大学出版社，2013.

[11] 中国工程院. 中国能源中长期（2030，2050）发展战略研究 [C]. 科学出版社，2011.

[12] 中国工程院. 我国核能发展的再研究 [C]. 清华大学出版社，2015.

[13] 中国工程院. 应对气候变化的科学技术问题研究 [C]. 科学出版社，2015.

[14] 杜祥琬. 纪念核物理学家王淦昌文集 [C]. 中国科学技术出版社. 2010.

[15] 杜祥琬. 朱光亚院士八十华诞文集 [C]. 原子能出版社，2004.

[16] 许成祥. 中州院士风采 [M]. 中国科学技术出版社，1999.

[17] 费滨海. 院士春秋 [M]. 东方出版中心，2004.

[18] 贾宝琦. 当代科学家诗文选 [M]. 电子工业出版社，2002.

[19] 吴水清. 中国当代著名科学家故事 [M]. 贵州人民出版社，1998.

[20] 裘法祖等. 共和国院士回忆录（一）[M]. 东方出版中心，2012.

[21] 中国科学技术协会调研宣传部. 璀璨群星 [M]. 中国科学技术出版社，2011.

[22] 李卓凯. 燕园骄子 [M]. 北京大学出版社，2013.

[23] 相里斌. 光耀人生 [M]. 科学出版社，2011.

[24] 张放涛. 群星璀璨——河南大学名人传 [M]. 河南大学出版社，1992.

[25] 王效挺、黄文一. 战斗在北大的共产党人 [M]. 北京大学出版社，1991.

[26] 陈佳洱. 20世纪中国知名科学家学术成就概览：物理学卷第三分册 [M]. 科学出版社，2015.

[27] 中英合作气候变化风险评估，中国环境出版集团，2019.